古典文獻研究輯刊

三八編

潘美月・杜潔祥 主編

第 36 冊

禪學俗語解（外一種）

〔日〕釋元恭 著

陳繆、王閏吉 譯著

國家圖書館出版品預行編目資料

禪學俗語解（外一種）／陳繆、王閏吉　譯著 -- 初版 -- 新
北市：花木蘭文化事業有限公司，2024〔民113〕
序 8+ 目 2+198 面；19×26 公分
（古典文獻研究輯刊 三八編；第 36 冊）
ISBN 978-626-344-739-4（精裝）
1.CST：禪學俗語解 2.CST：碧巖集方語解 3.CST：禪宗
4.CST：詞彙學 5.CST：研究考訂
011.08　　　　　　　　　　　　　　　　112022602

ISBN-978-626-344-739-4

古典文獻研究輯刊
三八編　第三六冊　　　　ISBN：978-626-344-739-4

禪學俗語解（外一種）

作　　者　陳繆、王閏吉（譯著）
主　　編　潘美月、杜潔祥
總 編 輯　杜潔祥
副總編輯　楊嘉樂
編輯主任　許郁翎
編　　輯　潘玟靜、蔡正宣　美術編輯　陳逸婷
出　　版　花木蘭文化事業有限公司
發 行 人　高小娟
聯絡地址　235 新北市中和區中安街七二號十三樓
　　　　　電話：02-2923-1455／傳真：02-2923-1452
網　　址　http://www.huamulan.tw 信箱 service@huamulans.com
印　　刷　普羅文化出版廣告事業
初　　版　2024 年 3 月
定　　價　三八編 60 冊（精裝）新台幣 156,000 元　　版權所有・請勿翻印

禪學俗語解（外一種）

陳繆、王閩吉　譯著

譯者簡介

陳繆，麗水學院講師。浙江工商大學日本及東亞研究方向在讀博士生。發表論文多篇，出版《遂昌文獻集成——問夜草》古籍整理一部、合作《諸錄俗語解》譯著一部。主持並完成市級社科聯課題 2 項，參與省部級及以上課題 5 項，獲市級社科優秀成果獎 2 次。

王閏吉，麗水學院教授。上海師範大學漢語言文字學專業博士，省級優秀教師暨浙江省高校優秀教師、浙江省社科聯入庫專家、浙江省語言學會理事。發表論文 100 多篇，編纂出版《處州文獻集成》《無著道忠禪語考釋集錄與研究》等著作多部。主持國家社科基金項目 2 項、省部級重點或一般項目 8 項，獲省級社科優秀成果獎 2 次。

提　　要

《禪學俗語解》（外一種）的主要內容為對日本人近世以來所編纂的兩部古辭書的翻譯、點校和整理。我們所選擇的兩部古辭書，分別為明治時代禪僧釋元恭的《禪學俗語解》及江戶時代儒學者服部天遊的《碧巖集方語解》。這兩部古辭書，是日人用作學習中國唐宋以來禪錄中疑難方俗詞語的工具書。書中所收錄的方俗詞語，對我們國人研究近現代漢語詞彙的形成和解讀文意都大有幫助。在版本的選擇上，《禪學俗語解》以日本海雲寺 1908 年刊本，《碧巖集方語解》以京都興文閣文錦堂 1771 年刊本為底本。我們對兩本書中所收錄的方俗詞語加以翻譯，正體繁體漢字橫排印刷，力求翻譯準確、順暢，並附錄詞條音序和筆畫順序。本書適合近現代漢語詞彙、俗文化、古辭書、中日文化交流等領域的研究者和從業者參閱使用。

國家社科基金項目
「中國歷代禪錄日本訓釋材料數字化整理與研究」（項目編號：21BYY030）

譯者的話

　　日本人學習漢字的歷史，悠久綿長。據史料記載，公元 3 世紀漢字經由朝鮮半島傳入日本，彼時日本本土便有學者編撰漢文和漢和辭書以供日人學習使用。〔註 1〕爾後，漢籍和佛典的大量傳入，又極大地推動了日本人學習漢字、漢文的熱情。在這段長達一千多年的漢語學習過程中，辭書所發揮的作用不言而喻。特別是禪籍文獻，宗門語言玄奧難懂，公案說法雲裏霧裏，對初學者而言無異於天書。另一方面，禪宗語錄又包含了大量白話，體現出較強的口語特色。這些對於非漢語母語的日本人來說，都構成了難度不小的閱讀理解難題。也正因此，日本特別重視對中國歷代禪錄進行訓釋，編撰了許多禪籍解說辭書。

　　《禪學俗語解》，又稱《俗語解》，是日本近世以來解說禪籍方語的常用辭書之一。據日本駒澤大學所編《禪學大辭典》載，《禪學俗語解》撰者為釋元恭，明治二十四年（1891）由春陽堂出版。關於釋元恭生平，有《鐵禪的快男子釋元恭》（山本孝則、音川文之，鴻蒙社，1895）、《釋元恭》（上島長久，春陽堂，1896）、《大陸的日本人：釋元恭師實歷》（河合卯之助，文港堂，1907）等小說或傳記留世。書中所記載的釋元恭，可謂文武雙全，經歷傳奇，有「傑僧」「怪僧」「鐵禪快男（好漢）」之稱，在日本近代史上一度十分活躍。以下根據上述相關著作內容，擇要略述其人其事。

　　釋元恭（1867～不詳），原名源鐵三郎，日本愛知縣名古屋市傳馬町人。

〔註 1〕劉寒青，日本漢文古辭書引文模式研究——以《倭名類聚抄》為例〔J〕，中國文字研究第三十輯，2019（02）：271。

祖父源良恭，乃清和源氏後裔。父親正恭，俗稱土屋儀兵衛，以砂糖批發為業，頗具生意頭腦和膽識，安政（1854～1859）初既已出入長崎及橫濱居留地，從事洋糖進口貿易。母親高子，一說某顯貴落魄後裔，亦聰慧有天資。明治十一年（1878），祖父去世。鐵三郎遵家訓入方廣寺〔註2〕得度，法名元恭。該法名之「元」字，得自同寺開山聖鑒國師元選禪師（後醍醐天皇之子），「恭」字則來自祖父之名。釋元恭十九歲時，因病在紀州〔註3〕和歌浦靜養。期間，他偶遇到清人呂嘉祥。呂氏此時已是哥老會〔註4〕頭目。他相中釋元恭，視其為輔佐鴻業之逸材而發出同伴赴清國之邀。於是，釋元恭丁年未滿，辭別故土，渡海而至江寧府（今南京），入哥老同志會學舍，深究佛儒之典，又苦練劍道柔術。不懈努力之下，釋元恭終悟其中奧義。爾後，釋元恭如《水滸傳》之勇僧，開啟浪跡天涯之旅。不僅仗劍跋涉禹域四百餘州，而且一枝禪杖遠赴異國他鄉。其足跡遍及印度、爪哇、英國、荷蘭、德國、法國、美國等地。釋元恭出沒海外，求學之心不倦，先後獲荷蘭哲學博士學位，法國文學博士學位及美國法學博士學位，成一代學僧之名。他學識淵博，研究領域廣泛，不僅精通漢語、巴利語、梵語、英語、法語和荷蘭語等多種語言，而且習得醫學、法律、農藝、工學、土木等諸業知識。釋元恭依梵文古典，說佛法蘊奧；據英蘭原書，論基督原理。除此之外，他在歷史學方面亦有所得，擅長上古（石器時代）、中古（金器時代）、近古（陶器時代）等歷史研究。天資稟賦之高，後世對其不乏有「學貫東西兩洋，識絕當代之世」之贊。

釋元恭一生，誠如其在外遊學經歷，常漂泊無著，行蹤不定，又多奇聞險跡，波折不斷。甲午、日俄戰爭期間，釋元恭出入中原腹地及東北一帶，常被認作日本奸細而遭生死劫難，或被捕下獄，或涉險被圍。危急關頭，釋元恭總能借雙拳之勇而大難不死，全身而退。然釋元恭之本領，非在武，而在文。非在腕力，而在膽力。釋元恭歸國後，入曹洞宗，號曹山，執南清曹山學堂之教鞭，陶冶學生數千。課堂之外，他巡遊日本內地各縣，與總理大

〔註2〕方廣寺：日本臨濟宗方廣寺派大本山，位於靜岡縣引佐郡引佐町奧山。至德元年（1384）由後醍醐天皇皇子無文元選禪師（1323～1390）開山。
〔註3〕紀州：紀伊國別稱，今日本和歌山縣和三重縣南部。
〔註4〕哥老會：或稱哥弟會，乾隆年間成立，近代以來活躍於長江流域，聲勢和影響都很大的一個祕密結社組織，屬於下層群眾自發結成的、以「反清復明」為口號的社會群體。雲貴川地區的哥老會被稱作袍哥，也叫袍哥會。清朝末年，川軍的袍哥會和湘軍的哥老會在軍中影響巨大，對此時的革命有著巨大影響。釋元恭在海外遊學之費用，皆由哥老會供給。

臣等政客訪談，與在日清國提學使、各報社記者、甚或清國革命家首領孫逸仙及吳桂芳、劉全民等志士相交。釋元恭侃侃而論世界趨勢，滔滔而談戰後經營，至於宗教之事，口若懸河，不在話下。釋元恭活躍於縣會議事堂、師範講堂、各宗寺院、各大學講堂、商業會議所、中學講堂之上，南至鹿兒島，北達北海道，一時風光無兩，事跡見諸海內外新聞報紙。

　　以上是釋元恭充滿傳奇經歷的前半生，關於其後半生的經歷因缺少資料不得而知。不過釋元恭是否是《俗語解》的真正作者，在學界尚存疑問。日本花園大學禪文化研究所曾在其出版的《禪語辭書類聚・解題》中，根據波多野太郎 1961 年的研究成果《〈諸錄俗語解〉提要》對《禪學大辭典》的「蓋棺定論」提出過異議。首先，自江戶時代起日本社會上便有數種《俗語解》的寫本在流傳，它的成書經實際上並不明確。其次，關於《俗語解》的作者亦未有定論。一說為天龍寺桂洲道倫〔註5〕、湛堂令椿等禪僧〔註6〕，亦有人考證為雨森芳洲〔註7〕。正因為作者沒有定論，因此部分學者在引用《俗語解》的時候直接標明了「撰者不詳」。最後，禪文化研究所認為，目前市面上所看到的《禪學俗語解》今本，實際上是釋元恭在前人《俗語解》寫本的基礎上，根據詞條字數重新編排而成的「編著」。也即是說，書中有許多詞條的解釋，實際上被證實為古已有之，而這些考證卻被釋元恭「加以改頭換面」，套上了「曹山云」的名目。雖然《禪學俗語解》有以上諸多「爭議」，但禪文化研究所並沒有否定它的價值。就內容而言，《禪學俗語解》對俗語部分的分析水準較高，作為海外「中國學」的工具書，至今仍發揮著「辭典」的作用和「活文獻」的歷史價值。

　　作為底本的《俗語解》，據傳有四種寫本存世。但遺憾的是未知其下落何在，亦未能得見其一，因而我們所用的翻譯底本為釋元恭出版於明治四十一

〔註5〕桂洲道倫（1714～1794）：號含旭、來鳳軒、衣資道人，京都人。日本江戶中期臨濟宗僧人，天龍寺二百二十一世。從京都延慶庵雲崖出家，參禪於丹波法常寺大道文可，後繼承延慶庵。與湛堂令椿著有《諸錄俗語解》一部。

〔註6〕湛堂令椿（1723～1808）：日本江戶中期臨濟宗僧人，繼桂洲道倫之後的天龍寺二百二十二世。（1777～1779 年間擔任第 80 代以酊庵副相，從事朝鮮外交工作。）

〔註7〕雨森芳洲（1668～1755）：字伯陽，號芳洲，通稱藤五郎、東五郎，漢名雨森東，近江國伊香郡（今滋賀縣長濱市）人。日本江戶中期著名儒者，精通漢語、朝鮮語，與新井白石、室鳩巢等人並稱朱子學者木下順庵門下「五先生」「十哲」之一。曾擔任對馬藩官員，為對馬藩與朝鮮外交作出了一定貢獻。著作有《橘窗茶話》《たはれ草》《交隣提醒》等。

年（1908）的刊本，封面題《禪學俗語解》。該版由曹洞宗東京海雲寺出版。該書原被當作海雲寺施用本，既無定價，亦非珍本，但因該版是《俗語解》的首本活字刻本，故流傳甚廣，影響頗大。《禪學俗語解》，凡一卷一冊，卷頭附釋元恭照片肖像，上書「學風通古今，直理達幽顯。笑賞白梅色，座觀無字篇」等二十字。下標文字表明此像作於釋元恭海外遊歷十二年後回到日本之際。像中釋元恭著法衣，執鐵禪杖，目光如炬。除去自序、凡例、諸錄引用目錄等基礎信息外，正文結構分成前後兩部分。前半部由釋元恭自述、弟子筆記的《禪之宗趣》、《達摩的人格》和《〈寶鏡三昧〉講義》三篇文章組成，後半為中日辭書《俗語解》，根據詞條字數分二字部、三字部、四字部、五字部和六字部，共收詞 771 條〔註8〕，引文格式清晰，先出典後解釋語義，考證既引宗門基本書，又引外典之學，同時還引用了《水滸傳》《西遊記》《醒世恆言》等通俗小說。據釋元恭自序可知，內外典引書達 150 種〔註9〕，卷數 2725 冊。有鑒於其豐富的文獻價值，《俗語解》這部分內容現已被日本花園大學禪文化研究所收入《禪語辭書類聚》中。而我們所選用的翻譯部分，也正是《俗語解》這部分精華。

我們翻譯的第二部中日辭典為《碧巖集方語解》。《碧巖集方語解》的作者是日本江戶中期的儒者服部天遊。服部天遊（1724～1769），號蘇門，名天瑞，字玄符、伯和，別號長嘯齋、嘯齋、三教主人，法名長嘯齋蘇門居士，通稱六藏。日本京都人。服部最初學醫，後在其 38 歲時遁入佛門，此後專注於儒、佛、道三教兼修，尤好禪學，曾於上長者町〔註10〕私塾觀自在堂教學。在學術觀點上，他從一開始支持荻生徂徠的學說，到後來轉向反對立場，有過一次明顯轉向。代表作有《赤倮倮》《燃犀錄》《蘇門居士法語》《明朝護法唫贊》《蘇門文抄》等等。

〔註 8〕關於詞條數，我們將重複詞條合併、遺漏詞條名補全後重新統計得到的數字為767 條。

〔註 9〕根據《禪學俗語解》所列「諸錄引用目錄」統計，具體數字為 148 部，但該數字與正文中所實際引用的著作數並不契合，部分引書書目在書中並未發現，如《夜塘水》《見桃錄》《沙石集》。與此同時，書中實際徵引的部分引書亦未被統計在「諸錄引用目錄」內，如《康熙字典》《玉篇》《集韻》等大部分字書和韻書，以及《中巖錄》《禪林類聚》《通雅》《湘山野錄》《水滸傳讀法》等內典、外典之書。另外，部分引書還存在重複統計現象，如《護國論》和《興禪護國論》、《正宗贊》和《五家正宗贊》、《高祖本記》和《史漢高記》各自被當作兩部書。

〔註10〕上長者町：位於日本京都市上京區。

　　服部所撰《碧巖集方語解》，凡一卷，附錄一卷。內容係用日語對《碧巖錄》中出現的俗語、古語加以注釋，共收詞 72 條。其論述詳細，水準較高，對我們理解和把握彼時的方語詞彙大有裨益。就《碧巖集方語解》引書數量來看，內外典引書合計 65 種，雖未企《禪學俗語解》，但好在突出了既專業又豐富的兩大特點。其一專業：引書以辭書為詳，除《集韻》《韻會》《增韻》《說文解字》《康熙字典》等韻書和字書外，又以禪語辭典《祖庭事苑》引用頻度為高，各類經典之音譯、義疏亦徵引頻繁，凸顯用語解說的專業性質。其二豐富：引書中既有宗門要典（如《大慧普說》《從容錄》《五燈會元》《圓悟錄》等），外書世典（如《朱子語類》《漁樵問答》《弇州續稿》等），又有俗語小說（如《水滸傳》《醒世恆言》），還有兵書（如《籌海圖編》）、數學書（如《算學啟蒙》《歷算全書》）、道書（如《紫陽真人悟真篇三注》《抱樸子》《度人經》）等等，種類豐富，旁徵博引。當然，書中不少地方亦原原本本地引用了《俗語解》的注釋內容，這也從側面反映了《俗語解》在江戶時代流傳和影響的範圍。另一方面，我們在釋元恭編纂的《禪學俗語解》中也發現了不少引用《方語解》注釋作為內容補充的詞條，其處理方式既有照錄原書，亦有刪節摘要，轉述典故等等。總之，這些引書內容和引書模式，一方面為我們校勘、輯佚古籍提供了材料上的些許便利，另一方面也為我們探究日本辭書編寫者對待中國典籍的態度、分析其背後的學術觀點提供了研究思路上的新啟發。

　　關於《碧巖集方語解》的寫本，目前已知的有明和六年（1769）、寬政十二年（1800）和大正二年（1913）三本，除去明和六年的古本外，其他兩本寫本的寫者皆不明。而刊本則有明和八年（1771）（京都興文閣文錦堂，林伊兵衛、小川源兵衛發行）和明治十六年（1883）（東京擁萬閣，林古芳校正，森江佐七刊）兩版，其中明和八年刊本，與釋元恭編纂的《俗語解》一道，被日本花園大學禪文化研究所收入《禪語辭書類聚》（1991）中。在此之前，明治十六年刊本還曾被東京古典研究會編入《唐話辭書類集》第八集（汲古書院，1969）。就內容來看，明和八年刊本和寬政十二年寫本均以明和六年古本為底本，前者保留了明和六年寫本的原序，後者卷首另附錄序言一篇，論述菩薩戒受持，與原序內容完全不同。該版寫本行文為片假名混寫體，有朱書、訓點和部分塗改痕跡，卷尾鈐蓋「華山寫」墨印。明治十六年本是以明和八年刊本為底本的活字刊本，對詞條排版進行了部分調整。大

正二年本則是明治十六年刊本的寫本。根據日本國書數據庫（原新日本古典籍綜合數據庫）查詢可知，以上寫本和刊本分藏於積翠軒文庫、無窮神習文庫、加賀文庫、清光山西巖寺、日本駒澤大學、大阪大學、新潟大學、龍谷大學等地〔註11〕。由於我們未能入手古本，基於內容完整和忠於原貌的考量，我們選擇了明和八年的刊本為底本，同時以寬政十二年寫本和明治十六年的活字刻本兩本作為參校本。

在實際的翻譯過程中，特別是在《禪學俗語解》活字刻本的文本處理上，我們遇到了許多校讎方面的困難。關於《禪學俗語解》出現較多誤植的原因，我們認為大致有以下兩方面原因：第一，出版失察之責。海雲寺出版《禪學俗語解》，其目的畢竟是面向廣大信徒闡發釋元恭禪學思想，因而對《俗語解》辭書文字校讎部分把關不甚嚴，導致誤植之多「慘不忍睹」；第二，文本自身問題。即是說古籍的文字訛誤在交由出版社（機構）出版之前就已經存在。這種訛誤，或者在手稿階段既已發生，或者是在傳抄過程中出現。關於前一種，日本學者衣川賢次在《禪籍的校讎學》中指出：「佛教典籍的文本訛誤問題，由來已久。禪籍尤其是禪宗語錄，與一般因傳播而致誤的情況不同，最初記錄的文字就有訛誤。」〔註12〕衣川認為，在禪宗「不立文字」的宗旨影響下，禪僧清心寡欲，不拘泥文字言句。尤其是在對上堂說法、師生問答的禪宗語錄進行記錄時，師傅說、徒弟記，常常因為近音、同音字讀音而出現訛誤。再加上語錄大多屬私人筆記性質，一般情況下並不會受到公開檢點和糾謬，從而形成了以訛傳訛的「傳統」。〔註13〕現今，我們雖然無從得知《俗語解》最古本的原樣，但就與之內容相仿、時代相近的《諸錄俗語解》手抄本來看，其文本的形似之誤、音近之訛等情況並未如此明顯，可推知《俗語解》最初記錄的文字當無太多舛錯。也即是說，《俗語解》中的訛誤，很有可能是在傳抄過程中產生的，這一點也可以從《禪語辭書類聚·解題》中得到佐證。花園大學禪文化研究所因未能入手《俗語解》寫本，不得已而使用了釋元恭出版的《禪學俗語解》作底本，但由於後者誤植甚多，校正時又使用了波多野太郎發表論文時所用的寫本，但可惜的是「這本寫本亦甚多訛誤」，可見經傳抄之後的《俗語解》，已與古籍文本原貌大不一樣。古諺有云：

〔註11〕国書データベース，https://kokusho.nijl.ac.jp. 引用時間：2023-3-3。

〔註12〕〔日〕衣川賢次，禪籍的校讎學〔J〕，中國俗文化研究，2003（00）：218。

〔註13〕〔日〕衣川賢次，禪籍的校讎學〔J〕，219〜220。

「字三書，魯成魚，虛成虎。」說得即是傳抄訛誤的問題。在這方面，我國學者王瑞來深有體會，他指出，抄書在過去是一種糊口的職業，從業門檻不高，只求寫得一手好字，而對抄書人的文化水平、學術素養不作要求。一人抄寫，自有增減錯亂諸多訛誤，何況兩人作業，誤聽誤解誤記自當不在話下。〔註14〕因此，一部古籍經傳抄次數越多，出現郢書燕說的可能性就越大。即便是用上了印刷寫板，也有可能因為「一讀一寫」兩人作業的原因而出現誤聽誤解。〔註15〕話雖如此，釋元恭版《禪學俗語解》文字訛誤之多，甚至達到了「往往而有，俯拾皆是」的程度，以致禪文化研究所作出了「本書誤植甚多，實在粗劣。由於資料不完備，故不能進行逐一校正，而只能將校正範圍限定於目錄」〔註16〕的無奈評語。如前文所述，《俗語解》的寫本據傳有四種，但就其訛誤情況來看，我們認為傳抄次數應當遠在此之上，畢竟從江戶時代的手稿到明治時期的活字刊本，時間跨度了近兩百年。總之，多手輾轉，難免有誤。當然，造成誤抄誤植的因素有多種多樣，《禪學俗語解》出現異傳、訛誤等錯誤的理由也並不限於上述二者，若要展開，非三言兩語所能概括。限於篇幅，此處從略。

雖然《禪學俗語解》存在較多誤植，但這些外在「瑕疵」並沒有降低《俗語解》本身所具有的文獻、詞彙、文字、輯佚等方面的學術價值，禪文化研究所也評價其為與《碧巖集方語解》不相上下的禪錄俗語解釋佳作。我們翻譯這兩部中日辭典的目的，是期望這兩部辭書能夠對讀者更全面地了解我國古代禪林俗語方言的使用和表達情況，更容易地解讀禪籍語錄內容，在此基礎上拓展漢語史研究的路徑和視野，乃至考察中日文化交流的有關問題等，都有所啟發和助益。為此，我們花費大量時間和精力去辨析字跡、整理標點、校勘糾謬和補充說明，盡可能地區糾正傳抄過程中的訛誤，盡最大可能地去還原、恢復古籍文本的本來面目。於譯者而言，這即是一種超越自我的挑戰，也是一種學術攀登的歷練。

〔註14〕王瑞來，古籍校勘方法論〔M〕，北京：中華書局，2019：113。
〔註15〕王瑞來，古籍校勘方法論〔M〕，北京：中華書局，2019：72。
〔註16〕〔日〕禪文化研究所編，禪語辭書類聚·解題〔M〕，京都：禪文化研究所，1991。

目次

凡　例

　　《禪學俗語解》和《碧巖集方語解》兩部中日辭書，並非一般性的文獻，作為工具書內容卻十分廣博，引書既有日本典籍，又有中國典籍，且後者引文量遠遠大於前者。為便於讀者查對和理解，我們盡量一一查對原文，並在翻譯過程中遵循了以下原則：

　　（1）新舊字體不一者，改為新字形；

　　（2）書中出現的大量古籍引文以及日文，本書在翻譯時採用繁體字。繁體字原則上使用正體形式，異體字皆改為相應的正體形式；

　　（3）盡量保留原書格式，如《禪學俗語解》中「注」「云云」「乃至」等皆作小字，部分因印刷問題導致前後字體大小不一的，則統一改作小字；

　　（4）徵引文獻標題、文獻內容以及人物姓名、地名等常識性名詞有誤字、衍文以及印刷排版明顯錯誤者直接改正，不再標注說明。如「諸錄引用目錄」中，有《前漢書列傳》和《後漢貨殖傳》兩部書，但根據正文引用情況來看，原書存在將「前」「後」二字混淆的錯誤，對此我們在文中徑改。又如《禪學俗語解》「木棵」條：《教誡律儀指要鈔》（上，二十二）：「十不二門著木棵向尊宿前行立」。引文有脫字、衍文以及印刷排版錯誤。我們參照原文，將此條文字直接改為「十二、不得著木棵向尊宿前行立」。而一些與原文有異的有爭議字句，則以頁下注形式進行說明，以供斟酌；

　　（5）原文中出現的訛字，特別是《禪學俗語解》中的情況遠甚於《碧巖集方語解》，當中的「手民之誤」比比皆是，我們將這些訛誤收集起來，整理出以下三類，聊舉數例，略述一二：

　　①形近而訛：其一部首混用，如「拂—佛（右為訛字，下同）」「攔—欄」「柷—祝」「密—蜜」「楊—揚」「徹—撤」「底—低」「愚—遇」「梭—捘」「裂—烈」「祥—詳」「蹊—溪」等。其中「扌」「木」之部首混用，屬古籍常有之例，當在情理內。但其他混用之例，則多少令人匪夷所思；其二筆畫妄減妄增，或多一筆，或少兩筆，或出頭，或去尾。如「刀—力」「食—飡」「李—季」「吏—史」「上—止」「木—本」「切—功」「狠—狼」「窟—屈」「坐—座」「甲—田」「以—似」「出—山」等；其三字形混淆，以此類情形最夥，是書中訛誤之典型，或拆分一筆成兩部，或合兩部為一體，偷梁換柱，張冠李戴。如「官—宮」「伺—同」「吏—更」「恕—怒」「亦—赤」「客—容」「章—童」「杭—机」「嘗—曾」「順—須」「古—右」「羊—半」「曲—典」「卿—鄉」「崖—崔」等；

　　②音近而訛：此種情況不多，分中文音近（同）和日語音近（同）兩種情況。前者如「黎—梨」「余—予」「上—山」，後者如「神—身」「道—同」「聚—集」等；

　　③並字誤認：原本是一個單字，但在排版時被拆分成上下或左右兩部分而成兩個字。此類誤植，可歸之為與漢字書寫習慣有關。古時中日漢字皆豎寫，原作者或抄手在手寫時，有時候將上下兩個字寫得過於貼近，因而被誤認為一個字。有時候將上下、左右結構的一個字寫得過於鬆散，以致於被誤認為兩個字。這些情形時有發生，並不鮮見。寫手書寫不規範，手民「依樣畫葫蘆」，或手民本身文化水平不高，對漢字不熟以至誤認。總之原因多種多樣，形形色色。文中並字誤認有「爺—公耶」「挐—如手」「岫—山田」「憑—滿心」等數例。

　　以上字形訛誤皆直接在文中改正，不出校記。與《禪學俗語解》字體訛誤較多相對的是，《碧巖集方語解》的文本完成度較高。究其原因，一方面是由於刊本與古本創作時間之間的年代跨度不大，故與文本原貌接近。另一方面，是由於刊本出版時有專人負責校讎，保證了質量。即便是我們用作參校本之一的寬政十二年寫本，也未出現過多訛誤，可見該版抄寫者文字功底不低。當然，抄寫者在抄寫時也有為節省時間而省掉一些筆畫或使用俗字，以下三種情況便是我們在整理《碧巖集方語解》寫本內容時所遇到的常見用字特例，今列舉如下，借此一斑以窺全貌：

　　①使用俗字、古字，俗字例如「學—孛（左字為正，下同）」「靈—灵」

「佛—伕」「氣—炁」「出—峃」「最—冣」「圓—囸」「風—凨」等，古字例如「長—镸」「去—厺」「覺—寛」「鐵—銕」「世—丗」「多—夛」「命—令」「事—叓」「堂—坣」等；

②使用省筆，包括一些佛語省文合字：如「段—叚」「書—昏」「機—杋」「龍—龴」「有—右」「樂—禾」「摩／魔／磨—广」「眾—血」「貌—皃」「義—乂」「菩薩—并」「菩提—丼」「鳳凰—几皇」「臨濟—林才」等。

（6）《禪學俗語解》在詞條排版和「諸錄引用目錄」的歸類方面出現了較多排版錯誤，在詞條方面有以下五種：其一本應分屬不同詞條的內容被雜糅在一個詞條下，如「可惜許」條下解釋為「承當」條內容；其二同一個詞條出現兩次，如「物色」條，今合併成一條；其三詞條未按字數正確歸類，如「牛頭沒馬頭回」「就身處打出語」等六字條被歸到了五字部，如「紫羅帳裏撒真珠」為七字，卻無七字條，今將此詞條安排在最尾處；其四詞條字缺失，如「紅心」條缺「紅」字，「主山高按山低」缺「高」字等；其五詞條名有誤，如「垛根」條，誤作「探根」等。對上述錯誤，我們均予以一一重新拆分並加以歸類、整合、參照原文出典添加詞條名。引用目錄的問題主要表現在歸類和統計失誤上。歸類方面，是書將《類書纂要》《尺牘雙魚》《文獻通考》《事文類聚》《高祖本記》等 5 部外典之作劃入內典範疇，對此我們均予以改正並重新分類，在「諸錄引用目錄」中用*號加以標識；統計方面則存在妄計、漏記、複計等錯誤：原書所列「諸錄引用目錄」中的部分書目，實際並未徵引，而一部分實際徵引的書目卻未被列入到該目錄中，另有一些書目，經書名簡寫後又被重複統計。由於對「諸錄引用目錄」進行校訂，會極大地改變原目錄的面貌，且該項工作並非我們翻譯的重點，故我們保留了原目錄，在卷尾附錄中對相關訛誤進行說明。對於文中漏記的書目，我們以腳注形式在文中補全信息；

（7）兩部辭書詞條和同為禪錄俗語解釋工具書之《諸錄俗語解》相比，內容上有部分重合，但解釋有別，為便於俗語詞研究，我們補充了《諸錄俗語解》中相同詞條的相關注釋，用腳註的形式列於正文下方；正文中譯者補充的內容用括號加小號字加以區分，包括由譯者增補的文中注釋、出典等，如「中間一股（把手），兩端五股（刃頭）」等；

（8）原文無腳注，為便於讀者理解，凡文中出現的生詞、歷史人物、歷史事件、地名等，譯者均以腳注（頁下注）的形式，加以補充說明；

（9）涉及古代或國外歷史紀年時，以文中夾注的形式在紀年後面直接標注出公元紀年，並以括號標出，如「明治戊申（1908）」；

（10）兩部書中引文出典著作的名字皆以簡稱形式出現，如《佛果圜悟禪師碧巖錄》簡稱《碧巖錄》，《大慧普覺禪師宗門武庫》簡稱《武庫》，《虛堂和尚語錄》簡稱《虛堂錄》等；

（11）為便於查照出典，我們將補全《禪學俗語解》中「諸錄引用目錄」部分的引書內容，標明出典全稱、著作者、卷數和簡介附錄於本書正文之後。正文中有引用，而引用目錄部分未標明者，亦按照此標準補全，部分著作因訛字、檢索手段或資料多寡等限制無法注釋的，標明「待考」以示可斟酌之處。至於《碧巖集方語解》，限於體量原因，雖然其引書不多，遠未達到《禪學俗語解》所稱「引書達一百五十種，卷數二千七百二十五冊」之巨，但出於檢索需要，我們同樣製作了《碧巖集方語解》的引書目錄，並將其中未加以介紹的典籍按照《禪學俗語解》引用目錄的注釋標準補全信息，附錄於後。另兩書中所引詩文名稱亦以腳注附注詩文全名；

（12）出於內容統稿需要，我們在翻譯《禪學俗語解》時割捨了釋元恭所作的《禪之宗趣》、《達摩人格》和《〈寶鏡三昧〉講義》等三篇文章，只翻譯並整理了其中的精華內容，即《俗語解》部分，並且保留了原書自序和諸錄引用目錄；

（13）為便於讀者檢索辭書詞條，我們製作了音序檢字表和筆序檢字表附於本書的最後。

《禪學俗語解》

原著 釋元恭

自 序

　　禪學修道之要，只在見性而已矣。釋尊六霜之端坐，達摩九年面壁，皆莫非示這標榜也。若夫沒溺教相，尋言逐句，不知生死出離，安心立命之大事，則縱令諳得一代之修多羅，是所謂博識多聞，增長我見耳。僧寶分上無半錢價，然而從上佛祖，幾多言教以存世者何耶？蓋經是佛語，禪是佛心，元無違背，苟具眼人受用，則諧談謔語，亦歸第一義諦，況佛祖言教乎？或能讀言教，或讚於言教者，唯是由具眼與否耳。《禪學俗語解》，震旦、扶桑據列祖二十四流語錄、記述，考究數個年間，取要所纂，遂為篇。引書百五十種，卷數二千七百二十五冊。為後昆欲行世、參禪之徒當讀之書。近世禪門之師家，誤熟語及講唱法，漫招青面漢之冷笑，往往所見聞。可惜許，一片婆心，編閒葛藤，畢竟屬徒爾。編者所希又何足云耶。

　　　　明治戊申（1908）春 於東都百花含笑處

　　　　入竺沙門支那竹林蘭若 曹山釋元恭和南

—3—

俗語解

曹山釋元恭禪師　講本

隨徒吉浦大達　筆記

二字部

〔邏齋〕《冷齋夜話》(一，二)之《嘲羅漢失隊偈》〔註1〕：「十八聲聞解埵根，少叢林漢亂山門。不知何處邏齋去？不見雲堂第五尊。」《怒中錄》(一，十二)：「方廣寺中半千尊者，掇供邏齋。」《貞和集》(八，七)之《謝蒲鞋偈》：「成現送來雖著了，諸方無處可邏齋。」《釋氏要覽》(上，四十二)：「齋不請強往，今時云掇齋。」《禪喜集》(九，九)有「撞席掇座」之語〔註2〕。《臨濟行錄》：「邏蹤人喫棒」。《破庵錄》(十五)：「羅齋打供」。曹山云：「邏者，巡也、遊偵也。掇者，捨取也，又侵掠也。據《要覽》，則曰掇供，曰邏齋，亦掇齋之義也。」〔註3〕

〔埵根〕《傳燈》翠微章：「投子禮謝而退。師曰：『莫埵卻。』投子曰：

〔註1〕 原題為《羅漢第五尊失隊》。
〔註2〕 《禪喜集》(九，九)之《月素撞席》：「東坡曰『汝來掇坐，我作一令，汝能還之令與坐——要一物不喚自來，下用兩句詩云云。』」
〔註3〕 《諸錄俗語解》「邏齋」條：《佛光錄》：「邏齋四天下，不到缽盂空。」皆用於羅漢事。《正宗贊》：「捉臺山供」，與『掇供』同，非唐突義。「掇供」「掇齋」同義。邏齋：雲遊四方，到有施齋的地方去。施齋時，不問僧人尊卑，先到者坐上位，僧多時坐廊廡。《文字禪》(十五，三十一)作「攞齋」。扃門注：「或作『囉齋』。」書林教來寺刊《節用集》呂字類「人倫」載「囉齋」，釋為乞食。同書毛字類「言語」載「囉」，日文訓「もらう」，即領取、收受意。本據未詳，音義頗似有所本。《貞和集》(八，三十)之《羅漢堂化油頌》：「五百高僧行業麁，邏齋打供走江湖。」《破庵錄》(十五，二八)：「羅齋打供」。按，「羅」「囉」「攞」「邏」四字同音通用，然當以「邏」字為正。○《字彙》：「𩜹，音『銃』，不請自來曰𩜹食。」又不迎自來貌。

『時至根苗自生。』《會元》垛卻作垛根。《聯燈》作垛卻。《會元》投子章：「無玄妙可及於汝，亦不教汝垛根。」《圓悟錄》：「高峰突兀倚天門，青嶂虛開可垛跟。」《應庵錄》之《送密庵偈》〔註4〕：「此行將省覲，切忌便垛根。」《松源錄》（二）：「開口分明便垛根，指天指地獨稱尊。」《碧巖錄》五十九則著語〔註5〕作垛根。《叢林盛事》（上，十三）、《會元》（二十，十七）、《正宗贊》（一、二下，六四、六五），以上皆作跺跟。《聯燈》（廿三，八）〔註6〕與《圓悟錄》（二，十八）並作垛跟。《大慧書》（二十、廿二）〔註7〕同《大慧普說》（一）〔註8〕作操根。《冷齋夜話》作埵根〔註9〕。《文字禪》（十五，三十一）作倒根〔註10〕。《聯燈》（廿一，九）作倒跟〔註11〕。《枯崖漫錄》（下，十九）作倒跟〔註12〕。曹山云：「操、跺、垛、埵之四字，音同義別。根跟之二字，音同義亦通。此二字雖出諸書，未見注釋。右所引書中作垛根者多，若以之為正義，則垛訓射垛，埵訓堅土，操亦有堅土義，植根於堅土，則全不動搖，是安住不動之義也。有作倒根或倒跟者，『倒根』則無長生之理，『倒跟』則無前行之理，並是不進義也。《經國大典》〔註13〕『根隨』條：『根與跟，同言追蹤而隨也。』今考諸書，其義不一。或滯留，或安住，或鈍根，或得少為足，或自足而不欲進等，不可一概而定矣。要之，以止息其處，住足不進為本義，其餘隨語勢可解之乎。」

〔搆得〕《玄沙錄》（上，十三）：「知我如今恁麼方便助汝，猶尚不能搆得。」《玄沙廣錄》（上，十八）：「你諸人，應須自搆始得，有項應處始得。若搆不得，只與麼尋言逐句，有什麼了期。」同（下，廿五）：「若未構得，須知

〔註4〕原題《送傑侍者還鄉》。
〔註5〕《碧巖錄》第五十九則著語：「兩個弄泥團漢，逢著個賊，垛根難敵手。」
〔註6〕《聯燈會要》（二十三）：「切忌向這裏垛跟」。
〔註7〕《大慧書》（二十）：「不得便向寧靜處操根」。同書（廿二）：「庶幾快然不在中途操根」。
〔註8〕《大慧普說》（一）：「亦不向有句無句處操根」。
〔註9〕《冷齋夜話》（一）：「十八聲聞解埵根少，叢林漢亂山門。」
〔註10〕《石門文字禪》（十五）：「十八聲聞解倒根少，叢林漢亂山門，知他何處攞齋去。」
〔註11〕《聯燈會要》（廿一）：「師云：『汝擬向這裏倒跟那』。」
〔註12〕《枯崖漫錄》：「送倒跟四載，然後江之南北。」
〔註13〕《經國大典》：成書於朝鮮王朝成宗十六年（1475），同年頒行，為李朝國初政典，被稱為「國家立國的磐石」，該書分吏、戶、禮、兵、刑、工典，詳載李氏一朝典制。

盡是虛頭漢之法。」《會元》(七，三二)：「此事如擊石火，似閃電光，搆得搆
不得，未免喪身失命。」《碧巖錄》(四，十七)：「若不是眼辨手親，爭能搆得？」
《虛堂錄》(六，七四)：「須知一色明邊外，生死如何搆得伊？」《西巖錄》(上，
二三)：「一人搆得鼻孔，失卻眼睛；一人搆得眼睛，失去鼻孔。」《傳燈》(十
八)：「勸汝我如今立地待汝覷去，不用汝加功練行。」《策進》(一之四)：「恁
麼急功，更得人荷挾，剋骨究實，不妨易得覷去。」《博山警語》(二) 作搆。
曹山云：「搆，《字典》：『成也。事已搆矣。賦詩如宿搆。』『覷，亦成也。』
故搆覷之二字，音義共通。諸錄作搆，同音假借也。《祖庭事苑》(七，五)：
『搆，古候切，成也。』」

〔巴鼻〕《圓悟錄》(二十，十六) 瞌睡歌：「懵懵懂懂無巴無鼻，兀兀陶陶
絕忌諱。」《密庵錄》(一，二)：「東村王老，半醉半醒。林下道人，沒巴沒鼻。」
《碧巖集》(一十)：「有底云：『點平胃散一盞來，有什麼巴鼻？』」《大慧書》
(二八，十二)：「覺得昏怛沒巴鼻可把捉時，便是好消息也。」《陳後山詩話》
(六)：「有甚意頭求富貴，沒些巴鼻使奸邪。『有甚意頭』『沒些巴鼻』，皆俗
語也。」《韻府》作把。《纂要》(十三，七)：「沒把鼻，作事無據也。」曹山
云：「巴，同把，道具之柄也。鼻，一說為供執握之抓手。然據『沒巴鼻可
把捉』之語，難斷巴與把同。又『無巴無鼻』，巴與鼻若釋為二物，則柄與
抓手亦可視為不同。概言之，俗語多借語義，實際意義與字面意義無關，故
照字面意義解釋較難。翻檢諸錄，十有八九作巴鼻，唯《韻府》作把鼻。巴
把平仄雖異，然俗語中因訛音而混用之例亦不少見，二詞或皆成『把柄』轉
音。《唐話纂要》(一，七)：『把柄，憑據。即證據。沒把柄，事無據也。』釋
義時應以該書為據，不失著者原意為好。此外，巴字用例，如俗語『打巴掌』，
指以手掌扇人臉。又如『鄉巴老』，指鄉下人。此熟字見載於《類書纂要》
(一二，廿三)。」

〔饒三〕《續燈》(四，十四) 浮山章：「敵手知音當機不讓，若是綴五饒三，
又通一路始得。」《王荊公詩話》：「太宗時有待詔賈玄者，常侍上棋。大宗饒
玄三子，玄常輸一路，乃至太宗曰：『我饒汝子，今而局平，是汝不勝也。』」
見《事文類聚前集》(四十二之十)。鄭谷〔註14〕《寄棋客詩》：「幾局賭山果，一先饒
海僧。」曹山云：「饒，多也。下棋時讓較弱一方先落子，故饒三，指讓三子。

〔註14〕鄭谷 (851～910)：晚唐詩人，字守愚，袁州宜春 (今江西宜春) 人。唐僖宗
進士，官都官郎中，人稱鄭都官。又以《鷓鴣詩》得名，人稱鄭鷓鴣。

綴五，即讓五子。綴言形式，饒言數量。《碧巖錄》（一，三）：『一箭尋常落一雕，更加一箭已相饒。』《頌古集》（二十，二十四）：『要識真金須入火，再三鍛煉見精麤。上行買賣不饒讓，好物從來價自殊。』《類書纂要》（十四，二七）『饒販』注：『多餘也。』」曹山曰：「《碧巖錄》中『相饒』一語有兩說。一說《字典》『俗謂寬恕曰饒，即原諒、饒恕對方罪過之意。』二說饒販為商賈附贈物，又無打折義。《頌古》之饒應視作購物所獲贈品之意。某些版本的抄本中，視饒為買賣上的讓利行為，稱作相饒。毫不讓利則稱作『不曾饒』。此處達摩雖再讓一箭，可惜帝不契，故達摩遂潛出國。今以此二說解此句意，或可釋為：一開始雖又加一箭，但已失射落之機。按前說達摩原諒了武帝，按後說再讓一箭結果多加一箭。饒字義相似，故附記之。」

〔向道〕《類書纂要》（十二，十四）：「智門顧侍者云：『向你道全得這個力。』」《傳燈錄》（六四）：「馬祖謂鄧隱峰：『向汝道石頭路滑！』」《碧巖錄》第一則著語云：「果然把不住，向道不唧𠺕。」《虛堂錄》（一，三）：「向道莫行山下路，果然猿叫斷腸聲。」《書言故事》（八，十）：「向道是龍剛不信，果然奪得錦標歸。」曹山云：「向道二字，通常省略中間之『汝』或『他』字，如字面意。根據語境可釋為『早就跟你說過』，此時句子前後有『果然』語，意不出所料。馬祖之語，亦指意在言外，鄧隱峰果然滑倒了。此時多按前文訓點訓讀（即「向ヲ道フ」），強調『真虧你還過來了』之語氣。向，非嚮字（朝向）意也。」

〔去就〕《溈山警策》：「椀鉢作聲，食畢先起。去就乖角，僧體全無。」注：理事和合為僧體去就，既不如法，何僧體之有耶？《指南》「去就」：「乖角者，不合禮法，非僧體也。」《碧巖錄》（一，四）：「師顧視左右云：『這裡還有祖師麼？』」《著語》：「猶作這去就」。《禪門寶訓》（上六，十）：「高庵去就，衲子所不及。」《音義》：「去就，見處也，行事也。」《漢書》注：「去就，猶進退也。」曹山曰：「按《警策》意，指與禮法舉止有關的身體動作之事。譯作『舉止、做法。』《寶訓》按上文，應譯作『身世處置』。亦有看透其中之想法，故（《音義》）有『見處也』『行事也』兩種注釋。總而言之，按『去此就彼』之義，釋作離開此處，到彼方去。《漢書》注釋，本義也。又曰『去此就彼』，謂如何也。或義為『去之就之』，不然難合『進退』之注釋。」

〔掠虛〕《碧巖錄》（一，三十五）：「睦州問僧近離甚處，乃至僧無語，州便打云：『這掠虛頭漢。』」唐本無頭字。《類聚》（六，五丁）：「紫羅帳裏撒真珠，

禪客相承總掠虛。」《貞和集》（五，十九）空山號頌：「內無一物，外何拘百
億？須彌盡掠虛。」《祖庭事苑》（二，十三）：「掠，音略，奪取也。」《古文
後集》（三）、《集昌黎文序》：「悉謂《易》已下為古文，剽掠潛竊為工耳。」
《雲門錄》（上，十）：「無爾掠虛說大話處」。曹山云：「掠，《祖庭事苑》注亦
取古文之意。虛，二字詞中有『實頭』『虛頭』，三字詞中有『樸實頭』『掠
虛頭』之例，皆虛實相對，由此「掠虛」可釋作『奪他人之言，充自己之句』，
即言詐也。「掠虛」不光指言語文句上的奪取，亦指模仿他人舉止、摸樣。
只竊他人表面而內裏空空，猶言拾人牙慧之義。」

〔沙汰〕《碧巖錄》（二，十）：「外道於僧寺中，封禁鐘鼓，為之沙汰。」
《祖庭事苑》（七，十六）：「（巖頭）遭會昌沙汰，著襴杉、戴席帽，游諸聚落。」
《佛祖統記》（五六）：「唐高祖武德九年（626），詔僧道戒行虧闕者悉令罷道，
月餘停前沙汰。又玄宗開元二年（714），沙汰僧尼偽濫者萬二千人，並令還
俗。又武宗會昌五年（845），詔檢校天下寺院僧尼數，勅兩都左右街，留寺
四所，僧各三十人。天下州郡各留一寺，上寺二十人，中寺十人，下寺五人。
（僧尼）歸俗者二十六萬五百人。」《後漢·賈琮傳》記：「沙汰刺史，二千石，
更選清能吏。」《晉書·孫綽傳》：「沙之汰之，瓦礫在後。」王隱〔註15〕《晉
書》：「沙汰郡吏三百餘人」。曹山云：「所謂沙汰，指從砂石中揀選出金子。
故官府對僧尼之善惡作出裁斷，據此迫令犯戒僧尼還俗之行為亦稱作沙汰。
會昌年間（841～846），官府禁佛汰教，不問僧尼善惡，只限定僧尼數量，
超出之外皆令還俗。故巖頭等人亦被計入此次汰教之中。」

〔切腳〕《禪林類聚》（八，十六）：「僧問洞山：『一大藏經是個切腳，如何
是字母？』」〔註16〕《海會錄》（二，十二）：「僧問：『一代時教是個切腳，未審
切那個字。』師云：『鉢囉穰。』學云：『學人祇問一字，為什麼卻答許多？』
師云：『七字八字。』」《虛堂錄》（十，十一）：「儻能未展經條，入此阿字法門，
則五千餘卷，總是切腳。且道：切個什麼字？」《應庵錄》（下，五）：「報恩更為
諸人下個切腳。毗盧遮那清淨海，充滿三千與大千。」《雲笈七籤》云：「押韻
從東字起首，至於法字，數萬皆著切腳。」《韻府》引宋徽宗詩，云「切腳，

〔註15〕 王隱（約275／284～354／361）：字處叔，東晉史學家，陳郡陳縣（今河南省
　　　　淮陽縣）人。唐修《晉書》有傳。
〔註16〕 查《禪林類聚》無此句，或引自《古尊宿語錄》（三八）：「大藏教是個切腳，如
　　　　何是字母？」

即切韻也。」《夢溪筆談》：「切腳者，上字為切，下字為韻。」《本草綱目》
（十九，廿一）：「按韻書，蘋在真韻，蒲真切；萍在庚韻，蒲經切。切腳不同，
為物亦異。又萍之與蘋，音雖相近，字腳不同，形亦迥別。」《字典·切韻要
法》（十九）：「切字之法，如箭射標。切腳二字，上字為標，下字為箭。」兩
字相摩以成聲韻謂之切（《音論》卷下）。曹山云：「切腳二字有兩義。一則上字
為切，下字為腳。《本綱》所謂前述二蒲字者，切也；後續真經二字者，腳也。
一則切腳不同者，謂上字同而下字不同，則切之腳也。字腳亦同義也。古德
〔註17〕之切腳，一字、二字皆不限。見《類聚》、經書中答話和拈語。畢竟非
兩義，可視作同義，作通語。」

〔白蹋〕《傳燈》（十四，十五）：「石頭問曰：汝是參禪僧歟？是州縣白蹋
僧歟？」《通鑑》（八十一）「白論」注：「白，素也。釋素餐者以為空餐。白論。
猶空言也。」同（八十七）：「取才失所，先白望而後實事。」注：「白望，猶虛
名。」《書言故事》（七丁，二十）：「赤洪崖打白洪崖。」注：「空盡無物，故曰
赤白，亦無也。」曹山云：「白蹋，意同『遊州獵縣』，指行腳僧一邊四處行
腳遊食，卻無半點參禪之志。俗謂『白白走』指白走一趟；『白酒難吞』指
喝酒少不了下酒菜，否則難以下嚥。由上可知白字義。」

〔食指〕《左傳·宣公四年》：「子公之食指動」，注：「第二指也。食指者，
俗所謂啑鹽指也。」《前漢書·貨殖傳》：「童手指千」。注解：「童者，奴婢也。
手指者，謂有巧技者也。指千則人百。」《翰墨全書》（三，八）「賀人開酒鋪
答書」云：「食指雖多，無謀生計也。」注云：「食指，手之第二指也。以指就
食，謂之食指。」曹山云：「《左傳》有『食指』語。據本文『食指』義明了
也。《漢書》用手指算人數，故《全書》用指表示人數，然《全書》之意，謂
家庭伙食費也。」

〔本色〕《聯燈》（十，十八）：「黃檗云：『將謂是本色衲子，元來是義學
沙門。』」《林間錄》（上，二）：「其天資粹美如此，真本色住山人也。」《唐書·
柳仲郢傳》：「有劉晸者，以藥術進，詔署鹽官。仲郢以為醫有本色官，若委
錢穀，名分不正。」《寒山詩》（上，三三）：「天下幾種人，論時色數有。」《呂
氏童蒙訓》：「當官者，凡異色人皆不宜與之相接。巫祝、尼媼之類，尤宜疏
絕。異色人，謂不務常業之人以上十字，出自（五，三十六）。」曹山云：「據《小

〔註17〕《禪宗大詞典》「古德」：對已逝高僧的尊稱。

學》注可知，不務常業者謂『異人』，務常業者謂『本色』。字義分明也。」

〔物色〕《碧巖錄》（十，十九）：「一日廚前拋撒米麴。洞山起心曰：『常住物色，何得作踐如此？』」《類聚》（十七，四二）：「金峰志禪師。禪客來參。師云：『甚處來？』禪客云：『泉州來。』師云：『彼中物色，如何貴賤？』客云：『與此間相似。』」《敕修清規》（下，一七）：「如倉庫疏漏，雀鼠侵耗米麥，蒸潤一切物色，頓放守護有不如法者，並須及時照管處置。」《西京雜記》（二四）：「高帝既作新豐，並移舊社，衢巷棟宇物色惟舊。士女老幼，相攜路首，各知其室。」《文選》（十二）「賦」類「物色」部有《風賦》《秋興賦》《雪賦》《月賦》。三體詩《池鷺詩》〔註18〕：「林塘得爾須增價，況與詩家物色宜。」《後漢書·列傳》（七之八）：「令以物色訪之。」注云：「以其形貌求之。」曹山云：「物，指萬物，即所有有形之物。色，指其品種。又見於風景描寫，亦又見於人物描述。應參『本色』條。」又物色，指以人像尋人。《後漢書·嚴光傳》「以物色訪光云云」。

〔折水〕《敕修清規》（下一，四十八）「日用軌範」云：「隨量受食，不得請折。又未再請不得刷缽盂。又不得先以熟水洗缽，未折缽水，不得先收蓋膝巾。不得以餘水瀝地上。折水想念偈云：『我此洗缽水，如天甘露味。施與鬼神眾，悉令得飽滿。唵摩休羅細娑婆訶。』」《傳燈》（廿六，十七）華嚴志逢大師章云：「護戒神曰：『師唯有一小過耳。』師云：『何哉？』曰：『凡折缽水亦施主物，師每常傾棄非所宜也。』師自此洗缽水盡飲之，積久因致脾胃疾。」注云：「凡折退飲食及涕唾便利等，並宜鳴指默念咒發施心而傾棄之。」《史記·高祖本記》（八二）：「歲竟，此兩家常折券棄責。」注云：「古用簡札書，故可折，至歲終總棄不責也。」同《漢書》注云：「以簡牘為契券，既不徵索，故折毀之，棄其所負。」曹山云：「按喫飯次第，眾將喫完，飯頭〔註19〕行者第三呼之『再請』，即眾行者順次任意盛飯；第四呼之『請菜』，即眾行者任意喫汁菜；第五呼之『缽水』，即飲熱水後依次傳生水讓眾行者洗缽；第六呼之『折水』，即擊桶逐一向前。請者，逆追之事也，又棄也。折水偈中有『缽水』，故用『棄』字亦然。『隨量受食，不得請折』，指喫飯

〔註18〕 即雍陶《詠雙白鷺》，一作《崔少府池鷺》。
〔註19〕 《禪宗大詞典》「飯頭」：寺院中專管作飯的僧人。《禪林象器箋》「十務」：「《禪門規式》云：『置十務，謂之寮舍。每用首領一人，管多人營事。主飯者，目為飯頭；主菜者，目為菜頭等。』」

應按自己飯量多少取食。若最初取食時少拿了，則就有再請時乞求之事；又最初取食多拿了，故自然有剩食被丟掉之事。缽水有兩樣，熱水乃飯湯水也。此為飲用之水；生水乃洗缽水也，此為倒棄之水。《正字通》『折』字下曰：『又毀棄也』。《史記·漢高祖紀》中有『折券棄責』之語，此折意為折棄也。馮諼〔註20〕焚券之典實〔註21〕，《蒙求》〔註22〕中題作『（馮驩）折券』，故折亦燒棄也。《字典》注：『又毀也』，引《易·說卦》『兌為毀折』，又引《漢書》『折券』〔註23〕等。」

〔絮叨〕《大慧武庫》（一，三十五）：「雖然如是，鹽官太絮。」《大慧書》（上，十八）：「雖若繁絮，亦出誠至之心。」《雲臥紀談》（上九）：「有個未後句，當機難禁制。咄！且不要絮。」《了庵錄》（下，百廿八）：「元來老子，得與麼絮。」《綿衣志》：「即日召袁彬，語絮且泣。」《類書纂要》（十一，四十五）「嘮叨」：「絮絮叨叨，言語太多也。」《品字箋》云：「言語不斷者曰絮叨，曰聒絮。」俗語：「話體絮煩」。曹山云：「新曰棉，故曰絮。精者為棉，粗者為絮。棉言長而不絕貌，與絮在字意上多少有差，然二字皆指長而不斷之貌也。」

〔還我〕《雲門廣錄》（上，二四）：「問：『初秋夏末，前程忽有人問『如何祇對？』師云：『大眾退後。』進云：『過在什麼處？』師云：『還我九十日飯錢來。』」同（上，十五）：「問：『當今一句，請師道。』師云：『放爾一線道，還我一句來。』」同（上，十八）：「（問：）『一口吞盡時如何？』師云：『我在你肚裏。』進云：『和尚為什麼在學人肚裏？』師云：『還我話頭來。』」《頌古》（三十，三）：「父母未生前，還我本來面目來。」《武庫》（二，十二）：「若要了死生底禪，須還和尚。若是攢花簇錦，四六文章閒言長語，須是我洪兄始得。」《會元》（二十，十八）：「這公案直須還他透頂徹底漢，方語了得。」

〔註20〕馮諼（生卒年不詳）：一作馮驩，戰國時齊國人，是薛國（今山東省滕州市官橋鎮）國君孟嘗君門下食客之一，為戰國時一位高瞻遠矚、頗具深遠眼光的戰略家。

〔註21〕戰國時孟嘗君使馮諼收債於薛，馮諼焚債契而疾歸，替孟嘗君收買民心。參見《戰國策·齊策》（四）。

〔註22〕《蒙求》：〔唐〕李翰編，以介紹掌故和各類知識為主要內容的兒童識字刻本。全書用四言韻文，每四字一個主謂結構短句，上下兩句成對偶，各講一個掌故。

〔註23〕《字典》引《前漢·高帝紀》「常從王媼、武負貰酒，兩家常折券棄責」，注：「折毀之，棄其所負。」

曹山云：「此意指為讓汝等見性而一夏（九十日）供養，然汝等修行卻未能見性，只虛度九十日，故讓汝等歸還飯錢也。還我二字，本義作『還給我』，多處釋為『還給彼方不易，故還給此方。』」

〔折合〕《敕修清規》（上二，二十八）：「分孝服（輕重見後）如無布絹，隨宣折錢俵之。」《尺牘雙魚》（四，十四）餽送贐儀類：「無物為贈，聊具折儀，代申芹意〔註24〕。」《類書纂要》（九，八）：「以銀準折禮物曰折乾，又以銀折乾下程曰折程。」同（十一，三三）：「不輕不重謂之折衷。」《史記》〔註25〕注云：「折者，斷也。衷，當也。」《文獻通考》：「宋熙寧八年（1075），鑄鐵折二錢」。同：「哀州（何蒙）上言：『本州二稅，請以金折納。』」《論語》顏淵：「片言可以折獄」，古注：「聽訟必須兩辭，以定是非。折獄謂判辨獄訟之事也。」《漢書‧貨殖傳》注云：「（蘗麴）以斤石稱之，輕重齊則為合。（鹽豉）以斗斛量之，多少等亦為合。（合者），相配耦之言耳。」《雲門廣錄》（下，十五）：「見成公案不能折合。」洞山《五位頌》：「折合還歸炭裏坐」《諸祖偈頌》（下五）雲峰小參云：「汝一隊後生，經律論故是不知也。入眾參禪，禪亦不會。臘月三十日作麼生折合去？」《正宗贊》南堂章：「生死到來，作麼折合？」《應庵錄》（下，五七）：「黃面老子四十九年說一藏者，乃至泊至末後省他無折合，卻對百萬眾前拈華付囑，其誣之罪不輕。」《密庵錄》（三）：「遮老子，三登投子，九到洞山，做盡計較。末後卻向鼊山店裡打個沒折合。放聲道：『今日始是鼊山成道！』」見《碧巖錄》六十三則著語〔註26〕、《大慧書》（上，五六）〔註27〕、《松源錄》（上，六）〔註28〕。曹山云：「折，判斷物品輕重多少。合，比較輕重多少。故所謂折合，指實物之間、貨幣之間或實物與貨幣間按比價換算。折儀，謂以金錢替代等價物品贈送他人，如贐儀等樽代之類也。照理可知餘義。」

〔擔閣〕《中峰錄》（十二，十五）：「那時驀鼻拽回頭，始信從來自擔閣。」同（十五，十七）：「窮劫墮輪迴，由來自擔閣。」《水滸傳》（十四）：「（有）好歇兒擔閣」。《類書纂要》（十二，十一）：「躭擱」。《唐話纂要》（一，六）：「躭閣」。曹山云：「擔閣、躭閣，字形雖異，同音也。字書中無擱字，此為俗稱，詩文中無所見。其意指逗留、有空閒。易誤作消磨時間，故應根據前後文語境附上譯

〔註24〕《漢語大詞典》「芹意」：謙詞，微薄的情意。
〔註25〕《史記‧孔子世家》：「折衷於夫子」。
〔註26〕《碧巖錄》六十三則著語：「看爾作什麼折合？現成公案，也有些子。」
〔註27〕《大慧書》（上，五六）：「劈脊也與一棒，看他如何折合。」
〔註28〕《松源錄》（上，六）：「落魄放癡憨，打個沒折合。」

語。躭，或俗作耽字。《類書纂要》注『過樂』，即因有趣而不意間消磨了時間之意。」

〔索價〕《枯崖漫錄》(上，十九)：「千鈞上絃，當時遼天索價。一言道盡，不合貼地相酬。」《了庵錄》(五，三二)：「只個破沙盆，索起遼天價。」《韓文》(五，五)《寄盧仝》：「少室山人索價高，兩以諫官徵不起。」見《古文前集》(六，十四)。《書言故事》(十一，三)：「李渤價高，要君厚聘而肯出仕。兩次有諫官之召，不肯立起。」曹山云：「遼天索價，意指漫天要價，恰如擺攤販一般。韓文之意，指憑李渤才幹，諫官之位尚顯不足，故如今更許以高官才肯出仕。」

〔管取〕《碧巖錄》(九，十七)：「諸人還有出身處麼？二六時中，管取壁立萬[註29]仞。」同(九，一八)：「爾若回顧躊躇，管取插觜不得。」《虛堂錄》(一，四十)：「者僧當時（中略）各自散去，管取藥山開門不得。」同(一，四一)：「當時者僧且冷笑一聲，管取洞山隱身無路。」同(一，七四)：「管取法昌拔貧做富」。《禪關策進》無量普說：「疑來疑去，終日呆椿椿地。聞聲覩色，管取囫地一聲去在。」「高峰示眾。疑團子欻然爆地一聲，管取驚天動地。」「古音示眾。若能念念不空，管取念成一片。」《吳江雪》(上，四十)：「明日就到吳徇去作伐，管取一說便成。」同目(三十)：「管叫你兩人相會，不必悲傷。」曹山云：「總理其事曰管取，又曰掌管。管，俗可譯作『受け合う』，即承擔、負責。故管理、支配所有事物稱管取。」

〔紅心〕《朱子類語》：「如人射一般，須是要中紅心。」所謂「紅心」，意指靶心。因中國靶心塗成紅色，故名也。所用「心」字，意指正中間。武藝比試中，「紅心」用於比喻雙方為取勝而使出絕招。俗本《水滸傳》中，史進與陳達比武處，但見文曰：「好手中間逞好手，紅心心裡奪紅心。」(《瑞巖錄》)。

〔光影〕古抄云：「光影者，謂非其實體。我宗非本分宗師家之事，咸謂之光影邊。」《大論》(六，十)：「如影，映光則現，不映則無。諸結煩惱遮正見光，則有我相、法相影。」

〔塗糊〕古句：「無端白紙強塗糊。」方語「污」義。塗，指塗抹墨水或泥土。糊，指用較厚的糊狀物塗抹。故塗糊，指用墨或土四處塗抹，即污染、弄髒之義也。

〔註29〕有出入，《碧巖錄》原文為「千」。

〔節目〕《禮記・學記》:「善問者如攻堅木,先其易者,後其節目。」注:「節,則木理之剛;目,則木理之精。」

〔商榷〕榷,當作「推」,音覺。《北史・崔孝芬傳》:「商推古今,間以嘲謔。」《文選・吳都賦》「商推」注:「商,度也。推,粗略也。言商度其粗略也。」《韓文聯句》「聖籍飽商推」注:「謂評議也」。

〔埋頭〕一心埋首讀書,謂之「埋頭讀書」。《活法》(八,四五)教子類:「三冬燈火埋頭讀,萬里雲霄信步登。」亦見於《寒山詩》中。

〔末上〕最初之義也。唐時演出之際,一開始先讓叫作「末上」的配角登臺表演,故劇本開頭多寫有「末上來」之語。末上,同日語「小詰」,即配角。男角謂「生」,女角謂「旦」,主角謂「外」,反派謂「丑」,丑角謂「淨」。唐土梨園角色名也。《類書纂要》梨園樂工部中對此名詞有解,即「末者,對始而言,先出開場總名也。謂之末者,反言之也。」由此可知末上,為最初之義。

〔孤單〕一人行旅為孤單,孤單,同孤。此處應視作「單方」之義也。

〔探頭〕窺視也。伸頭入他人家門口往裏偷看,謂之「探頭」。《水滸傳》第三回:「一個人探頭探腦,在那裡張望。」又第四十一回:「宋江揭起帳幔,望裡面探身便鑽。」「到門前,探身入去〔註30〕」等,可見多語。

〔進問〕《傳燈》(十五,廿六):「僧欲進語」。《會元》(七,十六):「(僧)再至,進此語。」由上可知「進」義。諸錄問答處有「進曰」語,此處應釋作「往前走進一步」,非發展、進展之進步也。

〔諳含〕諳,音諳。《碧巖錄》七十六則著語:「諳含來」〔註31〕。福本作「諳諳含含」。《圓悟錄》「諳含」作「諳含」〔註32〕。《法華玄贊》〔註33〕(五):「若諳含與記,菩薩亦得。」

〔打底〕到底之義也。已下二字雲門語。《虛堂錄・靈隱(立僧)普說》〔註34〕:「亦有打頭不遇惡辣手段底宗匠,坐在見地。」

〔忒煞〕《纂要》(十二,廿七):「忒煞,大過也。」與「太殺」通。忒,

〔註30〕有出入,《水滸傳》第二十五回:「武松到門前,揭起簾子,探身入來」。原文「去」作「來」。
〔註31〕《碧巖錄》第七十六則著語:「言中有響諳含來,知他是黃是綠。」
〔註32〕《圓悟錄》(十五)示泉禪人云:「如來禪祖師禪豈有兩種?未免諳含各分皂白。」
〔註33〕即《妙法蓮華經玄贊》。
〔註34〕出典有誤,應出自《虛堂錄・立僧納牌普說》。

音愿，二字皆通作俗語。煞，俗殺字。〔註35〕

〔鬅鬙〕《字彙》：「亂髮貌」。頭髮散亂曰鬅頭，即不剃頭髮。

〔截頭〕截，當作攝。截錐、截搥並同。《行事抄資持記》（上之四）中有詳述〔註36〕。今謂拈搥執拂、開堂演法之事。

〔郎當〕《俗呼小錄》：「人之頹敗及身病摧靡者曰郎當。」同日語「よぼける」，即因年老而步履蹣跚，老態龍鐘。

〔鑰匙〕《禮記·檀弓·管庫·正義》云：「鍵謂鎖之入內者，俗謂之鎖須；管謂夾取鍵，今謂之鑰匙。」《正字通》：「鑰鍉所以啟鎖者，俗作匙。」按，二字皆指日語「かぎ」，其中，鑰同「蝦錠
^{えびじょう}
」，即蝦形鎖〔註37〕；匙同「鍵
^{かぎ}
」，即現在的鑰匙，故鑰匙，指開鎖的器具。

〔峭措〕《禪林類聚》（十，四一）作俏措。《彙》「俏措」指貌好，即人物瀟灑俊俏，呼之「俊俏人物」。諸錄中轉作險峻義，故俏字多寫作峭字。《玉篇》：「峭，嶮也。」措，或「措置」義。見《貞和集》（二，廿三）。

〔交牙〕牙，當作互。《廣韻》注：「互，俗作互」。《左思·吳都賦》：「長干延屬，飛甍舛互。」注：「棟宇交互」。《周禮·天官》：「司會以參互考日成」。交牙，指交叉相錯。

〔行李〕《左傳·昭公十三年》「行理之命」注：「使人通聘問者」，「理」「李」同音。行李，使也，轉指出行所帶物品。徂徠〔註38〕在《南留別志》中

〔註35〕《諸錄俗語解》「忒煞」條：《字典》：「忒，惕德切，音愿，又通作『貸』『恁』。」忒，獨音。貸，正音。「泰恁」轉音。若為「貸」，則用筆畫較少的「恁」字。太，音泰，二字字義相通，屬同音假借字，意同日語「はなはだ」，即非常、甚。煞，為「殺」俗字。樂天詩：「東風莫煞吹」，自注：「俗謂太過曰煞。」忒煞、大煞、可煞，並同義也。又「煞」一字義亦同，如「頌則煞頌」，見《碧巖錄》（六，四下）：「頌則殺頌，只頌毛彩些子。」

〔註36〕《行事抄資持記》（上之四）：「截壞十二：截手截腳截手腳，截耳截鼻截耳鼻，截男根截卵截根頭，截臂截肘截指。」

〔註37〕其狀可參見鈴木敬三編《有識故實大辭典》「鑰」條如下：

〔註38〕即荻生徂徠（1666～1728），日本江戶時期儒家哲學家，古文辭學派創始人。《南留別志》，荻生徂徠所著隨筆集，共五卷五冊，1762 年刊。1736 年曾以《可成談》之名出版，但出版之初因詞條遺漏較多被視作偽版，故 1762 年又以《南留別志》之名出版了其校刊本。書中收錄了與事物名稱相關的語源、傳

所言之「梱^{こう}」，指的也是行李，即行旅所帶之物。

〔困頓〕被暴打後無法動彈，謂之「季頓」。《類書纂要》（九，三十六）「困頓」注：「困倦、勞頓、困頓皆同意也。」

〔圈攣〕圈，鉤也。《說文》：「凡拘牽連繫者皆曰攣。」據此可知攣為鉤之索也。韓愈《元和聖德詩》：「解脫攣索」。愚按，如《方語解》所論。《從容錄》鹽官犀話頌：「扇子破索犀牛，圈攣中字有來由。」由此可知，圈攣切圈，疊韻，故取「圈」一字義也。今視作「圈套」之「圈」，其形如牧人套馬之套索。一說用尋常鉤無法釣大龜〔註39〕，故此物如圈套一般，應是用於包圍之物，即轆轤也。然轆轤為牽引圈攣之物，故非直指圈攣本身也。《西遊記》第五十回同第五十一回道，金峴山老妖以圈子把孫行者鐵棒套將去了、把那吒太子六般兵器套將下來，又將火德星君火龍、火馬等一圈子套將下去，此幾處『套』之義應並視作同一義。」

〔斷和〕古抄云：「天竺國必有斷，數人若鬥諍，此人斷之，兩方和也。斷理非後，令和融之義也。」

〔編辟〕古抄云，《祖庭事苑》第二中，辟當作逼，迫也。私謂編。《韻會》：「以繩次物，又列也。」據此義，或可釋為將物匯集於一方之義。避、逼，唐音皆「ヒ」，日本將所學逼作碎，誤也。

〔特差〕特意指示或命人前去迎接。《韻會》：「差，使也。」如「新差主持」「敕差主持」等。

〔刀釪〕割水稻用的鐮刀，稱之為「斫稻鍥」。鍥，苦結切。《說文》：「鎌也」。釪，居列切。二字音相近，或通用。或原本指用於收割稻麥時的鉏釪。《字典》無此義。「鉤」字注：「刈禾鐮，曰刈鉤。」

〔文帳〕《百丈清規・聖節》（上一，二十一）：「蓋往時僧道歲一供帳納免丁錢，官給由為憑，故遊方道具道牒之外，有每歲免丁由，有何處坐夏由，有啟散聖節由，以備徵詰。」

〔捏訣〕結印之類。捏訣唸咒，《水滸傳》《西遊記》中多出。結印相、修神咒之貌也。

〔挨肩〕在人群中你押我揉，謂之「挨肩捱背」。今此處指與佛祖並駕齊

訛、漢字訓等共計 400 餘條。

〔註39〕《碧巖錄》第三十三則：「他道釣鼇時下一圈攣，釣鼇須是圈攣始得。」

驅，不輸佛祖之意也。

〔撮藥〕指配藥。撮，用三根手指抓取。古時不用匙而用手指抓藥。

〔盡然〕盡，興逆切，傷痛也。《周書》：「民罔不盡傷心」。俗從血，誤。《字彙》血部。

〔看看〕射箭時朝對方喊「看我的厲害！」此為「看箭」。應視作注意眼下。

〔門僧〕同日語「お出入りの僧」，指為大戶人家做禮懺、平時有所往來的僧道。類同日本的「門葉」「門流」，即出入攝關門第的堂上家〔註40〕。

〔蠻子〕頑劣者。同日語「暴れ者」「腕白者」。源自蠻夷粗野無禮。蠻力，指驚人的力氣。《水滸傳》中李逵粗野無禮，故被稱作「蠻童」。

〔一放〕放，放屁之放也。俗語稱斥罵他人所出之言為「放屁」。

〔借腳〕《禪門寶訓拾遺》作借腳夫。腳夫，錢也，指出錢僱傭之事。

〔籍沒〕同日語「欠如」，即沒收財產。亦作抄沒。籍，記錄在帳。沒，沒入官府。除名也。

〔去處〕同日語「場所」。去字無意。《西遊記》六二回：「此城名喚『祭賽國』，乃西邦大去處」（《水滸傳》：）「行到（右廊後）一所去處」等。

〔阿爹〕爹，《字彙》「丁邪切」。唐音「テイ」，與「底」同音。《廣韻》：「北方人呼父為爹」。阿爹，用法與日語中將「父樣（中文：父親）」喚作「親父樣（中文：老爹）」相同。

〔泊浮〕游泳也。泊，當作拍。《樂善錄》〔註41〕：「少年恃其善拍浮，解衣赴水。」非泛不時之需泊浮，指御用金，即備用金之類。

〔取次〕義同「草次」「卒爾」。《會元》（十四，十六）：「石門紹遠禪師初在石門作田頭。門問：『如何是田頭水牯牛？』師曰：『角轉轟天地。』曰：『田中事如何？』師曰：『深耕淺種。』曰：『如法著？』師曰：『某不曾取次。』」《江湖集·村田樂》：「意舞伴歌取次行」。

〔破午〕破，過義。破午，即過午。破曉，即夜已逝。杜詩〔註42〕：「二月已破三月來」。《虛堂錄·寶林語》：「二月已過三月已來」。〔註43〕

〔註40〕堂上家：日本朝臣門第之一，可入朝議政。
〔註41〕《樂善錄》：〔宋〕李昌齡撰，凡十卷，內容係作者從前人典籍中搜集、摘抄的兩百餘條勸善懲惡、因果報應類軼事彙編。
〔註42〕即杜甫《絕句漫興九首·其四》。
〔註43〕《諸錄俗語解》「破午」條：同「破卯」「破曉」「破臘」之「破」。曾幾《茶山

〔委身〕伏地。《憎蒼蠅賦》：「委四肢而莫舉」。委，貼伏在地上。

〔五陌〕《詩經》注：「行杖者曰五百，本作伍陌。」注：「伍，當也。陌，道也。使之導引當道陌中（以）驅除也。」《古今注》：「五人曰伍，五長為伯，故稱伍伯。」按《詩經》注，五陌指在官輿前導引的役卒，相當於日本明治時期前的「同心<ruby>どうしん</ruby>」〔註44〕一類人。

〔頭陀〕俗稱行者曰頭陀或道人。出家持缽行修道者之名也。

〔白拈〕白拈賊，方語所注「晝賊」，與《類書纂要》（五，四三）「白日撞入人家，見物便取謂之『白撞賊』」中的「白撞賊」意思相同，但與「白拈」意思不同。白，指空手不帶刃具。拈，用手指取物也。故「白拈」，指空手取他人之物。《聯燈》（九，七）無位真人則下：「雲峰云：『臨濟大似白拈賊。』」雪竇云：『夫善竊者，鬼神不知。既被雪峰覷破，臨濟不是好手。』」《無準錄》臨濟贊云：「竊不見蹤，敗不見贓，是真白拈。其誰與當？」此處若意指賊人偷盜之技高超，能在神不知鬼覺間盜走他人之物，然則手無寸鐵，能不露形跡而行竊者被稱為「白拈賊」；不用兵刃的空手作戰，謂之「白戰」；以拳術取他人性命，謂之「白折」「白打」；天冷時曬太陽，謂之「白醉」，取其未喝酒卻有醉意之故。《通鑑》「白論」注：「猶空言」，「白望」注：「猶虛名也」。州縣白蹋僧，指行腳僧一邊行腳，一邊四處閒蕩遊食，卻毫無參禪之志。其外，「白字」「白白走」「白酒」等詞可並考。

〔郎忙〕《山庵雜錄》作狼忙，狼狽慌忙也。郎與狼同音，通用。石中立〔註45〕以「員外郎」為「園外狼」。

〔短氣〕《楚辭·九章》：「氣於邑而不可止」。《前漢·成帝贊》「言之可為於邑」注：「於邑，短氣也。」《前漢·中山王傳》「為之於邑」注：「於邑，短氣貌。」《字典》「於邑」：「氣逆結不下也」，即胸中之氣不得舒展。《希叟錄》（十，

梅花詩》：「滿城桃李望東君，破臘紅梅末上春。」或有人曰「破」為「破土，破綻之義」，因冬天開花，故稱「破臘」，恐非也。破，雖有「過」義，但指繞過，非指時間過了很久之「過」。

〔註44〕同心：日本江戶時代下級官員，隸屬諸奉行、所司代、城代、大番頭等部下，受與力分管，負責城市庶務和治安等工作。

〔註45〕石中立（972～1049）：字表臣，北宋名相石熙載之子，累遷史館修撰、吏部郎中、右諫議大夫。1037年拜參知政事，後為韓琦諫免，以太子少傅致仕。性疏曠，好諧謔。一次，石中立與同僚觀南御園所畜獅子，御園管事介紹獅子每日破肉五斤時，一人打趣道：「吾儕反不及此獅子邪？」石中立於是接口：「然。吾輩官皆員外郎（園外狼），敢望園中獅子乎？」眾人大笑不止。

二）結夏小參：「釋迦老子，不善用心。掘窖埋人，無一個出頭得，只得短氣。」短氣，因悔恨、鬱抑煩悶而胸中鬱結也。

〔影草〕探竿影草，未見明解。《人天眼目》四喝注：「探竿，漁者具也。束鸕羽插竿頭，探水中，聚群魚於一處，然後以網漉之謂也。」探竿用處之繩，即本朝〔註46〕鸕繩也。（同上）「影草者，刈草浸水中，則群魚潛影，然後以網漉之，是漁者聚魚之方便也。善知識於學者亦復如是。」明·喻嘉言〔註47〕《傷寒論》「論瘟疫」條云：「范文正公守饒，冬溫，吏請禱雪。公取薄冰置座，嘿坐良久。瑞雪滿空，頃深三尺。孟賊疫鬼，何地潛蹤耶？可見先儒退藏於密，借凝冰為影草，已攝大地於清冷之淵矣，詎非法王手眼乎？」

〔單丁〕《品字箋》：「餘夫，單丁也。」指尚未繼承家業的平民家族長男或獨身百姓。《孟子·滕文公上》「餘夫二十五畝」注：「程子曰：『一夫上父母下妻子，以五口八口為率受田百畝。如有弟，是餘夫也。年十六別受田二十五畝，俟其娶而有室，然後更受百畝之田云云。』」單丁院，即一人獨居之寺院。

〔含尾〕尾，同日語「つぐ」，即連接其尾。含尾船，指前一艘船的船尾連著後一艘船的船頭，一艘艘首尾相連的船。

〔碣斗〕碣，山特立貌。斗，與「阧」同音，峻立也。如突兀之富士山。

〔糢糊〕糢，當作模。《字典》：「模糊，漫貌。」杜詩〔註48〕：「馳背錦模糊」。因漫滅而無法看清。形容茫茫影色。

〔化疏〕化，灼化之燒化。火葬，又曰火化。火葬場，又曰化場、化人場。疏，請疏也。唐人在神佛前參拜時，燒紙錢、紙馬等物以敬告神佛。此處亦指呂公祈願言法華，燒疏以遙敬。

〔因緣〕《雲臥紀談》作夤緣。忠國師碑文：「青蘿夤緣，直上寒松之頂。」「因」「夤」「寅」三字表此意時通用。《字典》：「夤，進也。緣，連也。」因緣，即攀附也。

〔抽脫〕大小便。本義雖指脫去袈裟，因諱不淨故不直言，借指大小便也。

〔鄉薦〕及第之人由其所在州縣薦舉入京師禮部應試。多為選舉仕官之

〔註46〕本朝，指日本。
〔註47〕喻嘉言（1585～1664）：本姓朱，名昌，字嘉言，明寧藩王後裔，明亡後改姓喻。江西南昌府新建（今南昌市新建區）人，因新建曾名西昌，故又名西昌，別號西昌老人。明末清初著名醫學家，著有《醫門法律》《尚論篇》《寓意草》等。
〔註48〕即杜甫《送蔡希曾都尉還隴右寄高三十五書記》。

事也。

〔省闈〕禮部官衙稱「南省」。及第後的考生在禮部應試稱為「省試」，即應考之事。

〔半餉〕同片餉。相當於一頓飯喫到一半左右的時間。黃粱半餉故事〔註49〕也。

〔教化〕《大慧普說》（三，六十、六十一）皆指勸化也。俗將乞食者稱為「叫化子」。教叫同音，化，同日語「喚く」，即叫喚、喊叫。今由宗教術語流傳普及至民間。

〔抽單〕單，七尺僧單。抽單，抽出自己的僧單離開禪院。不顧行蹤也。

〔丫叉〕丫，呈叉路口之形。丫，幺加切，物之歧頭者。《枯崖漫錄》（中，八）「了叉路」，即言歧路也。

〔挪揄〕挪，當作揶。《字彙》：「舉手相弄也」。捉弄人。

〔喏喏〕喏，人者切，注：「敬言也」。唐時下等人於上等人面前必須說「喏」，意同日本人所說的「はあ、はあ」之辭。

〔二膳〕準備兩回的粥和飯。膳，注：「具食也」，指備置汁菜和齋飯。

〔悶悶〕注：「懣也」。指心有不快、心有不滿。輯釋引《老子》之言為誤用。又同苦悶。

〔御諱〕英宗名「曙」。天子存生時其名曰御名，崩後曰御諱。趙英宗名「曙」，但百姓口不可直呼、書不能寫其名，故注稱其「御諱」也。

〔奪胎〕奪他人肉胎作自己轉生之胎。按，如海印〔註50〕那般之人，轉世投生本應是男子，或因海印遷化當日轉世，使結胎時間不足，只好奪已成形之女胎轉生。十二因緣〔註51〕中，三為識，四為名色，五為六入，此三者皆為胎

〔註49〕典出唐代傳奇《枕中記》：盧生在邯鄲道上的客店中借枕晝眠入夢，歷盡人世富貴榮華。夢醒後發現店主人所炊黃粱尚未熟。

〔註50〕即定慧超信（生卒年不詳），桂府（今廣西）人，北宋臨濟宗瑯琊慧覺禪師法嗣，住蘇州定慧寺。《大慧武庫》（一）載海印「奪胎」事，曰：「（海印信和尚）平日受朱防禦家供養，屢到其宅。一日朱問曰：『和尚後世能來弟子家中託生否？』師微笑諾之。及歸寺，得疾，數日而化。其遷化日，朱家生一女子。圓照本禪師時住瑞光，聞其事，往訪之。方出月，抱出，一見便笑。圓照喚云：『海印，儞錯了也！』女子哭數聲化去。」

〔註51〕十二因緣，又名十二有支、十二緣起、十二緣生，是佛教「三世輪迴」的基本理論，包括無明、行、識、名色、六入、觸、受、愛、取、有、生、老死十二支依次緣起，構成三世兩重的因果關係。無明是對佛法的無知；行是有意志的行為；識是死後由於過去的行為，導致投生的心識；名色指處在母胎中的身、

內之位。識者，為託生之一念也。名色之位，六根〔註52〕未具。六入之位，六根具足而出生也。朱家之子，六根既具足而成女身，故海印奪其識之一分轉生作女子也。

〔枉坐〕枉，枉屈。同日語「無実（むじつ）」。坐，被牽連受刑，同日語「緣座（えんざ）」。又枉，指自己犯罪成為罪人。坐縲絏，指入牢獄。《論語》：「雖在縲絏之中，非其罪也。」

〔南詢〕此時南方禪宗盛，故曰南詢去。與下文「南遊」意思有別。

〔打併〕同日語「とりおく」「とりかたづける」「とりのける」，譯作收拾、整理、清理、掃除等。《世說》：「屏當未盡」。《能改齋漫錄》〔註53〕：「併當二字，俗訓收拾。」《圓悟心要》當作「打摒」「摒當」。《字典》：「屏，音丙，除也、去也、斥也。併與屏棄之屏同。」按，屏、併、摒、偋四字，音義通用。《大慧武庫》「併疊敷具」，意亦同也。《譯文荃蹄》「打併」「併了他」和「結果了」意同，皆由本義轉指打死人。此用法與日本俗將「殺す」（即殺人）稱作「片付（かたづ）ける」「疊（たた）む」（即收拾、整理）相同。

〔囝地〕囝，《玉篇》：「戶臥切，音和，牽船聲。」唐音「オウ」，因拉重物發力而不禁發出「おう」之聲也。

〔聱訛〕混淆訛誤。《中峰錄》音釋：「不平易貌」，此說引自《進學解》對「佶屈聱牙」和《韻會》對「聱牙，言辭不平易貌」的解釋。訛，吾禾切。牙，五加切。二字音相近。《祖庭事苑》：「詨訛。上（聱）正作殽，胡交切。涵殺，雜也。下（訛）五禾切，謬也。」《圓悟錄》注「聱訛」為「謬戾也」，應並考。

〔五參〕五日一參之義也。《百丈清規》住持章有五參上堂校定清規，如初五、初十、二十、廿五，此四日謂五參上堂。每隔五日上堂一回，則一月有六日。其中除去旦望、祝聖上堂〔註54〕，五參上堂實指四日。旦望上堂亦安居

心（識除外）；六入是指眼、耳、鼻、舌、身、意六種身體感官和認識對象；觸是指感官對現象的接觸；受是接觸後產生的感受；愛是感官接觸後生起的慾望；取是執著；有指導致輪迴的行為。十二因緣之間的關係環鏈相扣。

〔註52〕六根：指眼、耳、鼻、舌、身、意的感覺意識。

〔註53〕《能改齋漫錄》：〔南宋〕吳曾（生卒年不詳）撰。原為十卷，今本作十八卷。分為事始、辨誤、事實、地理、議論、樂府等十三類，大部分為考證。1163年因仇家告訐，誣此書「事涉訕謗」，遂被禁毀。後於1190年重刊，但新版經刪削，已非舊觀。

〔註54〕旦望上堂：指每月初一、十五的上堂祝聖。

不出門也。

〔後架〕位於照堂（即禪堂）之後，大眾洗面處也。又東司（即廁所）亦有後架。架，棚也，放置洗臉用具的架子。日本俗稱「雪隱」「後架」皆源於此。

〔結甲〕同日語「仲間を組む」，即組隊、合夥。五人組，謂「五保人」或「保甲」，隊長、頭目，稱甲頭。

〔一覺〕覺，去聲，同日語「一寢入り」，即打盹兒，小睡一會兒，小憩。一覺睡醒了起來動動身體，稱之為「一覺身動」。

〔不合〕若與「合堂」相對，則可視作後悔做了不該做之事。「千不合，萬不和」為加強其後悔語氣之說法。

〔圈繢〕亦作圈繢。同日語「罠」「手管」，指陷阱、圈套。《雲門錄》（中）：「落我袈裟縧繢裏」。繢，《六物圖》〔註55〕（本，廿五）「鉤紐」旁注：「前鉤後紐，收束便易云云。」鉤，袈裟之環也。紐，緒也。」《會釋》（二，廿三）：「紐，繢也。」《字典》「繢」字注：「《玉篇》：『紐，繢也。』《急就篇》注『繢』，亦條組之屬。」又「繢」字注：「紐也」。又「縧」字注：「《釋名》：『困縧也。藏物縷縧，束縛之也。《類篇》：『縷縧，厚意也。』」按，縧繢二字，指袈裟之緒也。諸錄中作圈繢，圈，即鉤、環。《唐話纂要》「圈套」，日語作「落し穴」，即陷阱。《心要》（即《佛果克勤禪師心要》）（上，廿七）：「跳出圈圚」。

〔爆地〕同日語「ぱっちり」，即猛然破裂貌。豆在火中爆裂所發出之聲。爆，唐音「ポ」。《字彙》：「煙火破裂，又地雷破裂。」

〔截路〕同日語「詰り道」，即路不通。亦作斷頭路。指路被截斷不能通行之意。將敵人的路截斷亦作截路，取切斷道路之意也。

〔撐撐〕撐地也。用力踩住。《武庫》晦堂語作四足踞地，即不動貌。

〔支梧〕作支吾、枝梧。《通雅》〔註56〕：「支柱抵梧也」。《史記・項羽紀》注「小柱」為「枝」，「邪柱」為「梧」。《文選》：「左支右吾」。

〔承當〕雨芳洲〔註57〕云：「承當不起，言才力不堪也。」又滿口承當，

〔註55〕俱名《佛制比丘六物圖》，〔唐〕元照撰，凡一卷，佛教律儀書。此書以文配圖，述說比丘所用六物的形制和用途。國內已佚，日本有藏本。比丘六物，指比丘隨身所用的三衣和缽多羅（應器）、尼師壇（坐褥）及漉水囊。

〔註56〕《通雅》，〔明〕方以智撰，凡五十二卷，是書內容廣泛，分二十四門考證名物、訓詁、音聲等，可稱之為百科全書式著作。

〔註57〕即森雨芳洲（1669～1755），日本江戶時代中期儒學家。名東，字伯陽，號芳洲。

指應允他人，承諾辦事。又擔當，指能承受重物，亦指執行重要任務和事情。又承當，亦指擔任職務。《水滸傳》第二回：「（史太公自去華陰縣中）承當里正」，又「俺家見當里正」。《居家必用》：「承，受納其事也。」《碧巖錄》（一）帝云：「不識。」著語：「卻是武帝承當得達摩公案。」《大慧答鼓山建長老書》（下，七七）：「專使來收書。知開法出世，為岳長老拈香，續楊歧宗派。既已承當個事，須卓卓地做教徹頭徹尾。又汝既出頭承當個善知識名字，當一味以本分事，接待方來。」《尺牘雙魚》（七，二二）：「當田契日，先召親房，後問田鄰，無人承當時，憑戶族鄰中出當與某名下，承當為業。」同（七，二五）：「賣牛契日，如有來路不明賣主，承當不干買主之事。」《類書纂要》（九，十六）：「主張，主寄承認。承當，任其事也。擔當，負荷抵當其事也。」「承當」注：「承者，下載上之謂。當，抵也，猶抵當，承任其事也。」《無準錄》（上，七十六）：「我石田師兄末後句子固不容易分付，而無庵居士亦不容易承當。」分付與承當相對。《心要》中多有「承當」「擔荷」之語。《會元》九峰道虔侍者問：「如何是內紹？」曰：「知向裏許承當擔荷，是為內紹，云云。」曹山曰：「承當不起，言才力不堪也。同日語『堪えぬ』，即不堪、承受不住。《譯文荃蹄》中將『滿口承當』，釋為答應、應允承擔其事。又擔當，指能承受重物，亦指執行重要的任務和事情。受他人稱讚，自謙可曰『不敢當』，同日語『心得難し』，即他人給予的讚許本人承當不起。承當，同日語『ひきうける』『うけあう』『うけもつ』『ひきうけて我物にする』等，應根據具體場合，適時翻譯成『接受、負責、擔任、接管』等意思。」

〔驢年〕《玉篇》：「驢似馬，耳長」，故稱兔馬也。（生於）丑年可說「屬牛」，（生於）午年則可說「屬馬」，但自古無「屬驢年」之說。

〔麻繩〕草鞋鞋帶，謂「鎖鞋繩」。用萬花谷所產苧麻而製之草鞋鞋帶，謂「麻鞋鋼繩」，《本草》中有出〔註58〕。故《請益錄》〔註59〕「水浸麻繩，一股股緊」中之「麻繩」，指多股繩捻結成一根繩子也，並不限指鞋子。

〔站在〕《字典》「站」：「久立也。俗言獨立也。」俗語「站在那裡」，同日語「そこに立っている」。略站遠，即站到離此處稍遠的地方。

〔性燥〕焦躁，同日語「気を苛つ」「腹立ち」，指生氣、發火。此處亦其

〔註58〕《本草綱目》（三十八）：「麻鞋：唐本草，《釋名》『屨』……古者以草為屨，以帛為屨，周人以麻為鞋。劉熙《釋名》云：『鞋者，解也，縮其上，易舒解也。』」
〔註59〕即《萬松老人評唱天童覺和尚拈古請益錄》。

意也。又一轉亦指伶利。《大慧書》作躁。躁，急進也，不安靜也。

〔追索〕追，指去其家。索，指要回、取回。又追，亦指要回、取回也。《水滸傳》楔子：「大尉大怒，指著道眾說道云云，把你都追了度牒，刺配遠惡軍州受苦。」

〔老婆〕俗將妻子稱作「老婆」，此稱呼無關年齡老少，用法同日本俗稱妻子為「嬶」。如世所謂「某是某的老婆」等，有小說名曰《懼內經》，描述了懼怕老婆的故事。妻呼夫曰「老公」。

〔至扣〕扣，與叩同，擊也，又問也、發也。《禮‧學記》：「善待問者如撞鐘，叩之以小者則小鳴，叩之以大者則大鳴。」據此轉指問之意也。至扣，至極扣問，或說是也。標注所引「叩頭」義，非也。

〔草料〕同日語「秣」，即乾草、飼草也。乾草堆放處，稱為「草料場」。此處將學者當作牛馬而言也。《字典》「料」：「牛馬所食芻豆〔註60〕也。」

〔莫道〕同日語「さておき」「勿論」，即暫且不管、姑且不提、不用說之意也。次句中的「便是」，同日语「たとい」，即譬如、比喻。「莫道云云，便是云云也。」云云，此語勢《水滸傳》等書甚多。又便是二字，其後亦可不承也字。

〔攝將〕被狐狸等迷住，謂「被攝住」。《西遊記》中三藏法師被諸妖魔抓去處多有「攝將去」之語。

〔落草〕「草裡輥」「落草談」「草裡漢」等詞皆言落入社會下層。又落草，指加入（盜賊）團夥。《水滸傳》中多出。落入下賤之意。

〔朱紫〕有二義。一指高級官員服色〔註61〕，二指紫之奪朱，見「朱紫交競，異說相騰」之語。《後漢‧陳元傳》：「夫明者獨見，不惑於朱紫，猶聞不謬於清濁。」雨芳洲《橘窗茶話》：「紫，含五色，顏色之王也。」

〔措大〕《資暇錄》：「代稱士流為措大，中略愚以為四說皆非也。止言其能舉措大事而已。」《祖庭事苑》（六，二十）：「言措置天下之大事者」。《謀野集刪》「秀才稱措大」注：「以其舉措大道也」。

〔不憤〕杜詩〔註62〕：「不分桃花紅勝錦」，注解：「不分，不忿也。正是忿（意），音憤。」《水滸傳》第四十八回：「花榮拈弓搭箭，不端不正，把那碗燈

〔註60〕芻豆：牛馬飼料，即草和豆。
〔註61〕古代官員服色中有「朱衣紫綬」之說，即紅色官服，紫色綬帶。
〔註62〕即杜甫《送路六侍御入朝》。

射將下來。」不字，與「雲在嶺頭閒不徹」之「不」字，皆為加強語氣用法也。

〔點破〕《爾雅》注：「以筆滅字為點」，即對字進行刪除修改。「點竄」「點易」「治點」，皆指修改詩文也。破，同「看破」「識破」「讀破」之「破」，即看穿文章字句的難點和重點。說破，同日語「言い崩す」「言い破る」，即道破，把隱含的意思或內容說出來。點破之義應參照以上說法。詩文不限，萬事皆可「點破」也。

〔支遣〕支，同「收支」之「支」，指分發扶持米、付錢等行為。遣，同「排遣」之「遣」，故支遣，指向外支付也。又支，可視作「支吾」「支撐」之「支」，指向外推出、不讓靠近。

〔則個〕俗話語餘聲也。《武庫》：「惜你則個」，即真可憐你呀。《水滸傳》：「救我則個」，即快救救我吧。則個，相當於日語語尾助詞「のう」（用於文末表示感嘆）。唐人通事口傳時用於加強語氣之語也。

〔一節〕節，操也。一節，即堅守志操不變節。《書錦堂記》：「出入將相，勤勞王家，而夷險一節。」《叢林盛事》（下，七）「布素一節」，指一生衣著儉樸，布衣素服。

〔主張〕《莊子》（五，十七）：「孰主張是，孰維綱是。」張，設也、施也。《纂要》（九，十六）：「作主也」，指事情由自己做主決定、自負責任。

〔寄聲〕《書言故事》（三，十九）：「朋友以音問見及曰蒙奇聲。」又指被熟悉的聲音吸引。

〔閤使〕《事文類聚新集》（十九，三）：「東、西上閤門使，凡取稟旨命，供奉乘輿，朝會遊宴，群臣、蕃國朝見辭謝，糾彈失儀之事。」

〔經生〕《佛祖統紀》：「向鄰寺多召經生，未逾旬日經已寫畢。」又曰「寫經手」。

〔踉蹌〕俗謂醉酒或被人暴打後走路不穩、跌跌撞撞為「踉踉蹌蹌」。

〔蹉過〕亦同錯過。「蹉」字注：「足跌也」，同日語「蹴躓く」，即絆倒。

〔還還〕還，同日語「まだ」「やはり」，即還是、依然、照舊。還敢應，指還敢頂嘴、居然還還嘴。（梁武帝）問：「對朕者誰？」（達摩）卻裝傻還嘴回「不識」。評中已上，只用四句，揩定一則公案，因茲已下，頌出事跡。

〔盤礴〕第四則頌評：「透得公案，盤礴得熟。」第七十則頌評：「宛轉盤礴」。第七十一則：「盤礴滔滔地」。今此處指自由自在地使劍。《莊子・田子方》：「畫史解衣盤礴，臝。」林注：「箕踞之狀。」同日語「わがままなる」，

即不受拘束貌。此為本據也。

〔揩定〕揩,當作楷。《廣韻》:「楷,式也、法也。」又按「楷抹」之義,或指擦抹乾淨。評曰:「四句頌盡公案了」。

〔名邈〕邈,當作貌。《正韻》:「描畫人物,類其形曰貌。」然諸錄多作邈,不必強改。《正宗贊》洞山章:「邈得先師真」。

〔鉤頭〕鉤,同日語「秤の鉤」,即秤鉤。識取鉤頭,指稱斤兩要讓秤鉤決定秤砣在秤桿上的位置,而不能靠秤星來決定。

〔往往〕每度之義。杜詩〔註63〕:「醉中往往愛逃禪」。又處處,到處之義。蘇頲詩〔註64〕:「往往花間逢彩石」。《漢書》「往往而有」注:「言處處皆有之。」

〔怎生〕同作麼生。《字彙》:「怎,俗語辭,猶何也。」〔註65〕

〔頓絕〕頓挫之意。指勢頭突然受挫。

〔交加〕互相交疊,相加於其上。亦可形容樹木枝繁葉茂,枝與枝相交貌。

〔拔本〕本,本錢、本金。拔本,即取回本錢。折本,即失去本金。又謂「消折本錢」。

〔油糍〕芝麻糯米餅。《祖庭事苑》「餬餅」注:「胡麻,即油麻也。」糍粑,指糯米糰子類食物,字書中無此二字。唐音胡為「ウ」,油為「イウ」。

〔合子〕合,曷閤切。《正韻》:「合子,盛物器。」亦作盒。〔註66〕

〔胡餅〕《釋名》:「胡餅,作之大漫沍也。又以『胡麻』著也。」

〔喃喃〕《玉篇》:「呢喃,小聲多言也。」

〔傷慈〕過度慈悲,因慈悲心重而受傷也。

〔猱人〕《傳燈》(十四,十):「藥山一日看經次。柏巖曰:『和尚休猱人得也。』」《南院錄》:「師打禪床,僧便喝,師拈棒,僧曰:『老和尚莫掣猱。』奪棒打老和尚去在。」《禮記·樂記》:「及優侏儒,獶雜子女。」鄭注:「獶,獮猴也。言舞者如獮猴戲也,亂男女之尊卑。」《音義》:「獶,乃刀切,亦作猱。」朱注:「獶與猱同」。古抄引《樂記》鄭注,指「戲弄」之義,可從。

〔註63〕即杜甫《飲中八仙歌》。

〔註64〕即蘇頲《奉和初春幸太平公主南莊應制》。

〔註65〕《諸錄俗語解》「怎生」條:同「作麼生」。《五音集韻》:「怎揚州人,讀作『爭』,上聲。吳人讀作『尊』,上聲。各從鄉音而分也。」

〔註66〕《諸錄俗語解》「合子」條:香合子,指香箱。

〔見成〕現今成就之義，同日語「出来合<ruby>で<rt></rt></ruby><ruby>き<rt></rt></ruby><ruby>あ<rt></rt></ruby><ruby>い<rt></rt></ruby>」，即現成。如「見成飯」等。

〔惹得〕惹得，意指惹事、搞事情。《水滸傳》：「若留住在家中，倒惹得孩兒們不學好了。」又挑撥、故意煽動之意也。如「他是個大蟲，不是好惹的」等。

〔貼秤〕多稱重量，使稱出來的斤兩比貨物的實際重量還重。稱斤兩時，將秤砣從原來十文目〔註67〕的地方移到十一、十二文目。又貼銀，同日語「つり銀<ruby>ぎん<rt></rt></ruby>」，指將賺頭返給對方。《會元》（十八）信相宗顯章，上堂舉中邑仰山六窗獼猴話，云：「我與你說個譬喻。中邑大似個金師，仰山將一塊金來，使金師酬價。金師盡價相酬，臨成交易，賣金底更與貼秤。金師雖然闇喜，心中不免偷疑，何故？若非細作，定是賊賦。」

〔平出〕《會元》富那夜奢章，馬鳴曰：「我欲識佛，何者即是？」祖曰：「汝欲識佛，不識者是。」曰：「佛既不識，焉知是乎？」祖曰：「既不識佛，焉知不是？」曰：「此是鋸義。」祖曰：「彼是木義。」祖問：「鋸義者何？」曰：「與師平出。」馬鳴卻問：「木義者何？」祖曰：「汝被我解。」馬鳴豁然省悟。

〔偏枯〕《大德濟陰方》（上）：「半身偏虛，風乘氣入為偏枯。」

〔銜去〕銜，同日語「銜<ruby>くわ<rt></rt></ruby>える」，即用嘴叼。如鳥銜花。用酒杯等器具喝酒時，嘴唇咬住杯口，此為銜也。

〔隈刀〕《左傳·僖公二十五年》注：「隈，隱藪之處。」《雲門廣錄》：「身隈韶陽之雲，首變楚山之雪。」隈，同日語「かくれのがれる」，即逃避隱藏。隈刀，同日語「はずし、かわす」，即解刀交出。又《字彙》：「隈，烏魁切，音威。」「威」與「回」，唐音皆「オイ」。古抄云：「隈與回音通」，故應視作「回避」之「回」，「回避刀箭」之互文也。《會元》（十六，十四）作「隈刀避箭」，用隈代回字，在其含有隱藏之意。月中巖〔註68〕《文明軒雜談》：「我等在熬釜中煎，而逼之如何畏避？」畏，唐音「オイ」。《水滸傳》第七十六回：「你這等懦弱匹夫，畏刀避劍，貪生怕死」，此畏與回字亦通用。

〔胡蘆〕唐音「ウロヲ」。形容風吹幡動所出之聲。

〔駕與〕同日語「のせてやる」，即駕駛馬車。駕，把車套在馬身上。

〔註67〕文目：日本尺貫法重量單位，一貫的千分之一，約合 3.75 克。

〔註68〕即中巖圓月（1300～1375），日本南北朝時期臨濟宗僧人。俗姓土屋，法號中巖，謚號佛種慧濟禪師。

（「駕與青龍不解騎」），就算把車套在青龍上，你也駕馭不了這車。

〔分付〕同日語「渡す（わた）」，即交付、交給。又同屬付，日語「言（い）い付（つ）ける」，即囑咐、叮囑之意。

〔七寸〕離蛇頭七寸處為其要害也。《埤雅》〔註69〕：「南方多蛇精嘗化為人，以呼行旅姓名。若顧應之，夜必至棲所傷人。土人養蜈蚣於枕中，臥覺有聲則啟枕放之，蜈蚣乃疾馳蛇所，啗其腦云云。」一小說引此文，腦作七寸。

〔鐵券〕《五代史》：「朱友謙降莊宗，拜尚書令，賜鐵券恕死罪。」宣旨以鐵板鑄就，傳至子孫，免其死罪也。《水滸傳》中亦可見柴進「丹書鐵券」之語。《類聚》（五，四六）「鐵券」注：「鐵券之形，如瓦面，刻誥文，皆鑴『免死』『俸錄』之數字，嵌以金。」

〔不平〕常話：「路見不平，拔刀相助。」形容男子漢氣概。第一百則頌評云：「古有俠客，路見不平以強凌弱，即飛劍取強者頭。」

〔合鬧〕大家合攏來相鬧也。即大家匯聚一堂，相互打鬧。

〔風措〕若作「風流」義，恐不可。對照下文「宛轉自在」，則應指「風指」。指，當作措。又措指音相近。唐音皆為「ツウ」，但指為上聲，措為去聲，僅撮口呼之別。

〔金牙〕福本作「須是金毛獅子始得」。此處須據解字斷句。《會元》（六）：「不是金牙作，爭彎弓解射尉遲。」金牙，見《天衣懷錄》，其義未考。

〔無端〕同日語「可惜（あったら）」，即可惜、遺憾。如「無端白紙強塗糊」。

〔呼蛇〕吹葫蘆以吸引蛇，未考。《淵鑒類》函蛇部引《夷堅志》，意思稍有差別。

〔陡暗〕字書無陡字，當作陡。《正韻》：「頓也」。

〔喫緊〕同日語「肝要（かんよう）」「大事（だいじ）」，即要緊、重要之事。《中庸大全》「喫緊」：「猶俗言著急」。喫，同「喫顛」「喫驚」之「喫」，緊，要緊也。「沒要緊」「不打緊」，即不要緊，沒關係。

〔噴地〕噴，普悶切，鼓鼻也。同日語「嚔（くしゃみ）」，即噴嚏。又吐氣也。情不自禁地發笑，稱作「噴飯滿案」，即笑到飯都噴出來了。唐音「ペン」。噴地，形容（液體、氣體等）冒出、噴出之勢也。

〔端的〕端，正也。的，實也。端的，指真實、正真、實正等，同日語「ほ

〔註69〕《埤雅》，〔宋〕陸佃撰，凡二十卷，訓詁書，專門解釋名物，以為《爾雅》之補充，故名。

んの」，意即真的、實在。如「端的是好」「那個是端的底觀音」等。

〔惺惺〕靜中不昧曰惺。《大慧書》：「百不思時云惺惺」。

〔跳下〕跳，同日語「おどる」，即躍起，指輕身起跳。如「蝦蟇（即癩蛤蟆）跳」等。

〔捹取〕捹，俗「拌」字，棄也。捹取，同日語「かまわぬ」「ほっておく」，即放置一旁不管。杜詩〔註70〕：「久捹野鶴如雙髫」。

〔撇向〕撇，字書注：「引也」「拂也」。日語俗謂「すつる」。「永字八法」〔註71〕第七畫即「撇」，亦同日語「ひきすつる」。

〔由他〕意同由著他、隨你便。（《禪關策進》：）「由他病也得、活也得、死也得，乃至入鑊湯爐炭裏也得。」此句中所用數個「也得」，即「由他」之意。

〔認取〕同識取。《字彙》：「又識物也」。《水滸傳》：「認得我麼？識得俺麼？」句中「認識」被拆為兩個問句，皆指「還記得我嗎？」今比此意更重。

〔抱操〕《字典》「抱」注：「懷愁也」，同日語「むちゃくちゃと気の結ばれたる」，即心情鬱結、有憂愁。

〔指望〕若釋「指」為用手指對著之意，則指望，表示以某物、某事為目標或目的許願、並抱有期望之意。

〔漆桶〕比喻癡呆、愚昧。見《紀談》（下，四）大慧偈寄語。叢林作瞎漆桶。對愚暗不悟者，則罵稱為「糊突桶」。「漆桶不會」等，同方語「無分曉」，即糊塗。

〔四休〕四，唐本作匹。《書‧洛誥》王拜手稽首曰：「公不敢不敬天之休，來相宅，其作周匹，休！」

〔進期〕進，入字義也。入寺，謂「進寺」「進院」。又如「諸進便室」等。

〔挪抄〕挪，與「搓」連用成「搓挪」，指搓繩等意也。抄注：「摩抄也、

〔註70〕即杜甫《書堂飲既夜復邀李尚書下馬月下賦絕句》。
〔註71〕寺島良安編《和漢三才圖會》第十五卷《藝財》「永字八法」條：八法為蔡邕所書古人用筆之術，多於永字取法，以其八法之勢能通一切勢也。八法如圖所示分別為：側點、勒橫、努豎、趯挑、策左上、掠左下、啄右下、磔右下。圖：

— 30 —

手挼抄也。」挪抄，同日語「摩擦る」，即摩擦。

〔采著〕《類書纂要》：「俅俅，看顧也。」不俅不俟，同日語「かまわぬ」，即不管不顧。

〔端倪〕出自《莊子》〔註72〕。《類書纂要》：「端倪，猶端緒。」又「究端倪」「辨端倪」等詞，皆指見一端而知全貌之意。《從容錄音義》：「猶端的」，即取得大意。

〔兀坐〕《小補韻會》：「兀兀，不動貌。」按，《玉篇》：「杌，音兀，木無枝也。」《集韻》：「木短出貌」。日語「立杭」，形容樹木枯萎，枝葉落盡，只剩樹幹挺立。兀亦同音，故取此義。「痴兀」亦此意也。

〔遼空〕《碧巖錄》：「一鏃遼空」。《虛堂錄》：「遼空一箭（九重城）」，皆同「遼天」。《祖庭事苑》「遼天」注：「遼，當作撩，撩取也。遼，遠也。非義。」按，「撩」「掠」「捎」並同音，同日語「摩擦る」，指摩擦。「遼空而行」，則指在空無一物之處擦身而過之義。「撩天的話」，指說大話。「鼻孔撩天」，《西湖佳話》（九）有出。

〔拍盲〕拍，以掌擊（拍打）某物。因盲人無法獨行，以掌拍拊人肩而行，故曰拍盲。今同「向こう見ず」，指不考慮後果、冒失之義也。

〔賺愓〕賺，音暫。《字彙》：「重賣也」，故騙人曰賺。《字彙》：「又錯也」。賺愓，同日語「人を騙し、しくじらす」，指騙人，使其失誤也。

〔穿下〕穿，與串同音，通用。往來義也。如「穿州過府」等。

〔乾慧〕通教十地〔註73〕之初地曰乾慧，謂外凡伏惑位，無生觀。慧雖巧，斷惑智水乾燥。今非此義。雪峰之意，因定發慧，未得行持之水，謂之「乾慧」，有補。

〔片嚮〕嚮，古文向字，向餉音同。片嚮，一片餉也，即喫飯喫到一半左右的時間，亦作半餉，謂時間短暫。

〔落索〕亦作絡索。落絡二字，同音通用也。索，非繩索義，形容字也，同日語「ごたごたした物」，即亂糟糟之物、雜物。《大慧書》抄中所言「一絡

〔註72〕《莊子·大宗師》：「反覆終始，不知端倪。」
〔註73〕通教十地：通教（天台四教儀之一，另有藏教、別教、圓教）中，就佛道修行者的修行階段、境地而作的十種區分，亦稱三乘共十地。地是能生、所依之義，謂住於其位，持其位之法，而有其果生成。乾慧地排在第一位階，謂三乘（即聲聞乘、緣覺乘、菩薩乘）之人，初居外凡（即心居理外）位時，未得真空理水所潤，故名。

索」，即一結也，指將雜亂無章之物捆作一把之意。

〔葛藤〕《叢林盛事》富鄭公曰：「禪家者流，見說事不經直者，謂之葛藤。」言文字、言句也。

〔撒手〕鬆開手。撒，四處拋灑物品。

〔椿定〕椿注「橛也」。椿定，指如椿被楔入地中，無法移動。

〔擺手〕同日語「大手をふる」，即大搖大擺、無所顧忌。裝模作樣地搖肩擺手，稱之為「搖搖擺擺」。

〔家私〕雖可作道具，但此處同日語「身代」，指身家財產。如「萬貫家私」等。

〔漏逗〕漏逗，切漏；商量，切商；都盧，切都；錮鏴，切錮；料掉，切料，如此之類，稱為疊韻。切韻，兩字如一韻同等，相對則切。韻（與歸音）重疊，故以切字為歸音，謂之疊韻，如商量二字為切，只是商字更無切也，「漏逗」亦如此。

〔鈍置〕《祖庭事苑》「置」：「當作躓，音致，礙不行也。」鈍置，即被障礙物妨礙無法順暢行進。

〔隔陰〕人死未托生，謂「中有之身」，亦作中陰。隔陰，即隔彼岸也。

〔勞攘〕同日語「心遣い」，即擔心、掛念。《性理大全》朱子曰：「老子極勞攘云云」。

〔隔截〕《普說》（二，六六）：「大丈夫須是一椎擊碎，方可得大自在。若一向保惜，如將虛空夾截，自以為寬廣良，可悲夫。」按，隔夾二字，韻雖有別，皆牙音、清行、入聲第二位，故同音可通用。

〔搏量〕《普燈》（廿五，卅五）音義：「搏，音團。」按，搏量二字，諸錄中多見，與「度量」同義也。字書無此義。蓋俗語、諸錄中雖多作「搏」，音義中其字畫與音義分明也。

〔了有〕一本作非有，可從。

〔幾枚〕枚，量詞，用作計算物件數量。用「枚」指人，則為詈辭。類語中多用作指盜賊之輩或村夫等人，用法與日語「何枚肩」（指代轎夫等）相當。

〔無狀〕同日語「無作法」「無器用」，即失態、沒有禮貌。指淫酒（沉溺於酒）等。《前漢・東方朔傳》（「妾無狀」）注：「所行醜惡無善狀」。

〔消得〕俗語「不消說」「不消一捏」等，消，指消除，故多處釋其為花費、消耗之意。此亦用作量少之事物，若強要作解，則應訓作「使用」。

〔鈍牓〕《摭言》曰：「進士榜黏黃紙四張，以淡墨氈筆書『禮部貢院』四字於榜首。」《纂要》(五，二)：「及第類殿試中，第一名曰狀元，又曰榜首。中第二名曰榜眼。」《字典》：「榜，木片也。取士及選官之次第曰榜，又作橋、牓。」私曰鈍牓，非有典故，是禪師隨口之辭。類奧州後三年戰時「剛膽之座」的「膽之座」〔註74〕。

〔差事〕《韓文》(六，九)《瀧吏詩》：「州南十數里，有海無天地。颶風有時作，掀簸真差事！」注：「差事，奇怪也。」《集韻》：「楚嫁切，差異也。」注引韓詩，指怪異、奇怪。

〔拔楔〕楔，同日語「楔（くさび）」，即栓子、楔子也。《盛事》(下，三十三)：「以楔出楔」。又《水滸傳》將船底栓子稱為「楔子」。字書無此義。《心要》(下，五十九)作「拔屑」，同音通用。《野錄》(上，二十八)：「挑屑拔釘」。日本《節用集》「栓」字處有「楔也（くさび）」之語。栓，《字彙》：「木釘」。

〔卓朔〕《碧巖錄》第九十四則垂示：「眼卓朔耳卓朔，金毛獅子。」《祖庭事苑》(一，十九)：「厇愬，厇當作犷，陟革切。愬，色責切。犷愬，犬張耳貌，故云耳。犷愬，或音卓朔，非義。」《集韻》：「厇，陟格切。音磔，張也。」「犷，陟革切，犬張耳貌，犬怒張耳。」「愬，色責切，音索。驚懼謂之愬。」按，方語「卓朔朔地」注：「精彩也」。

〔未屙〕屙，謂學者咄出一言半句。

〔妥貼〕同日語「落ち着く（おつ）」，即平靜下來、沉著、安定也。亦作「帖妥」。妥，《說文》「安也」。《字彙》「妥帖」釋作「定也」。

〔約下〕指控制、抑制也。《大慧年譜》建炎二年（1129）下：「冬至秉拂，昭覺元禪師出，眾問：『眉間掛劍時如何？』師云：『血濺梵天。』圓悟時於座下以手約云：『住住，問得極好，答得更奇。』」圍棋術語中以「おさえる」，即壓制對方，謂之「約」。

〔渾圇〕同日語「まるで」，即完全。亦作渾侖。《俗書刊誤》：「物完曰囫圇」。

〔回互〕同日語「いりくむ」，即交錯、錯綜。本義指東西雜亂無章。

〔樅然〕《碧巖錄》(六，廿四)：「山河大地，樅然現前。」同(十，二)：「萬境樅然」。《音義》：「樅，七恭切，撞也。」按，撞出、突出之義。《洪武正韻》

〔註74〕日本平安後期，源義家在後三年之戰中為鼓勵將士，在軍陣中把剛勇之士與膽小之士分開而坐。膽之座，即給膽小之士的座位。

彙篇：「槵然，隆起貌。」

〔合殺〕《教坊記》：「舞曲終謂之合殺」。

〔得得〕同日語「わざわざ」，即特意、專程也。《字典》「得得」：「唐人方言，猶特地也。」

〔解勸〕同日語「取り障える」，即調解矛盾。解怒勸和之意。

〔胎息〕道家養生術也。柳文中所謂「服氣」即是也。《抱朴子》「胎息」二字，到底還是漏之義。

〔趁早〕同日語「はやいうちに」「早歲のうちに」，即及早、趕早、趁還年輕之意。

〔潦倒〕潦倒，切老；茆廣，切莽之類，謂之「反切語」。潦倒，老羸貌。見《緗素雜記》。《字典》：「蘊藉貌」。同日語「たよたよしたる」，即弱不禁風、軟弱無力。

〔相饒〕有兩說。一說，《字典》：「俗謂寬恕曰饒」，同日語「罪を許す」，即原諒、饒恕對方過錯；二說，《類書纂要》：「饒，販」，注：「饒，多餘也。」指賣東西時的讓價、優惠行為。（原文「一箭尋常落一雕，更加一箭已相饒」）若按一說，則此句可釋為：射雕尋常用一箭，再加一箭是多餘，達摩已經原諒武帝，所以才直接回去了。若按二說，一箭之後再加一箭，即射兩箭也無法將雕射下，達摩沒有原諒梁武帝就直接回去了。《禪林類聚》（十）：「移花兼蝶到〔註75〕，買石得雲饒。」愚按，假使一升賣一百文錢之人，不肯便宜賣九十九文，取而代之添上十分之一的貨。如此一來，即便不降價亦能讓人歡喜，此謂「饒販」。

〔乾淨〕同日語「綺麗な」，即清潔的，潔淨的。乾，亦淨義也。卷（六十七·右）：「乾白露淨」。

〔廉纖〕同日語「こざこざしたこと」，即細小、細微物交織貌。《祖庭事苑》：「猶撿斂細微也」，即日語「きめこまかにとりはずさぬ」。此處應忽略其意。

〔海上〕同「海內」。《會元》（十五）開先暹章，雪竇目曰：「海上橫行暹道者」。《禪林寶訓》（上，廿一）：「海上獨步」。

〔路布〕《事文類聚別集》：「露布者，蓋露板不封，布諸試聽也。」或同日語「看板」「制札」，即「布告牌」「公示牌」一類。

〔註75〕有出入，《禪林類聚》原文為「至」。

〔當風〕同日語「出会い頭（であがしら）」，即迎頭碰上。猶「當頭」。

〔合下〕同「直下」。《周易大全》（十三，廿九）朱子曰：「明夷云云。上六：『不明，晦』，則是合下已是不明。」《四書大全》陳新安曰：「自謙是合下，好惡時便是要自謙了，非謂做得善了，方能自謙。」

〔牛搏〕搏，當作搏，補絡切〔註76〕，手擊也，拊也。此處指牛用前蹄踩踏，意同「驢撲」之撲。

〔方纔〕同日語「そこでようやく」，即終於、好不容易。根據場合亦可譯作「さきほど」或「ただいま」，即剛才，方才。

〔風甌〕陶製風鈴，懸於中國徑山三塔四方。

〔奸峭〕《水滸傳》第一回：「奸不廝欺，俏不廝瞞。」意同日語「同志（どうし）はずうずうしい。」即同伴狡猾。奸，同「狡い者（こいもの）」，即滑頭者。俏同「粋な人（すいなひと）」，即俊俏者。對面千里，或指由本義轉作「支持ぬ顏している（しじぬかおしている）」，即擺出一副不支持之貌。

〔踢天〕蓋或指渾名。《徑山後錄》：「踢天弄井得人憎」。同日語「暴れ者（あばれもの）」，指頑劣、撒潑耍賴之人。

〔寒酸〕意同日語「見る影無き（みるかげなき）」，形容窮困潦倒之貌不忍直視。儒者貧窮困苦亦稱作「寒酸」。《類書纂要》（十二，十八）言人貧。

〔接口〕接別人之口直接說話。指多辯之人也。

〔渾家〕妻之自稱亦作「渾家」。如自己家中妻子之稱。《類書纂要》作「婗」字。字書無婗字，此義是俗義也。〔註77〕

〔如天〕蘇州、揚州等地繁華，世人俗稱「人間天堂」。

〔不易〕意同日語「大体のことではない（たいてい）」，即事情不簡單、不容易。另日語「たいぎ、たいぎ」為慰勞辭，即「辛苦了、受累了。」

〔驢腰〕驢，詈辭。如罵老人是老驢，罵和尚是禿驢之類。

〔攛掇〕《字典》：「誘人為非曰『攛掇』。」又指褒義之幫忙。見《水滸傳》何九叔幫忙料理武大郎火葬處。《類書纂要》：「攛掇，猶贊襄，贊，助也。襄，成也。」

〔眼熱〕同日語「物を羨む（ものをうらやむ）」，即羨慕，嫉妒。如「眼中出火」等。又「眼

〔註76〕「搏」，《康熙字典》作「補各切」，《正字通》《字彙》作「伯各切」。「補絡切」之「絡」疑為「各」之誤。

〔註77〕《諸錄俗語解》「渾家」條：同「合家」，日語「總總（そうそう）」，即大家。

中火出，鼻裏煙生」等語，指因受驚而頭昏腦漲。

〔碑記〕碑，當作牌，同日語「看板^{かんばん}」「目印^{めじるし}」，即招牌、標記牌之類。中國在線香的包裝紙上寫著「請認本鋪牌記」等文字。

〔頓足〕同日語「足拍子を踏^{あしびょうし}む」，即用腳踩地打拍子。根據說話場合也指生氣得用腳直踩地。

〔散工〕同日語「無益^{やくな}しの舟子^{ふなこ}」，即沒用的船工。散官、散位之類。閒散、冗散，皆指無權無勢之閒差。

〔戒曉〕同「告戒」之戒。戒，同日語「つげしらす」，即通知、告知。戒日子，指邀請他人時挑選吉日。

〔枵腹〕空腹也。枵，虛嬌切，虛也。《類書纂要》（十二，十）「枵腹」注：「飢民也」。枵，木之空虛也，故以為喻。

〔行堂〕行者寮也。亦曰「選僧堂」，於行者中選出適合出家為僧者之處也。僧堂，謂選佛堂，於僧中選出有佛機者，故名。

〔布穀〕鳲鳩，一名布穀，一名郭公。日語俗謂「閑古鳥^{かんこどり}」。郭公，唐音為「<u>クワクウ</u>」，或因此亦名畫胡。

〔手橈〕短柄櫓也，猶將種子島稱作「手銃」。《博雅》注：「楫謂之橈」，故橈指大櫓也。又亦可視作「手中橈」。《枯崖漫錄》（上，二十）：「貪觀白浪，失卻手中橈。」

〔述朱〕中國教書先生教學童習字前，先在字帖上用紅筆寫一遍，再讓學童用未蘸墨的筆照著摹寫，此為「順朱」。述朱，指為他人提供樣本，即仿先人之言教而行。

〔節本〕略文，謂作「節文」。節本，即略文之本也。節取節該，指舉其大概而言之也，若「節儉」連用，則為略義。《水滸傳讀法》〔註78〕節出李逵事來別作一冊，題曰《壽張節本》。

〔繳進〕受天子敕命辦事，向上回復時曰「繳」〔註79〕，亦作「回繳」。

〔新尖〕同日語「はなやか」，即華麗、顯赫。蘇轍《雪詩》：「強付酒樽判醉熟，更尋詩句鬥新尖。」

〔陰相〕暗中相助，同「陰助」。《名醫類案》：「盛享城隍神，求為陰助。」

〔註78〕即《金聖歎批評第五才子書水滸傳》。

〔註79〕《文心雕龍·奏啟》：「奏者，進也。言敷於下，情進於上也。」此處用「繳」字，疑誤解，當用「進」字，「回繳」，當改作「回進」。

〔劃時〕《瘟疫論》有「劃然愈」之語。又作霍然。霍，遽貌。劃時，或指即時義。

〔面孔〕同日語「顏付き」，即容貌、長相。悟道時的面孔稱作「做禪面孔」。《水滸傳讀法》中，「三十六樣面孔」與「三十六樣性格」相對，故面孔在上，即所謂某種變化之體也。

〔勾當〕同日語「仕事」「勤め」，即工作、職業。《歸田錄》〔註80〕曹彬平江南云云，「奉敕江南勾當公事回」。即指處理事情。勾當轉運使，官名。

〔脫略〕同「脫落」。又《文選·恨賦》「脫略公卿，跌宕文史」注：「銑曰：『脫略，輕易也。』」

〔潑天〕潑，當作撥。撥天的本事，指大有能耐，有本事。同「撩天」，皆誇大、誇張之辭，如「撩天的話」。見《枯崖漫錄》(中，二十)〔註81〕。

〔茆廣〕反切語。茆廣，切莽也。茆作「茅」或「謀」。莽，同日語「手荒」。即粗手粗腳、魯莽。莽和尚，同日語「荒法師」，即粗野和尚、魯莽和尚。或指辨慶〔註82〕、覺範〔註83〕一類人。

〔遂育〕育，養也，俗謂生孩子之事為「養出來」。按，育在養之先。或因忌諱說生產，故謂養育。如因諱言小便而說「淨手」，淨手實在小便之後也。出產、小便皆屬不淨之事也。

〔打扮〕同日語「出立ち」，即裝飾（某人）使其容貌、衣著等好看。亦作「裝扮」「妝扮」。《字典》：「今俗以裝飾為打扮」。

〔重地〕同日語「おもき所」，即重要之地。若一人之技藝才能比其道德修養更出眾，則此人必以其才更為世人所知。齊、貫〔註84〕等人知識雖豐富，然其作為詩僧名氣更高。

〔註80〕《歸田錄》：〔宋〕歐陽修撰，凡二卷，一百十五條。內容係歐陽修晚年辭官閒居時所作小說集，記載朝中遺聞與文人士大夫瑣事。

〔註81〕《枯崖漫錄》(中，二十)：「潑天門戶，要人扶持。」

〔註82〕辨慶（不詳～1189）：日本平安末期至鐮倉初期比叡山武僧，源義經心腹家臣。傳說色彩較為濃厚的武勇和尚，亦稱「武藏坊」。

〔註83〕覺範（不詳～1285）：日本鐮倉時代妙覺寺武僧，在比叡山橫川修行，通稱「橫川覺範」，又因其武藝高強，被稱作吉野第一的「蠻和尚」。後在與源義經大將佐藤忠信的決鬥中落敗被梟首。

〔註84〕即唐代詩人齊己和貫休。齊己（863～937）：俗名胡得生，晚年自號衡岳沙門，湖南長沙人，唐晚期著名詩僧。貫休（832～912）：俗名姜德隱，一字德遠，婺州蘭溪（今浙江省蘭溪市）人，工詩及書畫，詩名高節。

〔郎君〕同日語「殿御（とのご）」，婦人稱呼男子為「郎君」。《水滸傳》中鄭天壽因皮膚白，故得渾名「白面郎君」。

〔埕著〕同日語「いきあたる」「でくわす」，即偶遇、碰見。同「撞著」。

〔垂條〕條，音叨，編絲繩也，同日語「組紐（くみひも）」，即修行僧用作繫腰的「うち手巾（じゅきん）」。

〔省劄〕宋朝通過宣政院的劄子任命各寺院住持。省，署也。

〔嚏霍〕《瘟疫論》有「劃然愈」之語。又作霍然。形容藥到病除，藥效快。

〔搐鼻〕同日語「鼻（はな）をすする」，即抽動鼻孔。病人卒中風倒地而牙關緊閉時，將猪牙皂莢粉末吹入其鼻內，藥氣若起效通過，則鼻孔抽動（打噴嚏開竅），此療法謂「搐鼻」。鼻搐不通者則死。又小兒被蟲子等叮咬後痙攣發作，此時手部微微抽動之狀，此謂「搐搦」。應知其字義。

〔衝口〕同日語「出放題に（でほうだい）」「ずっと」，即放任自流。東坡詩〔註85〕：「好詩衝口誰能擇」。

〔索價〕同日語「掛値（かけね）をいう」，即漫天要價、謊報價格，開價比正常價格高很多。

〔索性〕《字義解》釋作「一思い（ひとおも）、おもいきって」等，即狠心下決心、直截了當、斷然。《中巖錄》〔註86〕（下，二十九）：「只要當人索性放下」。《周易大全》：「微子去卻易，比干一向諫死，又卻索性。」又同日語「いっそのこと」，即乾脆、倒不如。亦作「索心」。

〔揌住〕揌，去聲，捵也，急持衣衿也。捵注：俗作「撳」。揌住，同日語「胸倉（むなぐら）とる」，即揪住衣服前襟。

〔括噪〕同日語常話寒暄語「おやかましゅございました」，即「打擾了，對不起」。《類書纂要》：「聒噪，吳人相謝俗語也。」

〔私鹽〕同日語「拔荷（ぬけに）」「拔買（ぬけがい）」，即私自販賣官禁之貨。在中國，鹽茶等皆官營，私自販鹽謂之「私鹽」。今清朝亦制。范鋐《六諭衍義》〔註87〕：

〔註85〕即蘇軾《重寄一首》。

〔註86〕《中巖錄》：俱名《中巖和尚語錄》，〔日〕中巖圓月語，顯悟等編，凡一卷，內容輯錄中巖圓月住相州乾明山萬壽禪寺、相馬龍澤禪寺、豐後蔣山萬壽與聖禪寺、東山建仁禪寺、相州巨福山建長禪寺、滕谷山崇福禪庵等語錄，附秉佛一篇。

〔註87〕《六諭衍義》：〔清〕范鋐（生卒年不詳）撰，凡一卷，道德訓誡書，內容係

「各安生理。犯私鹽者，杖百，徒三年。」又曰：「偽造衙門印信，及曆日符驗、夜巡銅牌、茶鹽引者，斬。」按，若能取得官府證件，商人亦能從事販鹽買賣。故《趙州錄》(中，六)：「販私鹽漢云云，還我公據〔註88〕來。」

〔外幹〕外出辦事。幹事二字，雖指辦事，然幹一字即可表示事情，如「有何貴幹」等。

〔回進〕回答的自謙辭。進字不用於天子之外的人。講進，即(在天子等人面前)講解學問。見月中巖《崇光帝尊號說》。

〔世味〕指肉葷類。如以魚肉為「海味」，以獸肉為「野味」。

〔陵遲〕同陵夷。《漢書》「陵夷」注：師古曰，陵夷言如山陵之漸平夷。〔註89〕在宋朝刑法中，被判陵遲的犯人不會被一刀斃命，而是被慢慢折磨致死。行刑時，劊子手先將犯人的手綁在其身後，將其犯人的頭髮高吊在樹上，然後用小刀將犯人的肉按柳樹葉片大小，一小塊一小塊剮下來，直到肉盡而亡為止。故陵遲亦稱作「剮罪」。剮，音寡。《玉篇》：「剔肉值骨也」。今清朝沿用此刑，見《六諭衍義》。

〔叫那〕叫，吉弔切。叫叫，遠聲也。《揚雄解難》「大語叫叫」，即用力呼聲也。《普燈》：「呼渡船聲也」。

〔委實〕委，俗語實義。《西遊記》第三十回：「八戒道：『云云，是師父想你，著我來(請你的)。』(行者道：)『(他)前日親筆寫了貶書，怎麼又肯想我？』八戒道：『委是想你。』」次回作「實是想你」。

〔蛤蚾〕《正字通》：「蟾蜍，一名蛤蚾。」韓愈詩〔註90〕：「蛤即是蝦蟆，同實浪異名。」朱樉詩〔註91〕：「稻深群蛤吠，草暗一螢流。」

〔嘍囉〕《事物紀原》(十)：「嘍羅，幹事之稱也。《演義》曰：『嘍，攬也。

用白話文對「六諭」的解說，在解說之後加入當時相關的民間故事、律令條文及關聯詩解說其含義。「六諭」是明太祖朱元璋 1388 年頒布的教導民眾的六條道德訓誡，即：「孝順父母、尊敬長上、和睦鄉里、教訓子孫、各安生理、毋作非為」。1707 年，琉球使臣程順則將該書翻刻後帶回琉球，獻給日本薩摩藩藩主。後又經藩主被獻給江戶幕府將軍德川吉宗。吉宗命令將此書翻譯成日語，稱《六諭衍義大意》，並作為寺子屋教科書進行普及，直至明治維新。

〔註88〕有出入，《趙州錄》原文作「驗」字。
〔註89〕有出入，《漢書》顏師古注原文為「言其頹替若丘陵之漸平也」。
〔註90〕即韓愈《初南食貽元十八協律》。
〔註91〕即朱樉《夏夜極涼》。

羅，紹也。言人善當荷幹，辨於言者。』」俗稱盜賊手下為「小嘍囉」。

〔抄箚〕抄箚家私，指官府查抄某人家產。此處亦指做每天的箚記。

〔喫醋〕《五雜俎》：「婦人妬者，謂之喫醋。」不知何義。

〔做大〕同日語「橫着（おうちゃく）」，即偷懶、耍滑頭。又同日語「橫柄（おうへい）」，即傲慢、妄自尊大。重出，見《虛堂錄·佛祖贊》。

〔刀鑷〕《禪宗雜毒海》有約翁、浙翁題刀鑷二偈。《貞和集》有樵隱題供堂淨髮待詔偈。刀鑷、待詔，皆指理髮師也。所謂供堂，取「供養一堂」之義，指不收費用，免費為人剃髮。張生，出自《續燈存稿》，未詳師承。刀鑷，亦作鑷工。刀，剃刀。鑷，拔毛用的鑷子。《貴耳集》：「秦會之呼一鑷工櫛髮」。《增韻府》：「陳留市有刀鑷工」。《堯山堂外記》：「顧琛恃才傲物，自出一對云：『天下秀才爺』。有刀鑷人對云：『村中和尚種』。《名物六帖》中引此句作鑷子商，誤也。此句意指刀鑷工因為和尚剃頭，故自稱是造就和尚之人也。

〔支破〕同日語「さばく」，即妥善處理。支，本義指用金銀支付。因見於庫司[註92]筆記，故用此詞也。

〔老軍〕宋朝以前若有戰事，每三口之家必須出一人從軍。至宋朝，天下兵民分離，遇戰事則只需出職業軍人。兵、民居處分隔兩地。農民除按農田面積繳納田賦外，還需向官府繳納軍隊士兵口糧。此為《水滸傳》中所說「軍民塗炭」是也。

〔扛紙〕扛（《說文》）注：「橫關對舉也」。兩人擡物曰扛。扛紙，指兩人互相拽紙。

〔蜃壁〕指白牆。用蜃貝燒成的灰塗抹而成的牆，亦作粉壁。做法與日本用青貝燒灰塗壁類同。

〔霍霍〕霍，忽郭切，唐音「フワ」，無義。只取苦痛口氣。又曤曤婆，乃八寒地獄之一。曤曤，言其痛苦聲。然兩詞間未必有關聯。

〔摟搜〕同日語「かきさがす」，即反復搜查、胡亂搜索。《西遊記》第六十六回：「雙手使鈀，將荊棘左右摟開。」

〔抖擻〕同日語「ふるい出（だ）す」，即哆嗦、顫動。此處指如狗劇烈跑動後哈哈呼氣，仿佛要吐出來一般地呼氣。

〔註92〕庫司：寺院中司會計之事的僧人。

〔坊正〕亦作坊廂。町中宿老也，即鎮長或村長等人。村中里長則稱之為「里正」。如日本村長之稱謂。

〔塗乙〕《字典》：「唐試士式，塗幾字，乙幾字。抹去訛字曰塗。字有遺脫，句其旁而增之曰乙。」○又取「乚」形字作斷落標識，即乙也。又「乚」字，寫在兩個前後順序顛倒的字旁，表示對調順序，這也是日語返點「レ」字的由來。

〔乾笑〕同日語「空笑い^{そらわら}」，即假笑、裝笑。其他如「乾紅（即粉紅色）」「乾兒子」「乾打鬨」。年少者稱年老婦人為「乾娘」。娘，母也。乾娘，即乾媽，意同日本的叔母。乾，指非真正的、名義上的。

〔搆之〕搆，至也、及也。《虛堂錄》：「綆短不搆深泉」。《圓悟心要》（上，二十）：「諺曰索短不到深泉」。長鞭不搆馬腹，出自《左傳》「（雖鞭之長）不及馬腹」。《類聚》（十一，十九）：「前不搆村，後不迭店。」

〔喫素〕同日語「精進^{しょうじん}」，指喫素齋、避葷食。食無魚曰素。喫葷，則為食肉類。喫素道士稱為「全真道士」，喫葷道士則稱「火居道士」。與「火宅僧」同例。

〔籠統〕疊韻。籠統，切籠。肚裏直籠統也。可理解為中國古代藝人表演獅子舞時鑽入的獅身，其形狀如籠子。《水滸傳》第二十五回：「武松云云，『對我一一說，知哥哥死的緣故云云。你只直說我哥哥死的屍首是怎地模樣！』」《評》：「上文一總籠統要問兄死緣故，說到此處，忽記起婦人說何九只是扛擡燒化，便（疾換）出此二句來。」俗本《水滸傳》第四回但見文：「翠鬟籠鬆楚岫雲」，籠鬆，或同日語「ふくれたる」，即形容蓬鬆散亂之貌。寬鬆，同日語「物^{もの}のゆるむ」，即言東西鬆散不密集。眼下指散髮之類。

〔革蚤〕革，《說文》：「獸皮，治去其毛革更之。象（古文革之形）。」據此可知，有毛的部位稱作「皮」，無毛部位則稱作「革」。跳蚤或因其外殼如無厚重毛髮的獸皮之革，故名「革蚤」。又亦所謂「喫蚤跳蚤」，源自《玉篇》「齧人跳蟲」。

〔呱呱〕小兒啼聲。《書·益稷》：「啟呱呱而泣」。《唐韻》：「古胡切，音姑。」唐音「クウ」。《集韻》：「烏瓜切，音窊。義同。」唐音「ワア」。

〔勸解〕同日語「とりさえる」「なだめる」，即調停、排解糾紛。解，解怒也。勸解，亦指安慰別人停止哭泣。解哀也。

〔研槌〕同日語「擂粉木^{すりこぎ}」，即研磨杵。亦作雷槌。雷盆，指擂鉢。《字

典》：「擂，研物也。」《中巖錄》：「貓兒尾拽鐵雷槌」。

〔發課〕同日語「占」，即占卜。《西遊記》第十回：「先生即神占一課，斷曰云云。」

〔把梢〕梢艄，同音。《字典》：「船尾也」。日語俗謂「かじ」，即舵。梢公，同日語「舵取り」，即掌舵之人。

〔失曉〕失，同日語「とりはずす」，即（因失誤）而錯失之意。失曉，指因睡過頭而錯過了黎明，故天亮之前起床，天亮之後起床，皆可說「失曉」。

〔扣齒〕中國人自誡或念咒語時必扣齒。《水滸傳》第六回：「只聽得門外老鴉哇哇的叫。眾人有扣齒的，齊道：『赤口上天，白舌入地。』」

〔撞彩〕指抽中籤。同日語俗謂「しめた！しめた！」即太好了、好極了。喝采，指觀眾觀看演出，稱讚藝人技藝之妙的叫好聲。又意同臺灣中彩票也。

〔三白〕曾慥《高齋漫錄》：「錢穆父召東坡食『皛飯』。及至，乃設飯一盂、蘿蔔一楪、白湯一盞而已，蓋以三白為『皛』也。後東坡復召穆父食『毳飯』。穆父意坡必有毛物相報。比至日宴，並不設食，穆父餒甚，坡曰：『蘿蔔、湯、飯，俱毛也。』穆父歎曰：『子瞻可謂善戲謔者也。』」皛，胡了切。《字典》：「河朔謂無曰毛，音模。」范成大詩〔註93〕：「康年氣象冬三白，浮世功名酒一中。」

〔簽出〕簽帖，同日語「つけがみ」，即附簽。遇到文章書籍中需要說明或解釋的地方，讓侍從依次讀出附簽內容，就無需自己預習了。

〔扇㧊〕扇，當作煽。（《字典》）注（「煽」）：「尸連切。煽，熾也。熾，盛也。」又「式戰切，火盛也。」同日語「火をあおいでおこす」，即煽風使火旺。㧊，字書不出，蓋俗字。按，彭若訓「盛」，取「煽」字意著手傍，或指使火熾盛之義。扇㧊，僅指用風箱吹火之意。

〔連架〕同日語「連枷」，即用作小麥、大豆等穀物脫殼作業的農具。〔註94〕架，當作枷。與架子之架有別。《玉篇》：「連枷，打穀具。」《釋名》：

〔註93〕即范成大《雪寒圍爐小集》。范成大（1126～1193）：南宋中興四大詩人之一，字至能，一字幼元，平江府吳縣（今江蘇省蘇州市）人，早年自號此山居士，晚號石湖居士。

〔註94〕其狀可參見寺島良安編《和漢三才圖會》第三十五卷《農具》「連枷」條如下：

「枷，加也。加杖於柄頭以檛穗而出其穀也。」

〔早晚〕由本義引申出日語「いつか」，即遲早、早晚；「いまごろ」，即現在、這時候；「ほどなく」，即不久、一會兒等義。今此處應作「いつか」，即遲早之意。這早晚想是去了，日語釋作「いまごろはゆくであろう」，表示這個時候應該去了吧。早晚回來，日語釋作「ほどなくまわります」，表示不久就會回來。又同日語「何時ぞ」，即表示詢問什麼時候。《雲門廣錄》（中，十七）：「今日早晚也」，源出《禮記‧曲禮》「視日蚤莫（音莫）」之語。

〔劈箭〕同日語「矢をきってはなつ」，即切斷箭。劈，「勢」之俗字。

〔適來〕同日語「さきほど」「いまがた」，即剛才、剛剛。亦作「適纔」「適間」。

〔草賊〕《書敘指南》：「盜藏避曰穿竄草石，又曰山栖草藏。」

〔嗒眠〕同日語「どぶされ」，意同「睡你個大頭鬼呀！」雖有「喫驚」「喫顛」之義，按「嗒」所注「食無廉」，則為貶義辭也。如「嗒酒糟漢」「嗒醉了」等。

〔木桵〕《教誡律儀指要鈔》（上，二十二）：「十二、不得著木桵向尊宿前行立。」《鈔》：「木桵者，是木屐乎？證本作木屐。」又（同丁）：「十五、凡著履桵，先令腳跟著地，勿使作聲。」

〔胚墇〕當作坯墇。《正字通》：「坯，佩平聲，瓦未燒也。墇，音魂，土也。」胚墇，同日語「やき物の下地」，即陶胚。

〔耳朵〕凡事物輕便貌者皆可用「朵」。《成道記》（上，二十三）注：「妙高山頂有四朵，每朵有八天。」《江湖集》：「朵朵湖山千古佛」。靈隱飛來峰，又名「小朵峰」，如日本富士山之寶永山〔註95〕之名。又如「一朵雲」「一朵

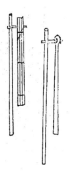

〔註95〕寶永山：位於日本富士山西南側的一個巨大寄生火山錐，形成於1707年的寶永大噴發。

花」等，朵為量詞。杜詩〔註96〕：「黃四娘家花滿蹊，千朵萬朵壓枝低。」以眼根比作葡萄朵，此朵指一顆也。《字彙》：「眔畷，小高貌。眔，吐火切。」

〔分疏〕同日語「言訳」，即辯解、分辨。《輟耕錄》：「人之自辨白其事之是非者，俗曰分疏。」又《碧巖錄》（一）「分疏不下」，指辯解不清。疏，與疎同。

〔珍重〕叢林禮話中有「早起不審」「夜間珍重」之問候語。不審，同日語「よくおやすみなされしか？いかが？」譯作「您昨夜是否休息好？您覺得怎麼樣？」珍重，同日語「おみを大切に」「よくやすみたまえ」，譯作「請多保重身體」「請好好休息。」一如早晚「早安」「晚安」之寒暄。

〔複子〕字書中將複歸為棉花、棉衣類。複，音福。唐音「フヲ」。袱，音伏，唐音「ウヲ」。據此可知，複與袱不通。然《碧巖錄》（一，十三）第十四則舉德山到溈山挾複子云云。評：「包亦不解云云」，可見俗語中與「包袱」之「袱」通用。

〔亞身〕同日語「身をかがめつむく」，即屈身、俯身。白居易詩〔註97〕：「亞竹亂藤多（照岸）」。《正字通》：「亞枝，謂臨水低枝也。」

〔噓聲〕噓，《正韻》：「音虛，蹙唇吐氣曰吹虛，口出氣曰噓。」噓聲，指微張嘴巴吐氣之聲也。

〔托開〕同日語「つきはなす」，即推開、撞開。《碧巖錄》五十一則「（以手）托庵門」，即推開庵門。托，《字典》：「同拓，手推物也。」

〔斫牌〕泰嶽廟例年舉辦捽跤神事，獲勝者留下其獎品，翌年在廟前為獲勝者立名牌。若有挑戰者挑戰衛冕冠軍，則可免費拿走獎品。第三年按慣例亦如此進行。若要挑戰衛冕冠軍，需打碎名牌走上擂臺。此謂「劈牌放對」，亦曰「定對」。《水滸傳》第七十回，燕青以扁擔打碎任原牌區，在捽跤比賽中技壓對方，一擊致勝。

〔掀倒〕同日語「はねかえす」，即掀翻。掀起笠兒，指將斗笠向上撩起。《水滸傳》楔子：「一道黑氣，從穴裡滾將來，掀塌半個殿角。」

〔龍袖〕兩手相對伸入兩袖中。《唐才子傳》：「溫庭筠每試，押官韻，燭下未嘗起草，但龍袖憑几，每一韻一吟而已，場中曰溫八吟。又謂八叉手成八韻，名『溫八叉』。」然龍字義難解。按，龍籠同音假借。《江湖集》惠

〔註96〕即杜甫《江畔獨步尋花·其六》。
〔註97〕即白居易《泛小舳二首》。

山煮茶:「萬壑松風供一啜,自籠雙袖水邊行。」

〔匾頭〕匾,方典切,《韻會》:「器之薄者曰匾」。即薄而寬之物。匾擔,指挑擔用的挑棒。匾匾地拜伏,指拜伏在地,身體呈扁平狀。《西遊記》中罵鳥為「匾毛畜生」,是因其羽毛扁平貼服之故。

〔央庠〕《荀子》注:「美麗姚冶」。《莊子》注:「美好貌」。參考以上注解,或可理解為人之容貌美麗、清秀之樣,但此貌指男子軟弱無力、毫無氣概。《大慧普說》:「記得(京師)法雲老杲和尚說此一件大事,須是一個入山撞見大蟲,騫腰捉住,絕作兩截。有如此氣概底人方可擔荷。若是殃殃祥祥,匙挑不上,半疑半信底卒摸索不著,誠哉是言,云云。」央庠,與「殃祥」音同。

〔資次〕或為「次第」義。《進學解》:「商財賄之有亡,計班資之崇庳。」一說將「資」釋作日語「資給」,即施捨錢財物品等,然此句中「財賄」與「班資」相對,故二者所指之物不同,且俸祿無高下之說。資,字書中無次第義。《雜錄》(上):「陞教班資居禪之上」。《人天寶鑑》(四十二):「正祈禱道場所班次,云云,林靈素等叨冒資品,紊亂朝綱。」應並考。

〔耍相〕耍,沙下切。《篇海》:「戲也」。同日語俗語「なぐさみ」「あそぶ」,即消遣、娛樂。頑耍,同日語「悪遊び」,即淘氣、惡作劇。耍相,或指猿戲。

〔栲栳〕同日語「柳栲」,即用柳條編成的行李箱。《玉篇》:「栲栳,器也,以柳為之。」

〔碓觜〕《五雜俎》:「宋令文撮碓觜書四十字(云云),可謂震世神力。」《訓蒙字會》〔註98〕:「杵,俗稱碓觜。」「碓杵」「碓桯(即支碓的木架)」「碓权」,共見《世事通考》〔註99〕。

〔安排〕安置排列也。安,指安置,物歸其位。排,指排列整齊。安排筵席,即妥善布置酒席、宴席。計較安排,指設法籌集。窗下安排,指安置。《武庫》(十,七)〔註100〕:「栗色伽黎撩亂搭,誰能勞力強安排。」此安排同

〔註98〕 《訓蒙字會》:〔朝鮮〕崔世珍撰,內容係童蒙識字課本,成書於 1527 年。該書收詞多為漢語實詞詞彙,內容博雜而豐富。
〔註99〕 《世事通考》:〔明〕陸噓雲編,內容係俗語辭書,分類搜輯當時常用的俗語詞,並略釋音義。兼載《五經》《四書》難字,並附列異體字與通行字字形對照表。
〔註100〕 出處有誤,原文出自《禪宗雜毒海》(七)。

日語「搔い繕う」，即收拾、整理。今指佛祖亦無法自由整頓之意。

〔膃臭〕膃，《玉篇》：「胡骨切，膝病也。又（骨）差也。」非今義。音鶻，二字同。鶻臭，指腋臭，氣味如鶻。又「狐臭」「鴝臭」。

〔面門〕《華嚴大疏》：「面門，即口也。」《演義鈔》：「面門，即面之正容也，非其口也。」此處與《碧巖錄》「燎卻面門」皆可視作「臉」。《臨濟錄》「無位真人從面門出入」中的「面門」，則應釋作「口」。又一說面門為耳口目鼻之七竅也。

〔淈溕〕不分曉也。同鶻突。淈，《正韻》：「胡骨切」，溕，字書未見。溕腯同音，腯音突，故溕也應音突也。

〔喎喎〕音和，唐音「ヲヲ」。喎喎，同日語中的幼兒語「あばあば」，即和幼兒說「再見」。

〔霍殺〕霍，音嚇，驚懼之義。《希叟廣錄》維石號頌：「等閒擊著火星迸，霍得大唐人眼開。」同上開善語（十九丁）：「無文和尚訃音至上堂。東湖瀉恨浪滔天，驚惟瑞巖殘夢醒。」霍惟，同義。

〔索筆〕索，與「求不見」之「求」意思稍有差別。此處指讓別人把放在那兒的東西拿過來。與《蒙求》「鮫客泣珠」中的「索盤」意同也。素隱〔註101〕搜索時，則為求不見之義。

〔兩陌〕二百文也。如「足陌錢」「省陌錢」等。百，音伯。陌，音麥。二字音雖有差別，意相通也。

〔紫衣〕紫色袈裟也。與常話易混淆。諸錄中多有「衣」字，皆指袈裟。紫衣，即紫袍也。《西遊記》：「員外道：『請寬佛衣』。三藏脫了袈裟。」佛衣，俗語也。應知廿五條、九條、五條皆為三衣，指僧人所穿三件僧衣也〔註102〕。

〔劈篾〕《會元》藥山惟儼禪師章，馬祖曰：「將三條篾束取肚皮，隨處住山去。」篾，竹繩也。其意應有手巾樣。

〔保社〕同日語「仲間」，即同伴、同夥也。《山谷詩注》：「保社，謂保伍，同社。」

〔註101〕 素隱：探索奧秘。

〔註102〕 根據佛的制度，佛教僧侶的衣服限於三衣或五衣。三衣是安陀會、鬱多羅和僧伽梨。安陀會是五條布縫成的裏衣，鬱多羅是七條布縫成的上衣，僧伽梨是九條乃至二十五條布縫成的大衣。五衣是於三衣之外加上僧祇支和涅槃僧。僧祇支是覆肩衣，是三衣的內襯。涅槃僧是裙子。（摘引自周叔迦著《佛教基本知識》，北京：中華書局，2013年第133頁。）

〔索然〕同日語「がっさり」，即（物體）轟然倒下之聲等。張久成《見雪片》詩：「瓦溝聲磔索」。月中巖《春雪》詩：「初聞郭索步窗前」。又《題雪》詩：「蠏步先聞窗前竹，夢敲寒枕響疏疏。揚子一蟹郭索，後蚓黃泉。」

〔呼臚〕《書言故事》（四，三十三）：「擲骰子賭樗蒲，言賭曰呼盧。」注：「盧，紅點〔註103〕也。得紅點以為勝，故賭博者曰呼盧。」《史記》注：「上傳語告下為臚，傳也。」所謂「殿上呼臚，喚六作五」，因是識文，故用樗蒲之語，考生不知何故以第六名登第，遂陞第五。臚盧，音同。

〔津遣〕津，潤之義。津遣，指贈送衣糧、路錢等。葬禮亦作津送，取其誦經等行為有修功德、送善根之意，故名。

〔屬牛〕牛年所生也。由「屬龍」「屬虎」之例可知「屬牛」意。《酉陽雜俎》：「見一馬當路，吏云：『此爾本屬，可乘此。』」

〔按部〕視察自己所轄部屬。指巡撫事。

〔西堂〕他山之前住，即其他寺院引退的主持。東堂，指此山之前住，即本寺院引退的主持。與現今日本所說「西堂」意思有別。

〔生滅〕《松源錄》（下，三十八）：「或道生滅我，移挽我。」《集句韻》：「放開生滅口，掃卻是非塵。」《黃龍四家錄》（下，十二）同（下，二十七）、《靈源筆語》（四十四丁）、《雲臥紀談》（二，四丁）同《庵主書》、《禪門寶訓》（下，二十七）、《盧堂錄》（三，二十九）、《圓覺經》清淨慧章並注。若按此經文意，因執我之故，則起憎愛，更起彼我勝負偏執等種種之念也。應視作愛要近身。按，生滅二字，參考諸錄類語可知，本義同日語「わけ分からぬ」，即無意義、莫名其妙。其他釋義有指責他人人品不端，讓其受到傷害；說人壞話；讓人蒙羞；挑刺、傷害或愚弄嘲笑他人、誹謗等等，譯語種種，難定。

〔可煞〕「可煞」「忒煞」「太煞」，日語皆訓作「はなはだ」，即十分、很、非常。以上意義相同。取「煞」一字亦同義。煞，俗殺字。

〔鬥諜〕鬥，爭也。諜注：「伺也」。眾僧爭先責問演和尚之過也。

〔坯粉〕坯，同坏，陶瓦未燒曰坏，同日語「燒物の下地」，即陶胚。粉，傳面者。古用米粉，後乃燒鉛為粉。坯粉，指加到陶胚裏的粉末。

〔坐地〕《大慧普說》（一，六五）：「如人行路，纔見墩子便行過去不可，只向墩子下坐地，便喚作到家了也。」又坐地，與「立地」相對，指一直坐在一處。

〔註103〕有出入。古樗蒲法，五子俱黑為「盧」。

〔落地〕同上（四，八八）：「如生師子處群畜中，自得安逸。或跳擲或翻身，元無落地真實，消息但只如此。」與「坐地」同義。無落地，指修得大自在之義。

三字部

〔村獦獠〕村，同日語「田舍（いなか）」，即鄉下。獦獠，生活在嶺南附近、以蟲鼠等物為食的野蠻人。見《正字通》詳解。

〔老臊胡〕臊，《說文》：「豕臭也」。《字典》：「凡肉之腥者皆曰臊」。老臊胡，為貶低初祖之辭也。胡人多臊臭者也。《虛堂錄》胡作鬍。

〔潑家私〕同日語「やくざ道具」，即沒用的家當。沒用的人，又稱作「潑才」「潑皮」，同日語「やくざ者（もの）」「すたれ者（もの）」。「家私」「家生」「家事」「家具」皆同。

〔小當仁〕閩鄉談有一說，謂可答不能答曰小當仁。

〔無多子〕同日語「大（だい）なことはない」「仰山（ぎょうさん）なことはない」，即沒多少，很少。《臨濟錄》中臨濟參黃檗，受三問三打，大悟云：「黃檗佛法無多子！」

〔被驢撲〕驢，比馬弱小之家畜也。撲，用前蹄踩倒。《水滸傳》武松打虎處，描寫老虎喫人的招數用了「一撲、一掀、一翦」三個動作。撲，指老虎前爪併跳將人壓制，動作如貓抓老鼠。掀，指老虎背向人，伸後爪向上跳起。翦，指老虎甩尾巴橫掃。詳見《水滸傳》。

〔惡情悰〕同日語「胸（むね）わるし」「わるき根性（こんじょう）」，即心情不好、脾氣乖張、惡劣。《大慧武庫》曰：「時有僧便問：『因甚嫌（人）說禪？』五祖云：『惡情悰。』」《正宗贊》曰：「拈出惡情悰」。

〔烏檻角〕《虛堂錄》牧童頌：「捲桐又入深深塢」。《龍溪抄》〔註104〕（七十，九）並《希叟錄》：「黃牛背上烏檻角，聲聲吹作村田樂。」橘洲詩〔註105〕：「一聲牛背烏檻角」，解者曰：「以桐木皮卷為角」。

〔魔王腳〕腳，腳色，有「樣子、模樣」之意。為官者，各穿符合其官位之裝束，曰腳色。又《正宗贊》汾陽昭贊：「鬼腳跡被胡僧（覷破）」。

〔註104〕 或指《卓吾先生批評龍溪王先生語錄抄》，〔明〕王畿撰，〔明〕李贄批評，凡八卷，有學者指出其初刻本為明萬曆二十七年（1599）何繼高主持刊刻的《龍溪王先生文錄抄》，凡九卷。

〔註105〕 唐衣橘洲（1744～1802），日本江戶時代狂歌師，幕府臣僚，本名小島源之助，別號醉竹園。詩句未詳出典，待考。

〔破沙盆〕破的擂缽。《無冤錄》：「仍帶一沙盆，槌以研上（件）物。」注：「沙盆，研物之器。槌，棒椎也。」

〔楂櫃堆〕塵芥捨場也。亦作「墖圾」「墖墭」「搕撞」。《祖庭事苑》：「糞壤也」。

〔樂營將〕《普燈》（一，十六）將作使。樂營將，即樂班領頭也。團營將，指由雜兵、捕吏等人組成的兵團頭領。（羅虬詩〔註106〕）：「樂營門外柳如陰，中有佳人畫閣深。」

〔趣請之〕趣，音促，即催促也。因接上文問句「新到在否？」故此處意指從旁催促。

〔併宥之〕併，同日語「あわせて」「ひとつに」，即一並、一起。併宥之，即三人一起也。

〔無收殺〕同日語「しまいがつかぬ」「果がない」，即沒有結果，無終點。方語注：「沒合殺，收殺不得也。」合殺，樂之終也。《禪苑清規》有「長板木魚殺聲」「殺鼓」「殺鐘」「起殺各三下」等語。

〔不虧人〕虧，取「月有盈虧」之「虧」字義，引申為日漸損失。不虧人，俗語指不讓人受損喫虧。喫虧，指遭受損失。

〔野了也〕《羅湖野錄》：「荒了也，豈不念無常迅速乎？」野，與文、朝相對。荒，指雜草叢生。荒廢，指田地無人耕種，由此意轉指縱逸怠惰。野字，與此意思相同。野，同日語「無骨」，即粗俗、庸俗。

〔儘做得〕任人做盡壞事之意也。

〔沒頭腦〕《林間錄》（下）作無面目。《水滸傳》中李逵人稱「沒頭神」，其意亦同。

〔經界法〕農田檢地法。《孟子》視之善政。此處指借此名施新法之惡政也。宋朝多有，農民苦不堪言。

〔撩亂搭〕隨手一拿、胡亂一搭。《水滸傳》中有「撩衣破步」之語。破，意同「破墨山水」等「破」義也。

〔惡氣息〕《普說》（下，五四）：「若是如今禪和家，便近前彈指，打個圓相，喝一喝、拍一拍。拂袖便行，放出這般惡氣息。」此指摸樣，今指言句，同日語「あらけなき辭」，即粗鄙之辭。《論語》：「出辭氣，斯遠鄙倍矣。」俗言語氣、聲氣也。鄙，凡陋也。倍，與背同，謂背理也。

〔註106〕即羅虬《比紅兒詩》。

〔覷得見〕常語謂找到要找的東西為「看得見」。覷看，指注視、一直看。見，指找到、看到。此處指見性成佛。

〔愽謎子〕同日語「謎をとく」，即解謎語。愽，當作摶，摶量也，同商量。謎，隱語也。迴互其辭，使昏迷也。《輟耕錄》：「邱機山松江人商謎，無出其右。」《拍案》（十七）：「有客來到，便舉此謎相商。」

〔窩盤處〕或指賊窩。《書敘指南》（貞，四十）：「窩藏賊曰為人囊橐。窩藏曰保姦。又賊久不解曰磐牙連歲。」磐牙，此語出《後漢書·滕撫傳》，（李賢）注：「磐牙，謂相連結。」《水滸傳》第五十一回：「你這夥草賊，在梁山泊窩藏。」

〔負命者〕《千字文》注引《尚書》中候曰：「太公行至磻溪之谷，釣魚為活。周文王出獵，見之曰：『沈鉤於水，何使其直鉤？如何得魚？』子牙曰：『取負命之魚。』」《史記》：「殷湯王出，見有張網四面，乃解其三面，祝曰：『欲左，左；欲右，右；不用命者，入吾網。』」負命，即不用命也。

〔破凡夫〕《雲門廣錄》（中，九）：「若言（見），是破凡夫。若言不見，有一雙眼在。」《祖庭事苑》（一，十二）：「破，音潑。」《餘冬錄》：「醜惡云潑賴」，注：「音巴」。破，同日語「むだな者」「やくにたたぬ者」，即無用、不起作用者。潑，本義指四處撒水，引申指廢物、沒用的人。

〔骨律錐〕律立同音，通用。骨頭如錐立，指遠離肉體煩惱。錐，如豎起錐子，形容詞也。又亦作骨羸錐。予偶閱其書，見律作立，蓋二字音相近，故借用，從省筆畫而用立也。羸，瘦也。或為同類。

〔孟八郎〕方語「狼藉不少」。形容孟浪之人。孟浪，《字彙》：「輕率也」。同日語「思案分別もなき」，即冒失、愚昧之意也。又《碧巖夾山抄》〔註107〕：「孟八郎，晉時勇士，不由道理以作事者也。」

〔弄滑頭〕巧言，又多辯也。指耍弄手段來應付之意也。

〔譬如閑〕「譬如閑」「匹似閑」，皆同意也。譬，匹至切，喻也，猶匹也。匹，譬吉切。譬注：「匹而諭之也」。譬為去聲，匹為入聲，音雖有區別，二字音義皆通，若底的二字相通。

〔註107〕《諸錄俗語解》「孟八郎」條只言古鈔，未明出典。日本有《臨濟錄夾山抄》，但無《碧巖夾山抄》，故出典名稱有誤。今查《夾山抄》無此解，而《碧巖錄萬安抄》中有「晉時勇士，不由道理以作事者也」之語，故此處出典當改為《碧巖錄萬安抄》。又《碧巖錄種電抄》釋「孟八郎」作「不依道理，卒暴漢也」，而《五燈拔萃》「孟八郎者」條載「強梁猛烈之漢也」。

〔蕩蕩地〕不取締之義也。意同「飄蕩」「放蕩」「漂蕩」等之「蕩」。

〔和坐子〕同日語「台座ともに」，即連著台座、座子。《水滸傳》四十二回：「面前只有個石香爐。李逵用手去掇，原來卻是和座子鑿成的。李逵撥了一回，那裡撥得動？一時性起來，連那座子掇出。」和座子，即與座子相連的香爐也。

〔結交頭〕同日語「おんづまり」，即終局、尾聲。又用於除夕（日文：大晦日）。除夕是一年之末，新年之始，即新舊年交替之時。「交頭交尾」等詞中之「交」，應視作「交代」之「交」。

〔結角頭〕與「結交頭」同意也。角，取行李一捆之意，結角，指捆緊行李供人抓取之處。

〔亦還希〕《老子》：「視之不見曰夷，聽之不聞曰希。」（《碧巖錄》雪竇有頌云：）「誰當機舉不賺，亦還希。」指若當機舉，雖儼然不賺，若不見此，不及見聞亦還希也，是形容不器之妙，若視作「少希」，則不通。

〔元字腳〕古抄：「元字腳，乙也，與一同音也。」文字起筆也。愚按，元字上橫二畫，下豎二筆也。凡文字皆不離橫豎筆畫，故元或為文字總名。元字腳，只指文字也。《普燈》（九）：「不留元字掛懷」。注：「不留一字」。古語云：「大藏不收元字腳」。《普燈》（二三，二二）：「釋迦老子道：『四十九年間，未嘗說一字，是甚麼道理？於諸人分上著一字不得，為諸人各各有奇特事在。』」《大藏一覽》序此一大事，本無字腳。「元字」「元字腳」「一字」「一字腳」「字腳」，並同義也。腳，猶跡。劉禹錫詩〔註108〕：「柳家新樣元和腳，且盡薑芽斂手徒。」東坡《柳氏二甥求筆跡》詩：「君家自有元和腳，莫厭家雞更問人。」陳師道《徐仙書詩》：「肯學黃家元祐腳」，自注：「徐清，蓬萊女官。清詩效謝體，書效山谷。」陳樵詩〔註109〕：「詩成猶憶宣和腳，透過澄心紙背來。」六如師〔註110〕說，腳，或指墨跡、筆跡。又亦指筆畫。亦見於唐子西（即唐庚）詩。

〔訝郎當〕訝，亦作呀。喫驚或感歎，又喜悅時發出之聲也。唐音「ヤア」，亦可與「呵」字連用。呵訝，指生病時發出的呻吟聲。「訝」字處斷句。

〔註108〕即劉禹錫《酬柳柳州家雞之贈》。
〔註109〕即陳樵《游絲》。
〔註110〕六如（1734～1801）：日本江戶中期的漢詩人，名慈周，字六如，號白樓、六如庵。

此處同日語「あざける」，指嘲笑意。

〔花藥欄〕花壇的籬笆、柵欄也。藥欄，本指藥園的籬笆，引申指所有的籬笆、柵欄。藥欄，唐音「ヤラン」，對應日語「やらい」，為其轉音也。古抄云：「籬也」。竺仙[註111]云：「只是種百花，攀其花作欄。」

〔定當看〕古抄指讓人仔細看清楚。按，定睛看，指集中視線地看。當，唐音「タン」，睛，唐音「チン」。「タチツテト」，或因是舌音，故睛轉作當音。

〔一齊輥〕把所有人一起弄倒在地。整齊，指軍隊陣勢齊整。其他如「齊家」「齊物」等。一齊都到，指大家都到齊了。

〔捧爐神〕茶爐腳之鬼形也。與日本三德[註112]、五德[註113]之類的架子相似。

〔氈拍板〕拍板，樂器也。同日語「拍板（びんざさら）」。由四、五片小木板串在一起擊打出聲之器也[註114]，故說「一串拍板」。應考本據。氈拍板，由毛氈切片製成。拍板，《文獻通考》曰：「拍板長闊如手，大者九板，小者六板。以韋編之，以為樂節。蓋以代抃也。抃，擊節也。情發於中手，抃足蹈抃者，因其（聲以節舞）歌舞之節，亦抃之意也。宋朝教坊所用六板長寸，上銳薄而

[註111] 即竺仙梵仙（1292～1348），元代臨濟宗僧人，號來來禪子、寂勝幢、思歸叟，明州（今浙江象山）人。1329年應邀隨明極楚俊東渡日本傳播佛學，在日本佛教史和書法史上有重要歷史地位。

[註112] 三德：日本江戶時代的一種燭臺。可掛可放亦可提。佛具燭臺多為三角。

[註113] 五德：金屬、陶土等製成的三腳或四腳圓形架。放置在火盆或爐火上，用作水壺或鐵瓶的支架。其狀如圖所示（出自松村明編，日本東京三省堂1989年出版《大辭林》「五德」條）：

[註114] 其狀可參見寺島良安編《和漢三才圖會》第十八卷《樂器》「拍板」條如下：

下圓厚，以檀若桑木為之，豈亦柷敔〔註115〕之變體歟。」

〔拖拖地〕同日語「のたのた」，即緩慢爬行貌。亦指蛇爬行貌。拖，唐音「トヲ」。《方語集》：「陀陀地，指龍行貌。」

〔不如歸〕不如歸去，唐音「ポズウクイキュイ」。唐音與此鳥鳴聲相似，或為其叫聲之擬音。

〔鬼脫卯〕鬼脫卯。中國古代官府差役必須於每日早上六時（即卯時）到官府報到。報到時，在上司面前將自己名字記在「到著帳」上，此為「畫卯」。上司根據「到著帳」一一點名檢查，此為「點卯」。當天卯時未到，卻未被上司點到名的，則謂「脫卯」。由此義引申，凡事差錯失點檢皆曰脫卯。今此處指未被閻王點到名籍的鬼魂也。《龐居士贊》中有「大家相脫卯」之語。《水滸傳》第四十回吳用道：「是我一時只顧其前，不顧其後，書中有個大脫卯。」

〔記得否〕意指您還記得我嗎？與「認得又作麼？」等句子意思相同。「認取者僧著」，即問還記得這個和尚嗎？

〔樺來唇〕河船櫓之形。如此樣貌之物，日語俗名謂「練櫂」（ねりがい），此即所謂「樺楸」。見《水滸傳》。樺來唇，指如樺楸般動作之唇也。

〔鄧師波〕《禪林口實混名集》〔註116〕（下，八）鄧師波鈔：「五祖法演禪師，綿州鄧氏子。師波，乃師伯也。」《正宗贊》南堂章：「怪不得蒲許鄧師翁，別起一寮安置。」

〔頭堂飯〕指僧堂中的第一座。頭香，指中國古代早上第一個到寺廟裏參拜所上的第一支香。

〔隨年嚫〕老僧多，小僧少。根據僧人年齡大小來進行有差別的布施。

〔註115〕 柷敔：古時的兩種木製樂器名。一說奏樂開始時擊柷，終止時敲敔。一說二者同用以和樂，不分始終。寺島良安編《和漢三才圖會》第十八卷《樂器》「柷」「敔」條載：「敔，狀如伏虎，背刻鉏鋙有二十七，以籈擽之止樂也。籈，音真，其長一尺，以木為之，樂始作用擊柷合之，將終則擽敔以止之。」「柷」「敔」其狀可參見如下：

〔註116〕 《禪林口實混名集》，〔日〕格峰實外（即斷橋實外）著，凡二卷，內容係對自達摩祖師至明代慎行禪師間叢林著名古德計一百九十人之略傳，書中對這些古德之緯號、異稱、類號等進行辨析，故可稱之為了解中國禪宗諸祖的異稱字典。

〔佛牙郎〕《類書纂要》：「牙郎，又曰牙行。酌量市價之人云云。」牙，同日語「仲買」，即中介、掮客。魚牙子，指從事魚販中介之人。牙婆，指從事婦女買賣的女人販。佛牙郎，應視作佛具商。

〔進納僧〕通過經文測試而獲得度牒，稱為「試經得度」。反之，未經過經文測試，僅交錢買取度牒的僧人，稱為「進納僧」。

〔當行家〕指管理批發商的領頭。當，取「勾當」「承當」之「當」義，即承擔其事也。如日本黃檗宗當家。語錄中所用「當行家」，指能承擔其事，甚少受他人欺騙。

〔老大哥〕哥，兄也。大哥，拉近人際關係、套近乎之辭，但用於表達敬意之處。

〔著懷山〕佛在給孤園，語波斯匿王云：「有大石山，上連於天，下連於地。從東方來，其所歷處所，有林卉有生之類，悉皆摧碎。南西北方，亦復如是。」出自《別譯雜阿含經》。《三藏法數》（十六，廿六）：「以此四山，喻眾生老病死衰之四相也。一老山，謂人之老邁形色枯悴云云，少年端美之相，悉皆變壞，如彼大山來時，摧損於物不免者，故經言老山能壞一切壯年盛色也。二病山，云云，故經曰病山能壞一切強健也。三死山，云云，故經言死山能壞一切壽命也。四衰耗山，云云，故經言衰耗之山，能壞一切榮華富貴也。」石，或恐為四之訛字。四山能壞之譬，卉木等所壞之譬也。今所言壞山，改編其義用作色身之事。《趙州錄》（中，三）：「四山相逼」。

〔將息所〕養生場所也。將，養也。《詩·小雅》：「不遑將父」。同日本保養場也。

〔標手錢〕中國古代凡遇藝人賣藝，領頭給藝人出賞錢者被稱作「標首」。見《水滸傳》第五十回，雷橫與白秀英就「標首」之對話。文中有「聽說話」之語，說話者被稱作「說話的」，在日本則指「軍書読み」，即講談藝人。今標手錢，指「說話的」繞圈按順序向看客索要之賞錢也。

〔何似生〕猶作麼生。楊萬里《雹》詩〔註117〕：「青春已在殘紅裏，更著渠儂何似生。」

〔杜漏籃〕《本草綱目》時珍曰：「漏籃子，乃附子之瑣細未成者，小而漏籃，故名。」

〔老凍膿〕凍，一作腖。《玉篇》：「都弄切，音凍，肉腖也。」據此可知，

〔註117〕即楊萬里《和子上第春雹》。

腪膿指腐肉。老腪膿，則是稱人為爛老頭之罵辭。《西遊記》中有「不濟的和尚」「膿包的道士」之語。又包膿，指腫塊化膿。《類書纂要》（一，十四）「凍膿」注：「冰結」。據此可知，老凍膿指年老之事，恰如柿子乾、老茄子之意，畢竟罵辭也。

〔無賴查〕《字典》：「江淮之間，謂小兒多詐狡猾為無賴。查，莊加切，與楂通。」《正韻》：「煎藥滓也」。

〔揣出骨〕俗謂往懷裏裝東西，或將衣服下擺塞到腰帶裏稱作「揣」。由此可知，揣出，同日語「抜き出す」，即抽出、拔出。

〔鐵蒺藜〕鐵製的蒺藜也，用於軍事。《六韜》〔註118〕：「挾路微徑，張鐵蒺藜。」

〔楊大伯〕古抄云：「楊大伯，蓋一時作戲優倡者名。」與日本的「道化」「俄師」相似，即搞笑藝人。

〔攔腰白〕白，當作帛。《百丈清規》住持章：「（尊宿）遷化，孝服：侍者小師麻布襫，乃至法眷、諸山生絹腰帛，檀越生絹巾腰帛，云云。」古解云：「腰帛，周腰纏帛也，或謂白帶也。」葛要経，《集注》：「小祥，男子去首経，唯餘要葛也。」《字彙》：「喪服：『麻在首在腰皆曰経』。」攔腰白，蓋作戲者腰裙之類。攔腰抱住，指一把緊緊抱住腰。攔腰帛，指繫在腰間之帛也。

〔鳴剁剁〕剁，伯各切。唐音「ポ」。鳴剁剁，或指刀掛在腰上時，和衣服碰撞發出的啪塔啪塔之聲。

〔報曉雞〕中國古時常將打鳴雞作報曉雞而另養，不會打鳴的雞則被作為做菜雞拿來食用。菜，本指蔬菜，今指菜餚總稱。日本用法與此相同。又「菜馬」「坐馬」等語，見《水滸傳》第五十六回〔註119〕，亦同意也。

〔髮齊眉〕行者將頭髮梳平剪到與眉毛齊平的高度。見《水滸傳》中武行者處「剪髮齊眉」語。楊麟亦是行者，故又稱其為「楊道者」。

〔好也羅〕唱小曲時，歌詞中插入「也羅那哩」等字可湊足音節，補足語氣。

〔穿耳客〕耳朵上有耳洞之客。指伶利漢。依胡人有穿耳戴環之風俗，

〔註118〕 又稱《太公六韜》《太公兵法》，內容係中國古代兵書，凡六卷，共六十篇，作者據傳為周初太公望（姜子牙），全書以太公與文王、武王對話方式編成。

〔註119〕 《水滸傳》第五十六回：「傷損了馬蹄，剝去皮甲，把來做菜馬；二停多好馬，牽上山去餵養，作坐馬。」

《祖庭事苑》以「穿耳客」謂初祖，此說難信。

〔憨抹撻〕憨，愚也。抹撻，同日語「無分曉」，即愚昧。按，抹撻，蓋疊韻，抹撻，切抹，音抹，即「塗抹」「塗糊」之義也。又與「死獷狙」同例，故抹撻或形容「憨」字。

〔邏蹤人〕《傳燈》（十二）作羅。指巡邏、偵查賊人、盜人蹤跡之邏卒、巡行兵。《纂要》：「巡邏、偵羅並巡察也。」

〔巴得搆〕《高峰錄》（五十）：「纔有遮境界現前，即是到家之消息也。決定去他不遠也。巴得搆也，撮得著也，只待時刻而已。」《策進》（二二）節略出之。《掀髯談》（六四，四十一）：「陳朝佐有事在心，一夜不曾合眼也，巴到天明急忙梳洗。」《唐話纂要》（一，十九）：「巴不得」。《橘窗茶話》云：「巴不得有事者，猶言恨不得插翅，言巴巴乎不得有事也。俗言『眼巴巴』，有所待而未得之狀。」《茶話》乃雨芳洲之作。曹山云：「據《高峰錄》前後文可斷，『巴巴』意指有所待而未得之狀，此的當也。巴到天明，指天亮前都睜大了眼睛睡不著之意。如此，巴得搆，則與巴到意同，故眼巴巴，指目不斜視地一直盯著看。搆，若為『及』之意，則形容毫不鬆懈地、一直等待之姿。《吳江雪》（上，四十）：「便等兩年三載，也是守得到的。」此句指會一直等下去，哪怕等個兩年、三年時間。此句與『巴得搆』同語意也。又《纂要》將『巴不得有事』譯作日語『どうしてもなんぞ事がなくてはかなわずとまちかねる』，即『無論如何都想發生點事情，一刻也等不了』。又『前不搆村』條中所引『前不巴村』之『巴』，意同日語『まちかねる』，即等不了，故或可譯作日語『およぎつく』，即到達。」

〔可惜許〕缺詞條內容。〔註120〕

〔匹似閒〕《圓悟錄》（二十，五）：「吸盡西江匹似閒，作家豈復尚機關。」又「須彌納芥不容易，芥納須彌匹似閒。」《禪門寶訓》（三，十七）：「今之學

〔註120〕《諸錄俗語解》「可惜許」條：許，語辭也，意同「許多」「許久」之類，但字書中無此語辭注解。許，近來刊行的《韻會小補》引《玉篇》開頭曰：「《詩緝》：陳氏曰：『語助也。』」《剪燈新話》（四，十七）：「彼雖無禮，然遭辱亦甚，可憐許。」注：『遽如許』之許同，語辭也。」《後漢書・左慈傳》：「忽有一老羝人屈前兩膝，人立而言曰：『遽如許。』」注：「言何遽如許為事。」《寒山詩》（中，十六）：「如許多寶貝，海中乘壞舸。」《臨濟錄》：「約山僧見處，無如許多般。」《陳後山詩集》：「蛙腹能許怒」，注：「許，謂如許」。俗話好久不見謂「許久不見」。

者，做盡伎倆終不奈何。其故何哉？志不堅事不一，把作匹似閒耳。」《音義》：「方語不要緊也。」《圓悟心要》（上，廿九）：「一刀截斷更不顧藉，自餘諸雜甚譬如閒。」曹山云：「匹注『配也，對也』，指將兩物相配、相比也。由此引申出比較之意。匹似閒，指一經比較，兩者並無不同。不要緊，若作不重要，則意同日語『やくにたたず』『むだごと』，即沒用的、多餘的。譬，喻也，猶匹也，注：『匹而諭之也』，指因二物相似故以此作喻。上文所述『猶匹也』，指譬與匹意同。另匹為譬吉切，譬為匹至切，故二字同音同位同字母，方語中通用。按，《小學》（五，二四）：『天下無不是底父母』，注底音的。又詳見《字典》『的』字，底的二字雖有上聲和入聲之別，二字通用，意相同也。等閒二字意亦同，注『尋常也』。《唐詩合解》注其為『輕忽之辭』，同日語『なにげなき事』『ざっとしたる事』，即不重要之事、敷衍之事也。畢竟『匹似閒』與『譬如閒』日語訓讀相似。」

〔腳羅沙〕《大慧普說》（一，三丁）：「趙州和尚年八十尚自行腳，聞欽山有語云：『幸字腳羅沙，石上種油麻。』乃云：『南方有五味禪，遂得得來欽山問此話。』（乃至）山云：『是你祖翁也不識。』」方語羅作邏。《虛堂錄》（二，九）：「僧問中略。師云：『理事拘他不得。』僧云：『他是甚麼人？』師云：『頭輕尾重腳邏沙。』」帝舜《南風歌》：「有黃龍兮自出於河，負書圖兮委蛇羅沙。」《韓文》（五，三九）《月蝕詩》〔註121〕：「嘗聞古老言，疑是蝦蟇精，乃至爬沙腳手鈍，誰使女解緣青冥。」注：「爬沙，行貌。」曾鞏詩〔註122〕：「畫船終日爬沙行，已去齊州一月程。」張憲詩〔註123〕：「撲紙春蟲亂，爬沙夜蟹行。」《字典》：「羅，郎佐切，音囉、邏，或省作羅，巡也。沙，《爾雅》釋丘：『邐迤曰沙丘。』《疏》：『謂丘形斜行，連接而長者。』」邐迤，旁行連延也。曹山云：「《普說》之『腳羅沙』指之遶，達摩之折字也。字義憑類語『及』字注可知。」

〔白拈賊〕《聯燈》（九，七）無位真人則下：「雪峰云：『臨濟大似白拈賊。』雪竇云：『夫善竊者，鬼神不知。既被雪峰覷破，臨濟不是好手。』」《無準錄》臨濟贊云：「竊不見蹤，敗不見贓，是真白拈，其誰與當？」《頌古集》（廿一，十四）：「白拈手段重拈起，鈇眼銅睛換卻伊。」同（三一，二五）：

〔註121〕即韓愈《月蝕詩效玉川子作》。
〔註122〕即曾鞏《離齊州後五首》。
〔註123〕即張憲《聽雪齋》。

「鼓山當日可憐生，鼻孔遭人白拈卻。」此意指鼻孔被人徒手夾去。曹山云：「白注『不帶刃物』，拈注『指取物也』。故白拈，即空手取他人物。雪竇、無準所言，若意指偷盜技術高超，能夠在神不知鬼覺間偷走他人之物，則赤手空拳不用刃具，且不露形跡而行竊者，被稱為『白拈賊』。」

〔白字解〕《東坡集》（七，三一）《聚星堂雪》詩序：「忽憶歐陽文忠公作守時，雪中約客賦詩，禁體物語。歐陽修序曰：『玉、月、梨、梅、練、絮、白、舞、鵝、鶴、銀等事，皆請勿用。』詩末句云：『當時號令君聽取，白戰不許持寸鐵。』」《了庵錄》（三，六八）：「白戰將軍不用兵，太平天子垂雙袖。」《湧幢小品》〔註124〕云：「白打，俗謂之打拳。蘇州人曰打手，能拉人骨至死，死之速遲全在手法。可以日月計，兼亦用棍。」《群書拾唾》（七，廿）：「武藝十八事，第一曰弓中略，第十七曰綿繩奪索，第拾八曰白打。」《輟耕錄》（十一，七）：「開元時，高太素隱商山，起六逍遙館，各製一銘。其三為《冬日初出》，銘曰：『折膠墮指，夢想負背，金鑼騰空，映簷白醉。』樓攻媿嘗取『白醉』二字以銘閣。」《陳眉公集》〔註125〕云：「飯後黑甜，日中白醉。」曹山云：「白醉，指曬太陽，未喝酒卻有醉意，故曰白醉。赤手作戰，則曰白戰。既不持寸鐵，亦不帶棍棒，徒手奪人性命曰白打，亦作白折。按此白字意解『白拈賊』，可知『賊』，指劫人也，注『殺人曰賊』，然殺人須帶武器。另『賊』亦指赤手空拳、徒手奪人財物之身手了得者，即盜賊也。此外，不少類語將白字釋作空無之義。《類書纂要》（五，四三）『白撞』注：『白日撞入人家，見物便取，謂之白撞賊。』又『搶奪』注：『白晝搶奪，即光天化日之下搶奪他人隨身財物。』《字典》：『撞者，擣也，突也。搶者，突也，又爭取也。今律法有白晝搶奪云云。』方語『白拈賊』注『晝盜』，與『白撞賊』可視作同義。然白撞，指光天化日之下闖入，與『白拈』意思有別。東坡《雪》詩禁白字而用『白戰』，是白雪之白，顏色也。而『白戰』之『白』，指空無之義，故無妨。」

〔赤條條〕《無文印》〔註126〕（四，五）無準行狀遺偈云：「來時空索索，去也赤條條。」《中峰錄》（三，十一）臨濟四喝頌云：「小廝兒偏愛弄嬌，絲毫

〔註124〕《湧幢小品》，〔明〕朱國禎撰，凡三十二卷，內容係對明朝掌故之記載。
〔註125〕《陳眉公集》，〔明〕陳繼儒撰，陳夢蓮及吳震元等人輯刻，凡六十卷，卷首一卷，內容係陳繼儒詩文別集。
〔註126〕《無文印》，〔宋〕道燦撰，惟康編，凡二十卷，內容係道燦撰寫之詩文集，刊刻後流入日本，國內無傳本。

不掛赤條條。」《徐氏筆精》〔註127〕（六，四九）：「赤族，言盡殺無遺類。古人謂空盡無物曰赤如、赤地千里、其家赤貧是也。今人言不著衣曰赤條條。赤字本此。」又見於《書言故事》卷七之十二紙。《武庫》（三，十六）靈源贊晦堂曰：「一拳垂示，露赤體於龍峰。」《韻會》：「赤，南方色也。又裸裎曰赤體見肉色也。又空盡無物曰赤。」《漢書‧五行志》：「赤地千里」。《南史》〔註128〕：「其家赤貧」。曹山云：《韻會》將『赤體』與『赤地』分作二義。《字典》亦然。其『見肉色』之意乃是對身體而言，『空盡無物』則是就用途、作用而言也。如此一來，『赤手赤腳』等語屬『見肉色』之義，『赤地』『赤貧』『赤條條』等語則應屬『空盡無物』之義。『赤體』同『赤條條』。赤，雖指裸體，然『見肉色』與『不著衣』仍有體用之別。」

〔無事甲〕《普燈》大溈行章（廿一，九）：「饒你總不恁麼，落在無事閣裡。」《枯崖漫錄》序，義堂抄云：「被叱撇下無事閣裡」。（《慈受懷深禪師廣錄》：）「不向無事閣中隈刀避箭」、（《大慧武庫》：）「去廬山無事甲裡坐地去」、《禪關策進》東山章：「不可坐在無事甲裡」。《禾山方禪師錄》（三十，七）：「纔下堂便掉於無事甲。」《虛堂錄》（一，十四）：「（此香）颺在無事甲裏多年矣」。同（四，八）：「（其緊切處）颺在無事甲裡」。又《了堂惟一禪師錄》：「多是掉在無事甲裡」，《夢語錄》引之。《碧巖錄》第二十則並《心要》（上，五十九、二三三）：「墮在無事界裡」。《大慧普說》（三，十四）：「颺在無事界裡」。《高峰錄》（一，六十）：「（不可）拋在無事甲裡。」鳳瑞溪〔註129〕《夢語錄》或曰：「以甲乙次第架棚，以常無所用物颺在第一甲棚，故指第一甲棚，曰無事甲也。予謂：『然坐地字似不穩，蓋棚上非人可坐之處也。』」此論極是。今參諸書類語，若指架棚，則應有上下，而無裡中之外，其餘前後類棚之語皆無。雖言「尤颺在」，然非必指高架之物。「撇」「掉」「揚」三字，皆意指扔物、拋物，故拋物時，被拋之物軌跡初始向上，繼之下落。教中有「廣額屠兒颺下屠刀」之語，《正宗贊》南堂章有「颺下鐵鎚」、《武庫》舜老夫章有「颺在

〔註127〕《徐氏筆精》，〔明〕徐𤊹撰，凡八卷，內容分易通、經臆、詩談、文字、雜記五門。
〔註128〕《南史》，〔唐〕李延壽撰，凡八十卷，中國歷代官修正史「二十四史」之一，記載內容上起宋武帝劉裕永初元年（420），下迄陳後主陳叔寶禎明三年（589）。
〔註129〕即瑞溪周鳳（1391～1473），日本室町前期臨濟宗僧人，五山文學家。別號臥雲山人。

榼㮴堆了也」等語，據此應知此語意。曹山云：「『閣』『甲』『夾』三字皆在《韻鏡》、牙音、清行入聲第二位，故同音也。《枯崖漫錄》古抄中閣字，或作甲、夾，皆俗語也。以此為本據，俗語中多有不拘字義、僅因同音而通用之事。然不管何字，其意皆應視作『只無用之處』。其中『避箭』『坐在』之語，若與閣字意相近，則閣字本與甲、夾同音通用，因省筆畫故借用後者也。閣，同日語『奥の小ざしき物おき』，即位於裏面的小房間、庫房。界字，雖為去聲，與甲同字母，皆牙音、清行第二位，故俗語中去聲和入聲互轉之事多有，例如的字轉作底字等。此處亦可視作同例，然因字義注『限也』，故指領內。」

〔咂咂地〕字書所釋之義與此處有異。咂，唐音「ツア」。咂咂地，同日語「わちゃくちゃ」，即喋喋不休、嘮叨。第六十三則作匝，只取其音。〔註130〕

〔上才語〕《夾山章抄》：「諷刺文章攢花簇錦之語也。」《雲門錄》：「上，作公。」上才、公才，或指向上義，即褒義。

〔死蝦蟆〕死，罵辭也。如「死漢」「死郎當」「當死馬醫」等詞，類同日本江戶方言「死にやらう」。從後句「多口作什麼」可知，此蝦蟆還活著，不然不可能會發出叫聲。

〔一貼茶〕唐人平日用紙包茶粉放入懷中，喝茶時從懷中取出煎茶便可，故曰一貼。

〔過禪板〕同「過蒲團」「擔枷過狀」等「過」。《通雅》：「辰州人以物與人曰過」。

〔兩會家〕兩名人也。即擅長擊鼓和彈琵琶的兩個名人。會書，即善書者。會彈琴，即彈琴高手。應並知「會畫」「會做詩文」等詞意。

〔著賊了〕同日語「賊にあった」，即遇到賊了。著他的手，同日語「彼が手をくった」「彼にしつけられた」，即遭了他的暗算、被他算計了。

〔木槵子〕日文名「無患子」。用於製作珠數之果實也。

〔拍拍是〕拍手，一拍一拍是號令。有胡笳十八拍，見於《武庫》後漢蔡邕女琰之故事。

〔關捩子〕同日語「絡繰使い」，即操縱機關之人、傀儡師。《字典》：「關捩，機捩也。《廣記》：『唐韓志和雕木為鸞鶴，置機棙於腹中，發之則飛。』」

〔註130〕《諸錄俗語解》「咂咂地」條：咂，子答切，入口也，非今義。

〔放下著〕同日語「手をはなして下に置く」，即鬆手將物放下來、置於下方。非日語「ほうりすてる」，即拋棄、扔掉之意。因是鬆開手置於下方之物也，故含鬆開手和置於下方二義。據「拈匙放箸」等語可知其意。（嚴陽尊者）問趙州：「一物不將來（時如何？）」州云：「放下著」。又云：「放不下擔將去」等等。又一轉俗語謂「安心」為「放心」，謂「不安心」為「放心不下」，此與《孟子》「放心」〔註131〕及《心王銘》之「放心」〔註132〕意思有別也。

〔立赤幟〕韓信背水之戰時，遣人入趙城，拔趙幟立漢赤幟。此為獲勝之意也。今此處同日語「贔屓する」，可視作偏袒、袒護之意也。

〔栗棘蓬〕形如帶刺的栗子外殼，即鼠黏子。棘，形容字也。山谷詩所用「蓮蓬」，指包裹蓮子的花托。《楚石錄》：「五雙十個難吞透，自作金圈與栗皮。」貫休《湖頭別墅詩》：「飢鼠掀菱殼，新蟬避栗皺。」注：「栗，蓬也」。

〔乾屎橛〕一說「乾屎如橛也」。橛，斷木也。直一段之木也。截斷之木，大小不限。又一說「橛，廁籌也」，即如廁時拭糞用的小木片。《水滸傳讀法》：「咬人屎橛，不是好狗。」

〔巴得搆〕同日語「とりはずさぬよう時節をまちとどける」，即（為不錯過而）一直等待。雨芳洲《橘窗茶話》：「俗言眼巴巴，有所待而未得之狀。」「巴不到這一日」，指想要這天早點到來，形容等待之迫切。言急迫之思也。搆，及也。

〔沒交涉〕同日語「よってもつかぬ」，即無法靠近、無法接近。交涉，同日語「かかりあう」，即有關聯、發生關係、打交道。沒交涉，指既然沒打過交道、自然也就無法接近。

〔猜三枚〕猜枚，同日語「なんこのこと」，即問幾個。猜，同日語「あてる」，即猜測。猜三枚，指手握三枚小石子，讓對方猜測有手中有幾枚之意也。亦作「猜拳」「藏鬮」。

〔醭鼻香〕醭，通作撲。醭鼻香，形容煙、熱氣或氣味等撲鼻而來。醭，音撲，唐音「ポ」。

〔驢鞍橋〕鞍橋，同日語「居木」，即放置於馬鞍中央的實木鞍座，供騎

〔註131〕《孟子‧告子章句上》：「學問之道，求其放心。」此「放心」指丟失的良善之心。

〔註132〕《傅大士心王銘》：「是故智者，放心自在。莫言心王，空無體性。」此「放心」指放縱心胸。

手乘坐之部位〔註133〕。《北魏書》：「傅永有氣幹，拳勇過人。能手執鞍橋，倒立馳騁。」

〔崖將去〕崖，音同捱。捱，拒也。同日語「おしこばむ」，即拒絕、不接受。日語訓讀時若加上返點「きわむ」，則取「研窮」之義。

〔赤灑灑〕《纂要》（十，二十八）：「脫灑、瀟灑、灑落，不拘也。」赤，《漢書》「赤地千里」注：「空盡無物曰赤。」赤貧、赤手赤腳、赤條條，皆空義也。《西遊記》：「赤手空拳」。

〔太末蟲〕古抄指蠅。《大諭》（九十四，九）：「譬如蠅無所不著，唯不著火焰。」

〔布裩襠〕滿襠褲（古稱犢鼻褌）。同日本人所用之「股引」，即細筒短褲〔註134〕。襠，兩只褲腿相連處。《晉書·阮籍傳》：「群蝨之處褌中，行不敢離縫際，動不敢出褌襠。」見《大慧書》卷之下。

〔殼漏子〕同可漏子。《書言故事》注：「可漏子，封皮也。」書簡上封之紙袋也。今諭色身。殼，唐音「コ」。可，唐音「コヲ」。

〔上大人〕祝允明《猥談》：「上大人中略，可知禮。右八句末曳，也字不知何起。今小兒學書必首，此天下同。然書坊有解，胡說耳。」按，三言八句，已、士、子、禮，押韻也，故在末尾添「也」字，令人生疑。句義應

〔註133〕其狀可參見松村明編《大辭林》「鞍橋」條如下：

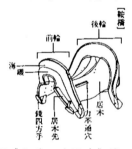

〔註134〕其狀可參見寺島良安編《和漢三才圖會》第二十八卷《衣服》「行縢」條如下：

按冠注加以解釋。已，若作而已，則日語發音為「イ」。礼，作禮，一說為小兒習字之便，故取筆畫較少之礼字，此說附會。又《百川學海》云：「此孔子上其父書也。」上大人，丘乙已，上，指上書；大人，指叔梁紇；丘，聖人名；乙，一通，言一身所化如許。化三千，七十士。爾小生，八九子，八九七十二也，言弟子三千中七十二人更佳。佳作仁，可知禮也。作，猶為也，言七十子善為仁，其於禮可知也。以上注釋有助於解釋「也」字。已，若作身，則日語發音為「キ」音。若三言八句正確押韻，則允明說是也。《學海》之說，為助「也」字解說而成散文，模仿拙劣，或是所謂胡說之類。已（イ）、士（ズウ）、子（ツア）、禮（レイ），唐子音如此，並上聲也。

〔普州人〕普州人送賊，方語「兼身在內」。普州，乃賊窩也。普州人送賊，指盜賊自己把盜賊送出來。

〔阿刺刺〕唐音「オララ」，同日語「驚<ruby>く<rt>おどろ</rt></ruby>」，即驚訝之意。猶日本人所言之「オーオー」，如「オー恐<ruby>ろしい<rt>おそ</rt></ruby>」等，東京地區則說「おや おや」。

〔一木上〕木，指材木。樹，同日語「立<ruby>木<rt>たちき</rt></ruby>」，即生長在院子或山上等處之樹，伐木工砍伐之樹。坐，同日語「こしかける」，指坐下之動作。（《禪關策進》：「忽到淨頭寮，在一木上，與眾同坐。」）唐時家家皆土間敷瓦，故其所言坐，指坐在坐具上，而非皆指趺坐。

〔卒地斷〕卒，唐音「チエ」，若桶箍斷裂之聲。

〔枯木椿〕枯木之樹椿也。（《博山禪警語》：「不被枯木椿絆倒者」。）絆倒，指腳被東西勾住而倒地。同「絆馬索」之「絆」義。

〔一頓飯〕字書「頓」字，釋作「次也。又食一次也。」同日語「飯<ruby>一片食<rt>めしひとかた</rt></ruby>」，即吃一餐飯。杜詩〔註135〕：「頓頓食黃魚」。棒，亦作頓，亦有頓之量詞用法。

〔破落僧〕同日語「やく<ruby>ざ坊主<rt>ぼうず</rt></ruby>」，即遊手好閒的和尚。同潑賴。破落戶，又指沉迷於財餓鬼慾的和尚。

〔披裌裟〕《字典》：「荷衣曰披」，形容搭衣於肩、不繫腰帶。《水滸傳》第二回：「史進火急披衣」。背心，亦稱「披風」，因其穿戴輕巧飄逸、披衣在身之故。

〔滴油箭〕《無準錄》（五，四）：「一任傍人放滴油」。《虛堂錄》舊解云：

〔註135〕即杜甫《戲作俳諧體遣悶二首》。

「滴油箭者，水急之義。」一山云：「弩所發之箭，謂之滴油箭，言其勢快而不澀。」唐人見作文敏速，曰滴油，亦一般也。

〔隔子門〕帶有細小窗格的採光拉門。《水滸傳》楔子：「朱紅隔子」。《訓蒙字會》：「竹障，俗稱亮隔子門。」此說將隔誤作簏字也。

〔瑞香斗〕斗，指箱子類。「抽斗」「塵斗」「炭斗」等，皆言好方便。

〔張打油〕張氏榨油。打頭，指用（榨油的）榨木頂部當作杵來打油。

〔𤲃苔帚〕《燕南紀談後集》〔註136〕（下，十一）：「𤲃，字書不出。唯俗韻，朱惟切，音錐，與禿義同，或亦作錐苔帚。」

〔低一代〕高，盛也。低，衰也。（《枯崖漫錄》：「一代年來低一代」。）一代一代漸漸衰微直至末法。

〔觸鼻羊〕《聯燈》作觸草羊。《撮要抄》一山云：「羊總名也。言羊目不辨物，凡有觸鼻者即食之。」

〔傳口令〕酒令也。傳口令，指輪流說詞令。與日本「火回し」之類的文字接龍遊戲相類似，若語塞停頓則判負。急口令，指一口氣念出容易讀錯的語句，若讀錯則出局。笑令，指面對面做鬼臉，誰先笑誰輸。又五、六人相對坐成一個圓圈，沉默地彈琴、拉三味線、擊大鼓、吹笛、表演魔術，若有人先笑則即告落敗，此亦曰無聲樂，見《藝圃折衷》。急口令，例如「吃橘子，剝橘殼。剝橘殼，去在東北地壁角」等。

〔揞黑豆〕揞，《傳燈》《會元》作唵。《聯燈》《類聚》作淹，一本作奄。《虛堂錄》作掩。《虛堂錄·新添》：「李翱參藥山，黑豆數無窮。」又揞，《廣韻》「手覆也」。蘇（指蘇軾）揞巾，如手攫也，言弄經卷文字猶數黑豆。揞黑豆，或指以手掩豆貌乎。

〔十八上〕《正宗贊》南泉章作十八歲，上字意應忽略。《大慧普說》中有「十七歲」「二十四歲」之語。

〔眼麻眯〕麻，取「麻木」之「麻」意，指物入眼，眼中似發麻一般。

〔註136〕即《燕南記譚》，〔日〕天嶺性空撰，凡六卷，分前集、後集。天嶺性空（1669～1740），日本松島瑞岩寺第105世，嗣法於瑞嚴寺103世通玄法達禪師，曾深受日本仙台藩四代藩主伊達綱村、五代藩主伊達吉村信任和支持，致力於仙台的新寺營造、塔頭和末寺的復興。作為禪宗大德，天嶺性空還受請三次主持大本山妙心寺。《燕南記譚》內容係天嶺性空所撰校證隨筆，具體以禪語校證為主，對禪錄中所出俗語，亦可見從黃檗僧處聽聞得來的中國解釋，此外，書中還記載了與松島瑞嚴寺有關的一些逸事。

眯，《韻會》音米，物入目中。《枯崖漫錄》（中，十一）作眯麻〔註137〕。

〔傍瞥語〕瞥注「過目也」。非直指。旁瞥語，指從旁透露一點消息。

〔相次間〕或為「草次」義。古抄作「俄頃」義。亦見五十四則頌、著語。

〔暗曉得〕反義詞為「明知的」也。或同日語「生物識り」，即不懂裝懂。得、的皆唐音「テ」。《類書纂要》（十五）：「伶利，頻暗曉。」注：「通得知也」。

〔打野榉〕《聯燈會要》（二十一）悟明章：「余乾道初，客建康蔣山，邂逅泉州一老僧。有《巖頭錄》，因閱之。見其問僧：『甚處去？』僧云：『入嶺，禮拜雪峰去。』巖頭云：『雪峰若問巖頭如何，但向他道：「巖頭近日在湖邊住，只將三文買個撈波子。撈蝦攃蜆，且恁麼過時。」』因問老僧，余閱《巖頭錄》，他本盡作老婆，此云撈波，何也？渠笑云：『老婆誤也。巖頭、雪峰皆鄉人。吾鄉以撈蝦竹具曰撈波也。鄉人至今如此呼之。後人訛聽作老婆字。』教人一向作禪會。《巖頭錄》他本，作個妻子。《雪峰錄》作買個老婆。後來真淨舉了云：「我只將一文（錢），娶個黑妻子。所謂字經三寫，烏焉為馬，於宗門雖無利害，不可不知。」雪峰空禪師頌，有云：『三文撈波年代深，化成老婆黑而醜。』蓋方語有所不知，不足怪也。如福州諺曰：『打野堆者，成推打鬨也。』今《明招錄》中作打野榉。後來《圓悟》《碧巖集》中解云：『野榉，山上燒不過底火柴頭，可與老婆，一狀領過也。』」

四字部

〔鳳林叱之〕方語注：「解不得」。一說胡論指注之義。蘇子由乃東坡之弟也，聰明多聞，東坡為試之，書此語問由，由注之。坡笑曰：「我為試你，實無此語。」由云：「我知實無此語，若有，豈肯知注解也？」《東坡志林》〔註138〕出。

〔束之高閣〕《十八史略》〔註139〕（四）：「東晉康帝云：『庾翼為人慷慨，

〔註137〕《枯崖漫錄》：「至今兩眼尚眯麻」。
〔註138〕《東坡志林》，〔宋〕蘇軾撰，是書傳本頗多，卷數不一，有一卷、五卷、十二卷本，內容係作者自元豐至元符年間二十年中之雜說史論匯集。
〔註139〕《十八史略》，〔元〕曾先之撰，現存元代刻本有二卷本於十卷本兩種，內容上採用對正史節略的寫法，按朝代、時間順序，以帝王為中心，敘述了上古至南宋末年之史事。該書傳入日本後，成為與《史記》《資治通鑒》等並列的著名史籍。

喜功名，不尚浮華。殷浩，才名冠世，翼弗之重。』曰：『此輩宜束之高閣，俟天下太平，徐議其任耳。』」閣，同日語「棚（たな）」，即架子、擱板。

〔折半裂三〕取「破二作三」之意，指折成兩半裂成三塊。算學家將對半分稱作「折半」。

〔冷言冷語〕同日語「陰口（かげぐち）」，即背地裏說人壞話。《西遊記》第二十七回：「你反信了呆子讒言冷語」。

〔篩灰厭鬼〕《水經注》：「武都故道縣有怒特祠，云神本南山大梓也。秦文公伐之，樹瘡隨合，乃遣四十人持斧斫之，猶不斷。一人傷足臥樹下，聞鬼相與言曰：『秦公必不休。』答曰：『其如我何？』曰：『赤灰跋於子何如？』乃默無言。臥者以告。令士皆赤衣，隨所斫以灰跋，樹斷，化為牛入水。秦因為立祠。」跋撥同音，故通用。日本播州鄉野有儀式曰左義長〔註140〕，焚新年裝飾之物，待其燒盡成灰，撒於房屋四周，用以驅疫辟邪之術。

〔栓索俱露〕所謂栓索俱露，指用布綿等將栓索包好後，因使用過度而使布綿磨損。例如日本祇園祭中所使之山鉾〔註141〕，外表裝飾雖以錦繡等華美物件，彩車內部固定卻還是用繩栓鏈索。

〔註140〕其場景可參見鈴木敬三編《有識故實大辭典》「左義長」條如下：

〔註141〕一種祭祀用的彩車。其狀可參見松村明編《大辭林》「山鉾」條如下：

　　〔水米無交〕同日語「ちょっともかかりあいなき」，即毫不相干、毫無瓜葛。《水滸傳》第二十二回：「與老漢水米無交，並無干涉。」水米無交，指若與他人分居兩處，則一水一米都不會有來往也。

　　〔借水獻花〕日本諺語「　舅　の物で相婿をもてなす」，即拿老丈人的東西去招待女婿。《集句韻》「麻」：「借水獻花同因地撒土」。《藏叟摘稿》〔註142〕（五十）佛涅槃疏：「顧借水獻花之已陋，無刻舟求劍之大愚。」又《山谷別集》（十一，十）題黃龍清禪師晦堂贊「三問逆推」已下，共四十二字略之。見《武庫》、《正宗贊》：「元祐八年（1093）十二月，通城陳脩巳為智嵩上座寫晦堂老師影，絕妙諸本。余欲雕琢數句，莊嚴太空。適見西堂清公所作，全提全示無有少剩，順贊一句屋下。蓋屋逆贊一句：『頭上安頭〔註143〕，不如借水獻花與一切人供養，黃某題。』」《虛堂錄》（三，九）：「僧問：『只如判府制師集撰侍郎，以忠正剛大之道，為法擇人，還許學人借水獻花也無？』」《集句韻》「麻」：「因地撒土，借水獻花。」不注所出。約翁儉〔註144〕住長勝佛殿，法語燒香了，提坐具云：「燒香作禮，借水獻花。何也？此地無朱砂。」《楚石錄》（十一，十二）：「妙喜雖則借水獻花，要且理無曲斷。」俗語、常話：「借花供佛」。

　　〔見人眼生〕同日語「見しらぬ人を見る」，即見到陌生人。醫書中所言「怕生」，指小兒因得了蛔蟲而產生的畏懼陌生人之症。面熟人，同日語「見慣れた人」，即認識的人，熟悉的人。面生人，同日語「見しらぬ人」，即不認識的人、陌生人。

　　〔鷩栗鉢喇〕唐音「ピリペラ」。同日語「火のもえる声」，即火燃燒發出之聲。

　　〔呼風嘯指〕同日語「盜賊仲間の合図」，即盜賊團夥之間的暗號、暗語。呼風，同日語「風に乗じてよぶ」，即順風大呼。嘯指，同日語「蘆の管を指にはめて吹く」，即以指夾蘆管吹氣作聲。《水滸傳》等小說中所言「胡哨」「嗢哨」之語是也。愚按，以指夾蘆管，至今未見有據。塞食指於口中吹聲，因所出之聲甚雄大，故驚人。若個中高手登高吹指，其聲可傳達一里。

〔註142〕《藏叟摘稿》，〔宋〕藏叟善珍撰，凡二卷，內容係作者詩文集，日本有五山版刻本。藏叟善珍（1194～1277），泉州南安人，妙峰之善禪師法嗣，曾主持光孝寺、承天寺、四明育王寺、臨安徑山寺等，亦善詩文，學晚唐，頗有時名。
〔註143〕有出入，《山谷別集》原文為「樓上安樓」。
〔註144〕即約翁德儉（1244～1319），日本鎌倉人。建長寺開山，蘭溪道隆禪師弟子。

飫肥等地〔註145〕名其為「指笛」，佐土原地區〔註146〕將此舉用於召喚鴿子來傳遞信號等。日州〔註147〕之民，不分貴賤，皆從小習得此技。蓋日州邊或因近唐土，故此俗自然傳播於此。由上，呼風嘯指，或指吹口笛、指笛。胡哨、嗯哨，皆口笛也。《字彙》：「哨，又與篍同。」「篍」字注：「吹簫所以勸役云云。篍簧及篍為作休之節，今闤闠欲相號令，吹指為節。」篍簧，指吹鞭。於鞭上作孔，馬上吹之。闤闠，市門也。是市人以吹指代替吹簫，用作發信號。不限盜賊，口笛亦用於軍事。

〔也跳幾跳〕幾跳，如言數跳。或指日本舞蹈中的俗曲一類。

〔雞皮鼓子〕《類書纂要》（十二，三十二）「雞皮鶴髮」注：「老人之狀」。雞皮，或指日語中的「うすきもの」〔註148〕。

〔單拆交重〕單，少陽，其畫為「─」。拆，少陰，其畫為「--」。交，老陰，其畫為「乂」。重，老陽，其畫為「▢」。詳見《周易‧筮儀》解。

〔七折米飯〕《字典》：「淅，先擊切。（汰米也）」「浙，音折，米也。」《孟子‧萬章下》：「孔子之去齊，接淅而行。」注：「淅，先歷反。接，猶承也。淅，漬米水也。漬米將炊，而欲去之速，故以手承水取米而行，不及炊也。」折浙音同。七折米飯，指反復淘洗了七遍的米飯。〔註149〕唐土多炊飯也。

〔匼匼之波〕《物初錄》（一，四十二）：「無風波處，風波匼匼。」匼，遏合切，《字彙》：「周繞貌。杜詩：『馬頭金匼匼〔註150〕』。」

〔不得一向〕不可朝向一方也。《剪燈新話》〔註151〕「一向」注：「猶言一偏也。」

〔食指猥眾〕食指，謂喫飯之人。猥眾，言大眾、大家。《詩經‧卷阿箋》云：「賢者則猥來就之。」《正義》：「猥者，多而疾來之意。」

〔因行掉臂〕走路時擺手甩胳膊。同日語「無造作なること」，即順勢，

〔註145〕今日本九州宮崎縣南部，日南市中心一帶。
〔註146〕今日本九州宮崎縣宮崎市一帶。
〔註147〕日本古國名中的日向國，包含日本薩摩、大隅一帶，是日本九州東南部一帶的總稱。
〔註148〕日語或書寫有誤，查無此單詞，待再考。
〔註149〕該詞條原文在解釋時顯然是將「淅」與「浙」混為一字，以至出現「淅」字注釋被按在「浙」字名下的情況，今雖據《字典》改正了其中的引文錯誤，但解釋上仍有牽強之處，可再考。
〔註150〕金匼匼：指金製的馬絡頭。
〔註151〕《剪燈新話》，〔明〕瞿佑撰，凡四卷二十一篇，文言短篇傳奇小說集。

做事不費力。與「因風吹火」同意。又《靈源筆語》〔註152〕（六）：「今去凡過此因緣，不可放過，因行掉臂，宗教所資。」《黃龍四家錄》（下，三五）死心忌小參曰：「禾山今夜因行不妨掉臂，只以明雙履西歸話，用報先師之德。」併見前文，則意義分明。《瞎堂錄》〔註153〕垂示末句：「莫有因行掉臂便登舟底衲僧」。《會元》（十六，二八）「因行不妨掉臂」。《僧寶傳》（下，十三）：「已過關者掉臂徑去，安知有關吏？」曹山云：「與『因風吹火，用力不多』同義也。因，同日語「たね」，即原因。掉臂，同日語「手をふる」，即指擺手、揮手。因行掉臂，指走路時擺手甩胳膊，形容毫不不費力貌。」

〔吵人叢林〕吵鬧也。同日語「さわがし」「かきまぜる」，即不安靜、攪人安寧。

〔罪不重科〕犯人經審判後被判極刑，其後不管再被發現有其他罪行，官府都不會再加罪。

〔色裏膠青〕色，顏色，繪具也。顏色鋪，指售賣繪具之店鋪。杜甫《丹青引》〔註154〕：「凌煙功臣少顏色」，指色彩因年久而褪色。膠青，膠也。

〔君子可八〕八，即仁、義、禮、智、孝、悌、忠、信。君子，指能切實踐行此八條道德標準之人也。故君子可八，反之烏龜忘八。烏龜，專指花柳界娼妓。如無夫之妻，視龜蛇為夫。此類人乃完全忘此八者也。又《五雜俎》：「今人以妻之外淫者，目其夫為烏龜。蓋龜不能性交，而縱牝與蛇交也。一云污閫之訛耳。又謂之忘八，以其孝悌忠信禮義廉恥八者俱忘也。」《幼學須知》言：「人入於花柳之中，其心已忘孝悌忠信禮義廉恥八字，故名忘八。」烏龜，唐音「ウウクイ」，同污閫。

〔扣關擊節〕關節，指肝要處，即關鍵處。《肇論》：「屢有擊其節者」。

〔註152〕即《靈源和尚筆語》，〔宋〕靈源惟清撰，不分卷，是書錄載靈源惟清致程頤、徐俯、惠洪等31人共79通書簡。靈源惟清（？～1117），字覺天，自號靈源叟，謚號佛壽禪師，洪州武寧（今屬江西）人，臨濟宗黃龍派，嗣法晦堂祖心禪師。

〔註153〕即《佛海瞎堂禪師錄》，又稱《瞎堂慧遠禪師廣錄》，〔宋〕瞎堂慧遠撰，祖淳等編釋，凡四卷，收錄瞎堂禪師上堂、小參、法語等內容。慧遠（1103～1176），號佛海，字瞎堂，眉州眉山縣金流（今四川樂山夾江縣）人，臨濟僧。少時從宗辨出家，謁圓悟克勤得法，曾八次受到宋孝宗召見，乾道六年（1170）主持靈隱寺，乾道九年，孝宗賜號「佛海大師」，其嗣法傳人有濟公道濟、日僧覺阿等。

〔註154〕即杜甫《丹青引贈曹將軍霸》。

疏：「擊節，扣擊節要也。」《本草綱目》「萊菔」下主治云：「利關節，理顏色。」《水滸傳》中將行賄買通他人稱作「打關節」，意即把財物送到能發揮作用的關鍵處也。《類書纂要》：「關節行賄賂，請求時官。」

〔流水落花〕言人情不實、荒唐之事。《燈月緣》：「奴家待汝情分不薄，為何棄我而逃？設非妾來尋你，你已將妾付之落花流水。」

〔停囚長智〕官府若不及時審判犯人，隨著羈押時間的延長，在此期間犯人便會動腦筋說出不同的口供，如此一來令官府更難下判決。

〔點兒落節〕同日語俗語「水が川へはまる」，即善泳者溺，淹死會水的。點兒，同日語「利口者」，即聰明伶俐者。落節，同日語「損すること」，即蒙受損失。唐時諺語有云：「買褚得薛不落節」。褚遂良、薛稷皆唐代善書者。又做事出差錯，謂「失枝脫節」。

〔火種刀耕〕指農作。火，野火。種，播種。刀，鐮刀收割。耕，耕種田地。《漢書》應劭注：「燒草，下水種稻，草生。因悉芟去，復下水灌之。草死，獨稻長。所謂火種刀耨。」

〔老不唧溜〕《俗呼小錄》說人之不慧曰不唧溜。《宋祁筆記》〔註155〕以唧溜為反切語。《委巷叢談》：「杭人以二字反切一字以成聲，如以『秀』為『唧溜』云云。」不唧溜，不秀也。同日語「戲け者」，即蠢材。

〔攙其院事〕《字典》：「攙，仕懺切，旁掣也。」同日語「傍からひきたくる」，即從旁搶奪、插手。

〔袁達李磨〕指初祖、鼻祖。袁李，設辭也。

〔貼地相酬〕《百丈清規》以「加布施」為「貼嚫」。在規定之外所增加之物稱之為「貼」。秤，前文已辨。貼他，即多增之物如大地一般。此語與「遼天」相對。

〔白領濶袖〕白領，易髒。濶袖，費布帛。

〔嗔斗吼地〕陡，通斗，峻立也。吼注：厚怒聲。《正法眼藏》上：「巖頭示眾。卻似刺蝟子相似。未觸著時，自弄毛羽可憐生。纔有人撥著便嗔斗吼地，有何近處？」

〔隈隈㱩㱩〕同日語「みすぼらしい」，即寒磣、難看。《纂要》：「猥瑣，垂頭落頸，不軒昂也。」

〔註155〕《宋祁筆記》：俱名《宋景文公筆記》，〔北宋〕宋祁（998～1061）撰，凡三卷，其中上卷釋俗，中卷考訂，下卷雜說。

〔搏取大千〕《水滸傳》王進語：「這鎗棒終日搏弄」。搏取大千世界，一如泥塑大師捏造泥土。又搏，作捕。注：「以手圓物曰搏」。搏黍，日文名「黍団子」，指黍子麵糰子。《曲禮》〔註156〕所謂「搏飯」，指用筷子大口喫飯。

〔相樓打樓〕相，亦作看。樓，《祖庭事苑》作穭。《會元》上方益章作簍。諸錄多作樓。此語意指依樣，則「樓」「簍」「穭」皆通也。

〔從長相度〕向著有道理的一方進行商談。《碧巖錄》：「現長則就」，同意也。

〔印破面門〕《水滸傳》第七回，林沖被刺配滄州，防送公人薛霸被高俅收買，欲在途中殺害林沖。作為交差的明證，薛霸揭取了林沖臉上金印。所謂「臉上金印」，指宋時在獲流配罪的犯人臉上刺字，此謂「打金印」。印破門面，亦借此語轉指（禪宗）師家對弟子悟道、開悟予以證實和認可。

〔兩彩一賽〕《碧巖錄方語解》云：「古來解作雙陸，誠是也。《臨濟錄撮要》之說非也。丹霞《弄珠吟》：『夜裡暗雙陸，賽彩若為生。』」賽、彩之義未考。〔註157〕

〔註156〕《曲禮》，《儀禮》之別名，為《禮記》篇名之一，以其委曲說吉、凶、賓、軍、嘉五禮之事故名。

〔註157〕《諸錄俗語解》「兩彩一賽」條：《傳燈》作一彩兩賽。《撮要抄》：「彩者，祭神牲盤、彩幡等也。賽者，報也，通作塞。」《郊社志》：「通塞。禱祈以一度彩兼兩度賽也。坐禪打睡雖是二用，元是一般之義也。然則《傳燈》作一彩兩賽亦可也。」又《碧巖錄》第三十九則著語，《夾山抄》：「方語：『兩度彩一番賽』。」指雙六的兩彩或重一或重六，即兩個骰子擲出同一點數。賽，報也，與塞簍通用，指玩雙六的骰子。兩彩一賽，此處應釋為，雲門和此僧入的是一具法門，不是兩般。《字彙》：「簍，音賽。」行棋相塞曰簍，行棋，為「二四二四」棋法，塞，或指向對方走棋遇阻礙。相塞，或指決定勝負的最後一手。抄意難解。「彩」和「賽」之別未考。按，或可釋為：彩指骰子上的一點，賽指二點，故兩彩為一賽，可再考。又日本無著道忠著《臨濟慧照禪師語錄疏瀹》並《葛藤語箋》「兩彩一賽」條，忠曰：「博陸戲曰『彩戲』。彩是骰子所點數目也，賽即骰子也。兩彩一賽者，兩個骰子彩數齊，則雖有兩彩同，但一賽也。依此義，則一彩兩賽亦歸同義，謂雖有兩賽同，但一彩也。（兩彩一賽者同時擲，一彩兩賽者兩度擲。）」

〔村草步頭〕《傳燈》（十四，十九）米倉章：「村草步頭逢著一個有什麼話處？」《禪林類聚》（六，十一）：「雪峰示眾，八十卷華嚴，是村草步頭，博飯喫底言語。」《雪峰錄》（上，八）作草蔀頭三字。《書尺集》（三）：「此者為僧，志求何事？草步頭爭合，停留危脆。」《虛堂錄》（六，五七）保寧贊：「抹過村草步頭，直下挨肩佛祖。」同（七，五七）：風高木落雁山秋，鞭起無依穴鼻牛。村草步頭欄不住，大方隨處有良疇。《字典》「步」字下引《述異記》「水際謂之步」，《青箱雜記》〔註158〕「嶺南謂水津為步」，又柳宗元《鐵爐步志》「江之滸，凡舟可縻而上下者曰步」，韓愈文「蕃舶至泊步，有下碇之稅，通作埠。」《正字通》：「埠，同步。今籠貨物、積販、商泊之所曰埠頭。」《類書纂要》（二，十三）「船步」注：「渡船處」。曹山云：「步有『水際』『商泊之所』『渡船之處』等三義，蓋大同小異也。嘗聞雨芳洲說唐客來長崎者，謂波末為埠頭，即商泊之所也。今按諸錄，米倉、雪峰只取假靜遠小之卿渡船之處之義。黃龍、虛堂並譬之野寺、野院也。但黃龍指師弟所住院，《虛堂贊》則指雪竇山，偈則指我所住之院，皆抑下之辭也。」

〔前不搆村〕《禪林類聚》（十一，十九）〔註159〕：「前不搆村，後不迭店。」《會元續略》（三下，八）搆作遘同音通用。曹山云：「方語作迭。《類聚》（十一，九）並《密庵錄》（五，五），前後句第三字並作至。《大慧普說》（一，十一）前後句第三字並作迭。《石田錄》前後並作搆。《類聚》（三，十八）前句第三字作至，後句第三字作搆。俗語前作巴，後作著，亦作巴。《虛堂錄》（一，六十四）：『長髭垂釣，綆短不搆深泉。』方語：『兩頭部到』。俗語同日語「先へもつかず、後へもつかず」，即進退兩難。『搆』『迭』，字書中皆與今義相當，注無。然『長鞭不搆馬腹』若出自《左傳》『不及馬腹』之語，則搆為及意也。《類書纂要》（十二，四十二）：『不迭。迭，及也。』《策進》（一）「做手腳不迭」，亦及意也。如前所述，第三字可替換之字雖多，但皆應視作同一意也。第四字前句皆為村，後句皆為店也。」

〔攙奪行市〕攙旗奪鼓。《碧巖錄》（一，十七）：「王令稍嚴，不許攙奪行市。」同（八，二十二）：「這僧既做個道理，要攙他行市。」《正宗贊》（二，四）：

〔註158〕 《青箱雜記》，〔宋〕吳處厚撰，凡十卷，古代中國文言軼事小說，多記宋及五代朝野雜事、詩話及掌故。

〔註159〕 出處與引文有出入，《禪林類聚》（十一，十九）：「前不至村，後不至店。」《碧巖錄》（七，八、十）：「前不搆村，後不迭店。」按詞條內容應改出典為《碧巖錄》。

「掌黃檗便解攙行奪市」。又見《虛堂錄》（二，二）注。《敕修清規》（上二，五）：「次第相趨，不許攙先亂序。」同（三，六）「議舉住持」條下云：「不擇才德，唯從賄賂致有樹黨徇私，互相攙奪（寺院廢蕩）。」《居家必用》（辛集，六十一）：「攙奪，謂攙先取其利也。」《敕修清規》（下一，五二）：「或使疥藥，宜後入浴，不得攙先。」《貞和集》（九，二十一）栗鼠偈：「盧橘尚青酸，攙先奪我食。」《祖庭事苑》（七，十七）：「攙，初銜切，旁掣也。」《字典》：「初銜切，刺也。又仕懺切，旁掣也。」《圓悟錄》（二十，五）：撥轉千差向上機，攙旗奪鼓不饒伊。又見《碧巖錄》（八，二三）。《禪林類聚》（十八，四四）：「奪鼓攙旗。」同（十九，五）：「奪旗掣鼓」。《臨濟錄》（八，十五）：「師就手掣得豎起，云：『為什麼卻在某甲手裡？』」《事文類聚別集》（十三，十二、十三）：「王獻之七八歲時學書，羲之密從後掣其手筆不得。」《音義》云：「攙，初銜切，搶也。」曹山云：「從《字典》又意，濁音，日語訓作『奪う』，即搶、奪。刺，非今義。旁掣，指從旁搶奪。但今所引非指搶奪物品，而指不管何事，都爭先、搶先去拿，猶爭先恐後貌。《碧巖錄》之意指官府法令制度管制愈發嚴厲，在收購上不許壟斷貨物。方語注中所謂『奪人買賣』亦此意也。行，此時為寒剛切，音杭，列也。市肆注行，同日語『問屋』，即批發商也。」

〔七事隨身〕《雪竇洞庭錄》（十，七）：「六人新到。師問：『參頭，夫為上將，須是七事隨身，兩刃交鋒作麼生？』」《佛眼錄》《普說》（二十三）：「有時見初機兄弟入室，只是爭山僧覷他了也不奈何。一似村裡人把扁擔，共上將軍鬥。我者裡七事隨身，手中是關羽八十斤刀，他便把扁擔劈頭打一棒。見人不動，又連打數下去。我不是怕他，蓋不是對手。呵呵。」《碧巖錄》（二，十六）：「具七事隨身，可以同生同死。」同（八，一）：「須是金牙始解七事隨身，慣戰作家。」《從容錄》（六，四五）：「七事隨身，有殺人刀活人劍。」《諸乘法數》〔註160〕（二，十四）：「七事隨身：三衣、一鉢、香合、拂子、尼師壇、紙被、浴具。」《群書拾唾》（七，二十）：「武藝十八事，弓、弩、鎗、刀、劍下略。」《頌古集》（二十三，十一）：「七事隨身，一毫不用。再展鎗旗，乾坤震動。」

〔註160〕《諸乘法數》：俱名《賢首諸乘法數》，〔明〕行深編，凡十一卷。內容係代深以華嚴宗義為主，集大小乘諸經之法數名目並注出處之佛學辭典。該書從洪武十七年（1384）起編，二十年（1387）完成。編排上由「一真」始，次第至「八萬四千法門」，共列舉二千一百餘目。《諸乘法數》原為賢首（法藏）所編，至明代散佚，故行深重編此書，題作《重編諸乘法數》，於宣德二年（1427）付梓。後傳入朝鮮與日本。

曹山云：《法數》《拾唾》其外，三事之衲衣，四事供養等，皆指有形物。隨身類，皆不離身也。但因教乘中有「七事隨身」之語，故擬作武藝，言為人手段無不足。辨慶七件道具隨身，可併考。按，蓋『上將七事隨身』之語，或為俗諺。

〔字音通用〕俗語中四聲之韻雖相異，但同音五音、同行清濁、同位通用之語不少。字母雖有輕重差別，若三同則亦相通，故略之。《小學》（五，二四）「天下無不是底父母」注「底」，音的。的字，《字典》：「後人誤音為滴，轉上聲為底。宋人書中凡語助皆作底，並無的字。」如此以「底音的，又轉音」為例，以下列出其餘通用字例：

三十五轉十三轉：的，又作底。的，舌音，清行，入聲四位；底，舌音，清行，上聲四位。底，若為的之轉音，則應讀作上聲。已下傚之。

三轉廿七轉：殼漏，又作可漏。殼，牙音，次清行，入聲二位；可，牙音，次清行，上聲一位。

廿三轉廿七轉：剌札，又作囉札。剌，半舌音，次濁行，入聲一位；囉，半舌音，次濁行，平聲一位。

十五轉四十二轉：太殺，又作忒殺。太，舌音，次清行，去聲一位；忒，舌音，次清行，入聲一位。

十七轉六轉：匹似閑，又作譬似閑。匹，唇音，次清行，入聲四〔註161〕位；譬，唇音，次清行，去聲三位。

此四例之下為同音之例也。

廿九轉同：巴鼻，又作把鼻。巴，唇音，清行，平聲二位；把，唇音，清行，上聲二位。

十三轉四轉十三轉：迷麻，又作彌麻，又眯麻。迷，唇音，次濁行，平聲四位；彌，唇音，次濁行，平聲四位；眯，唇音，次濁行，上聲四位。

廿五轉卅一轉：遼天，又作掠天。遼，半舌音，次濁行，平聲三〔註162〕位；掠，半舌音，次濁行，入聲三位。

十五轉四十轉：無事界，又作甲夾閣。界，牙音，清行，去聲二位；甲，牙音，清行，入聲二位；夾，牙音，清行，入聲二位；閣，牙音，清行，入聲一位。

十轉五轉：謂，又作為。謂，喉音，次濁行，去聲三位；為，喉音，次濁行，平聲三位。

〔註161〕當為「三」之誤。
〔註162〕當為「四」之誤。

廿五轉：結交頭，作結角頭。交，喉音，清行，平聲二位；角，喉音，清行，入聲二位。

十八轉一轉：骨董，又作古董。骨，牙音，清行，入聲一位；古，牙音，清行，入〔註 163〕聲一位。按，《霏雪錄》：「骨董乃方言，初無定字。東坡嘗作骨董羹，用此二字也。晦庵先生《語類》只作汩董。」《東坡全集》作古董。

音骨，古，牙音，上聲（一位）；

周者：周，齒音，清行，平聲三位；者，齒音，清行，上聲三位。

由也：由，喉音，次濁行，平聲四〔註 164〕位；也，喉音，次濁行，上聲四〔註 165〕位。

殺：戮也，齒音，清行，入聲二位；大過，齒音，清行，去聲二位。

〔黃楊木禪〕《埤雅》曰：「黃楊性堅，緻難長。歲長一寸，閏年倒長一寸。」緻，音雅，密也。《本草綱目》（三十六，七十二）：「黃楊木其性難長，俗說歲長一寸，遇閏則退，今試之但閏年不長耳。其木堅膩作梳，剜印最良。」《大慧普說》（二，十四）：「山僧參禪十七年，茶裡飯裡，喜時怒時，靜時亂時未嘗間斷。一旦因薰風自南來，殿閣生微涼，忽然悟道。雖然悟了，只是寂滅不能。現前為坐在悟處，圓悟先師曰：『可惜你死了，不能得活。』不疑言句，是為大病。不見道，懸崖撒手，自肯承當。絕後再甦，欺君不得。須信有這個道理。乃舉有句無句，如藤倚樹，纔開口便云：『不是一日與客同在。』方丈藥石，次山僧忘卻舉筯，先師曰：『這漢參黃楊木禪，倒縮了也。』」同（三，四）舉此因緣作，先師曰：「你如今正坐在無禪無道處，可惜許在這裡死不得活。乃至參黃楊木禪，漸漸縮去。」又見《大慧年譜》宣和七年（1125）下文有與圓悟問之語，可參考。曹山云：「閏年倒長。又古來雖傳作退之意，事實上同日語『のびぬばかり』，即停滯不長意也。蘇詩注：『退下』，有三寸二字。樹雖無縮小道理，因黃楊乃生長緩慢之樹，故用了誇張說法。方語注：『無長進，漸漸退縮』。『坐在悟處』『死不得活』『不疑言句』等語，指因禪病在身，以至修行不見進展，甚而倒退，故比作黃楊。方語『進則迷理，退則背宗』，難取。《松源錄》（下，六四）塔銘曰：『師見密庵（於衢之西山），隨問即答。密庵微笑曰：「黃楊禪爾」。』塔銘上文有與木庵答之語，可參考。又出《禪

〔註 163〕當為「上」之誤。
〔註 164〕當為「三」之誤。
〔註 165〕當為「三」之誤。

關策進》。諸祖苦功，密嘆曰『黃楊木禪耳。』按，塔銘上文問答與《年譜》意思相同。亦有「得
少為足」之意。《東坡詩集》(二十三，五十六)《詠退圃》詩〔註166〕：『百丈休牽上
瀨船，一鉤歸釣縮頭鯿。園中草木春無數，只有黃楊厄閏年。』注：『上瀨船，
言難進也。休牽，則退矣。縮頭鯿，言其退縮不出也。黃楊，亦取其退。』」

〔四楞榻地〕《禪林類聚》(三，廿三)〔註167〕：「僧問：『如何是無縫塔？』
雲峰悅云：『四稜著地。』」智門祚答話同之。《大慧普說》(上，七)：「香嚴從此
一時放下，禪也不思量，道也不思量。乃至四楞著地一切放下。」《大慧書》
(二，十三)：「若有，四楞塌地道將一句來。」《大慧書》(上，七二)：「縱然識
得，又無決定信，不肯四楞塌地放下。」《破庵錄》(三十，七)作四稜踏地。
《物初錄》(十，七)作四稜蹋地。《普說》(二，七)：「溈山抵滯聲色，如方木
榻地。」稜，或作楞，四方木也。楞與稜同從四方木。稜，俗棱字也。凡物
有廉角者曰觚稜。按，「稜」「楞」「棱」三字，同字也，四角木也。故日語
訓作「かど」，即棱、角。榻，床也。《釋名》云：「榻然，近地也。」塌，塌
床著地而安也，從土，弱聲，近地之意。蹋，足著地也，或作踏。榻，著地
也。按，四字音義並同，指四角木、著地、微動或不動也。應以其意解釋其
詞。

〔之乎者也〕《大慧普說》(三，八九)：「山僧常說：『揩大家平生學盡之乎
者也云云。』」同(下，七六)：「我更問你：『平生做許多之乎者也，臘月三十日
將那一句敵他生死？』」《大慧書》(上，七四)：「做了無限之乎者也，那一句得
力？」《應庵錄》(下，五十七)：「黃面老子四十九年，說一藏之乎者也。」《虛堂
錄》(二，八)：「一大藏教，不出個鴉鳴鵲噪。九經諸史，不出個之乎者也。」
《湘山雜錄》：「宋太祖問趙普：『朱雀門額何須之字？』普曰：『語助也。』太
祖曰：『之乎者也，助得甚事？』」按，四字皆助語辭，以上引文皆指文字言句
之辭也。

〔了事衲僧〕了事，同日語「埒のあいた」，即事情得到解決。如「佛是
了事漢，祖是老比丘。」又劍術高明，稱「了得」。

〔生錢放債〕把錢與人以收取利息。《搜采異聞錄》〔註168〕：「今之人出

〔註166〕 即蘇軾《監洞霄宮俞康直郎中所居四詠退圃》。
〔註167〕 出典有誤，應改為《續傳燈錄》(四)。
〔註168〕 《搜采異聞錄》，〔宋〕永亨撰，凡五卷。據前人研究指出，此書多半摘錄洪
邁《容齋隨筆》而顛倒次序重排而成，書名、作者皆係偽題。《四庫全書總目》
考證此書為明人偽作。

本錢以規利入。俗語謂之放債，又名生放。」

〔推門入臼〕臼，門上合榫之槽也。《寶訓順朱》：「推門樞，入斗臼。」
門樞，本指門檻，又作門軸。古時門無檻，皆在門上橫插門閂。北極，又名天
樞，亦是將其比作神木之稱也。

〔假作驢腸〕假作，同日語「真似する」，即模仿、仿效。假作驢腸，指
將素齋做成具有葷菜味道和口感的食物，故比作驢腸。另有如「狸汁蚌」「腸
雞飯」等。

〔一筆勾下〕指在文字肩上加「つ」標記，表示刪除該字。《西湖佳話・
放生善蹟》之下多有一筆勾去之字。

〔無齒大蟲〕又胖又老之虎。渾名叫作大蟲，意相同也。

〔塌薩阿勞〕塌薩，蘇門《方語解》云「同儜倢」。《山谷集》注：「物不躝
也」。塌薩，蓋或太殺之聲，即聲嘶。古來解釋種種，難辯，更待明解。阿，
亦作呵，語助聲也。有時接於其他詞之後。總之，塌薩阿勞，同日語「きつい」
「御苦労」，即十分辛苦。《雲門廣錄》(中，五一)：「怛薩阿竭二千年」，不可強
作解釋。

〔兩頭三面〕兩三頭面之互文也。同日語「あちらといったり、こちら
といったり」「ぬれりくれり」，即一下子說這個、一下子說那個，兩面糊弄。
《五雜俎》(十六，二)：「黨進過市，見縛勾欄者，問：『汝說何人？』優者言：
『說韓信。』進怒曰：『汝對我說韓信，見韓信即當說我，此三頭兩面之人
也！』命杖之。」黨進，唐音「タンチン」，韓信，唐音「アンシン」。

〔舌拄上齶〕《坐禪儀》：「舌拄上齶，唇齒相著。」今開口不得之義也。

〔仁義道中〕猶曰「禮法」。法昌遇禪師，因喆首座來訪。師問：「山深路
僻，何煩訪及？」喆曰：「仁義道中，不為分外。」又保福因尼來參，師曰：
「阿誰？」侍者曰：「覺師姑。」曰：「既是覺師姑，用來作麼？」尼曰：「仁
義道中即不無。」

〔三十六策〕《冷齋夜話》(九)：「三十六計，走為上計。」兵法術語，同
日語「逃げるが上」「分別」，即逃跑才是上策，形容對事情有判斷力。「三十
六著，走為上著」，為圍棋術語也。

〔擬議不來〕不字，起強調作用。又此四字，亦見於《心要》(下，廿四)
〔註169〕。

〔註169〕《心要》：「眼目定動，擬議不來，一綽便透。」

〔打水礙盆〕《普燈》（十二）：「礙他銅盤不打老鼠」，指想打老鼠卻但又擔心打破銅盤，所以就放棄打老鼠了。打水礙盆，亦指放在水井邊上的盆礙事，以至於沒法打水之意。古抄《夾山抄》也，後傚之云：「人欲多打水，奈被碍盆小。謂不能多汲得水也。」又水，與鼠音通，將水作老鼠，可笑。《類書纂要》（十一，四五）「投鼠」注：「事有所碍也」。賈誼《治安策》云：「欲投鼠而忌器，鼠近於器，尚憚不投，況於貴臣之近主乎？」投，擊也。

〔雲居羅漢〕方語「點胸尊者」，又「自點胸」。古抄：「雲居寺有羅漢，自指胸示肌貌也。雲居寺乏飯食，故後人以為故事也。」

〔籠頭角馱〕籠，音通轡。《龐居士偈》：「觜上著轡頭，口中著鐵片。」《字典》：「轡頭，馬被具也。」日文名：「羈おもがい」「轡頭おもづら」〔註170〕，即馬籠頭。角馱，《祖庭事苑》「負重也」。角，指一捆行李。《開卷一笑》：「司馬文正公薨，時程正叔以臆說斂之，正如封角狀。蘇東坡嫉其怪妄，因怒詆曰：『此豈信物一角，附上閻羅大王者耶？』」唐土皆臥棺也。程氏斂司馬入棺，其狀貌如行李包。

〔鋸解稱鎚〕解，同日語「ひききる」，即鋸斷。上句「平出」，下句「木義」「被我解」，即是也。稱鎚，秤砣也。方語「解不得」。

〔土宿臨頭〕土宿，掌土之行星，即土星。土宿臨頭，不祥可知。

〔不守本分〕《水滸傳》第二十三回：「那武大是個懦弱本分人云云。武松道：『家兄從來本分，不似武二撒潑。』」不守本分，同日語「横着おうちゃく」，即耍滑、不安分守己之人。不依本分的人，同日語「だいそれた志こころざしある者もの」，即胸有大志、野心勃勃之人。黃文炳看了宋江反詩後所說之詞。又說得本分，指說話不越矩。賣唱歌女被李逵用指頭點倒，其母所言之辭使宋江覺其「說得本分」。今此處亦含有勸告尼姑們安分守己、思想言行不要越矩之意。不應視作「本分向上事」。《掀髯談》（六回，二十九）：「太守道：『你既有店業，卻為何不守本分歟？』」

─────────────

〔註170〕其狀可參見鈴木敬三編《有識故實大辭典》「羈」條如下：

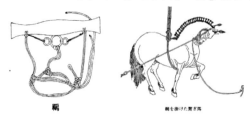

羈　　　　　　　羈を掛けた繋ぎ馬

〔隨後婁藪〕〔註171〕（《方語解》云：《前漢・東方朔傳》：「盆下為婁藪。師古注：『婁藪，戴器也。以盆盛物戴於頂者，則以婁數為之，）今賣白團餅人所用者是也。』」婁數，或指以盆盛物戴於頭、如輪之戴器也。或論云：婁藪當作摟搜，音同，故通用。《說文》注：「摟，擥取也。搜，求也。」按此說則著語意通也。常語有曰：「狗走抖擻口，猿愁摟搜頭。」按，摟搜頭，同日語「かきさがす」，即翻找、翻弄。《方語》注：「隨人語」，與意相悖，且與《說文》注不合，故《方語解》之說〔註172〕亦不穩。《謀野集刪》（四，右）：「非夫所謂鼠不容穴銜婁數者耶」。傍注：「喻刃無用」，語出《楊惲傳》。

〔墜鞭閃鐙〕《方語解》云：「《從容錄》作『執鞭墜鐙』。《輟耕錄》：『學校講說，雖賤夫皁隸、執鞭墜鐙之人，皆令通曉。』由此來看，今《碧巖錄》亦應改作『閃鞭墜鐙』。閃鞭墜鐙，即形容武士騎馬馳騁於野而顯武者風範之辭也。武士因不諳文藝，故被置於賤夫、皁隸之列，而非貶低武士也。『閃鞭』之『閃』，指物之閃爍（同日語『閃く』），故有『閃電光』之說。古來詩賦中將使鞭之快，譬作電也。如《揚雄賦》：『奮電鞭，驂雷輈。』又如盧照鄰詩：『雷車電作鞭』。所謂『墜鐙』，同日語『鐙をさげる』，即懸掛馬鐙。或論云：此解作形容武士騎馬馳騁於野而顯武者風範之辭，可疑也。果如《輟耕錄》所指，賤業（同日語：いやしき業）也。《水滸傳》第十八回：（林沖把王倫首級提在手裏，嚇得那杜遷、宋萬、朱貴，）都跪下說道：『願隨哥哥執鞭墜鐙。』此處指甘做馬夫執賤役也。今此則著語中，良禪客向欽山手裡左盤右轉，墜鞭閃鐙，末後可惜許，弓折箭盡也。」愚按，「墜鞭閃鐙」四字，與欽山有關。墜，同日語「とりおとす」，即掉落。閃，同日語「ふみはずす」，即踩空、失足。閃，由電光閃爍之意轉指躲避到一旁，故《增韻》注：「閃避也」。由此可知，閃指遭遇不幸，同日語「不仕合せにあう」。又指計劃落空，同日語「つもりはずれたる」。閃腿，同日語「脚をくじかれたる」，即腳崴了，亦同「骨のはずれたる」，即骨頭錯位。故閃鐙，可譯作「鐙をふみはずす」，即馬鐙踩空了。《從容錄》作執鞭墜鐙，意指為某人甘為鞭鐙，乃賤業也。由此一轉指親自隨意地處置甘為鞭鐙之人，然則良禪客果然也是隨意地處置了欽山這個鞭鐙。總之，若為譬喻之說，《碧巖錄》是《碧巖錄》，《從容錄》是《從容錄》，兩者應分而視之，無需修改《碧巖錄》也。

〔註171〕原文詞條條目有缺，今據詞條內容補充詞條名。
〔註172〕詳見後文《碧巖集方語解》第五十五則頌、著語「隨後婁藪」條。

〔山高石裂〕山石高裂之互文，或指不可近傍之義。一本高作崩。

〔目瞪口呿〕同日語「あきれたる体」，形容目瞪口呆、啞口無言之貌。瞪，張大雙眼也。呿，去伽切，注：「啟口謂之呿」。目瞪口呿，指因驚訝而不自覺的張開口貌。《水滸傳》作目睜口呆。

〔穿過髑髏〕〔註173〕穿過髑髏，謂看穿此僧乃死漢之後才提問，見古抄。

〔封后先生〕方語：「善談兵法，知而不用。」《不二抄》〔註174〕引《帝王世紀》。

〔獨自個知〕俗謂只有一人為「獨目一個」。

〔口快些子〕口頭快便也。些子，無義，可忽略。

〔消得恁麼〕同日語「仕方もっともじゃ」，即原來如此、有道理。

〔托㦙頭角〕托，同日語「手にてあげる」，即以手舉起。㦙，同日語「頭巾のさがり」，即頭巾下擺也。

〔攔縫塞定〕指冷不防使勁擰到縫隙裏。

〔把髻投衙〕唐時施行斬首，一人從旁將犯人頭髮往上攏成一個髮髻握住，劊子手則在犯人身後揮刀斬首。《韻會》：「以治為衙也」，即官府辦公的衙門。把髻投衙，指犯人自己提著頭髮到衙門自首。把髻，自己提著髮髻。

〔辭辛道苦〕互文也。

〔面前一絲〕古抄中此一絲乃空絲也，無體也。然十二時中都在面前，長時無間，又十二時間中操此色身六根六識底一絲也。此為最初一念也。最初一念，通常無判斷力也。

〔周由者也〕福本作之乎者也。周由，唐音「チウイウ」。之乎，唐音「ツウウ」。二詞音相近。古抄中周由與周遮義同。不直說，隱藏，繞路也。又回互之義。者也，辭字也，語助也。按此說非也。周由者也四字，或為「周遮」反切語。然遮，平聲。者，章也切，上聲也。

〔蘿蔔頭禪〕或為古抄所云「常家底」之義。又《正宗贊》白雲端章處：「凝為侍者，師有膈氣症，凝常煨蘆菔以備不時之需。」贊曰：「煨蘆菔換得

〔註173〕《禪學俗語解》引文原作「穿過髑髏」，但查諸錄無此詞，最後一字當為誤字，改作「穿過髑髏」。

〔註174〕即《碧巖錄不二抄》，〔日〕歧楊方秀撰，《碧巖錄》注釋書之一，對《碧巖錄》百則故事中出現的熟語考證出典，並加以評論。

底禪。使凝侍者慚惶滿面。」

〔有般外道〕省略「一般」之「一」字。

〔觸著磕著〕同日語「けっちり」「がっちり」，形容碰撞、撞擊，碰物之貌也。觸，或作𨁝、或作撞。磕注：「克盍切，石聲。」俗謂叩頭為磕頭。

〔裝一爐香〕裝，盛末香也。出《幻住清規》。盛物於椀曰裝，中日皆用。見《居家必用》。與「裝火」「裝綿」同意也。《雲門錄》（中，四十）：「佛殿裏裝香，三門外合掌。」此指燒香也。

〔三更四點〕唐時一刻內敲五次種或打五次鼓以報時〔註175〕。如一更一點，為戌時二分；一更二點，為戌時四分；一更三點，為戌時六分；一更四點，為戌時八分；一更五點，為戌時十分，即剛到二更也。三更四點，為子時八分也。

〔一氣做成〕燒火做飯時若一停火則飯不能熟，故曰一氣做成。一氣，同日語「一息（ひといき）」，即一口氣。

〔不患大事〕（《禪關策進》（一）：）「不患大事之不了明也。」不患，同日語「きづかいない」，即不擔心、放心。非玩笑之點〔註176〕。

〔撐眉努目〕以篙行船曰撐船。豎眉曰撐眉，如「星眼微撐（め）」等。努目，同日語「目をむきだす」，即撐大眼睛，使眼球突出之貌。《水滸傳》中所謂「努觜」，則指口不出言而翹起嘴唇以示意，《正宗贊》（四）：「金剛努眼睛」。《僧寶傳》：「法昌遇曰：『鰕蟹依前努眼睛』。」《會元》（九）芭蕉山慧清章：「金剛努出眼」。

〔和身輥入〕俗語「和」字作「與」字義，如稱「某和某是親戚」等，故二字皆應釋作日語「ぐるめな」，即包括在內、全都之意。和身，同日語「体（からだ）ともに」「体（からだ）ぐるめ」，即連同身體、身體全部。應知有「和衣而臥」「覓覓火和煙得」等語。輥入，同日語「ころびこむ」，即翻倒、摔跤。

〔兩手不定〕同日語「手（て）をじっとしていられぬ」，即手不安分，無法保

〔註175〕中國古時計時單位分時、更、點、刻。時，即時辰，用十二地支表示。更和點用作夜晚時間計時。一夜等分為五更，一更分為五點。更時單位對應分別為：一更（戌時）、二更（亥時）、三更（子時）、四更（丑時）、五更（寅時）。通常，古人白天按時撞鐘，夜晚按更擊鼓，此所謂「晨鐘暮鼓」。例如，初更擊一鼓，二更擊二鼓，至五更擊五鼓。

〔註176〕《禪關策進》原文此句最後有一個大大的句號，玩笑之點或指此點。難辨，待明解。

持不動。定，同日語「しずまる」，即使不動也，同「國定」「風定」之「定」也。

〔三寸氣消〕《脈論》：「一呼一吸，脈行六寸。日夜八百，十丈為準。」此氣息與脈搏之積也。脈行中出息三寸，入息亦三寸也。死前只剩出息三寸，而無入息三寸。所謂「三寸氣消」，指就連出息三寸也無之意。首書引「三寸之舌」，非也。

〔張公李公〕唐時張氏、李氏、王氏者甚多。張三、李四，若日本之七兵衛、八兵衛。

〔摸索不著〕同日語「さぐりあてぬ」，即摸不著、找不到。著，得字義，指完成、辦好。

〔晝三夜三〕天竺之法中立晝三時、夜三時，計晝夜六時也，謂之「初日」「中日」「後日」「初夜」「中夜」「後夜」。唐時以二時作一時，辰已之二時作初日分，午未之二時作中日分，已下例之。

〔不煉昏沈〕煉，敲除昏沈之鐵蹄也。

〔脇不沾席〕沾，同日語「つける」，即使附著、使挨上。沾身，即觸碰到人身。沾手，即觸碰到手上。黏軟黏人，指蜘蛛網黏糊糊地附著在手上。玄奘三藏赴天竺取得真經，歸途中在通天河不慎將經書掉落於水，撿起後放於河邊石上晾曬，不期《佛本行經》經尾被石頭沾破了，故《佛本行經》至今不全。《西遊記》：「石上把《佛本行經》沾住了幾卷，遂將經尾沾破了。」

〔中單而出〕本錄狀中字上有惟字。《事物紀原》(三，廿二)「汗衫」條下：「古者朝燕之服有中單。又汗透中單，遂有汗衫名。」中單而出，謂出行不穿外衣而只穿貼身汗衫也。

〔造次之流〕《論語》朱注「造次」：「急遽苟且之時」。《正韻》：「苟且，草卒也。」故日語應譯作「ざっとした」，即籠統地、倉促地。《左傳·隱公四年》：「夏公及宋公遇於清」，杜預注：「遇者，草次之期。二國各簡其禮，若道路相逢，遇也。」

〔細抹將來〕此為開始做某事之起頭語也。以此一段意，讓和尚去修行也。《書言故事》「樂技」類：「《閒覽》云太祖內宴，令進粉，故名頭食。後人宴終方薦此味，蓋失其次耳。又州郡公宴將作曲，伶人呼『細末將來』。蓋御宴進樂先以絲聲發之，後以眾樂和，故號『絲抹將來』。今所在起曲先以竹聲，不惟訛其名，亦且失其實矣。」《佩文韻府》「絲抹」下：「《遯齋閒

覽》〔註177〕：『州郡公宴，伶人呼絲抹將來。蓋御宴樂先以絲聲樂之，後和
眾樂，故號絲抹將來，後呼細末者誤。』」按，頭食，同日語「振舞のおちつきに出す物」，即宴請席上最早上桌之食也，用於添彩等。故宴禮之始，呼「細抹將來」起頭也。御宴中樂隊奏樂，先由琴瑟類樂器起樂，故絲抹將來作為領頭領眾樂人之先樂之。細，唐音「スイ」。絲，唐音「スウ」。抹，塗抹也。亂曰塗，長曰抹。末，指研磨成粉也。絲，為細抹之口誤也。

〔鼻孔朝垂〕《貞和集》（一，三）雪竇傳法付衣頌：「三拜起來無一語，鼻孔朝垂蓋口唇。」鼻孔朝垂，同日語「うつむいて飯をくう」，即垂頭吃飯貌。

〔退毛之鳳〕《埤雅》：「駝遇夏常退毛至盡乃能避熱，故古者冬取皮於狐類，而裘成夏取毛於駝類而褐成也。」退毛，同日語「毛のぬけかわる」，即動物換毛。由「龍退」「蟬退」「退角」等語可知「退」字義。《本草綱目》時珍曰：「蛇蛻，音稅，又音退。退，脫之義也。」

〔據款結案〕款，款狀，同日語「口書」，即供狀。案，案牘，同日語「裁判書」，即官府文書。據款結案，同日語「口書によって裁きをつける」，即根據供狀下判決。

〔下個謹對〕《翰墨全書》：「科舉門試程式曰：『第一場奉試、經疑二問，第一問云云，限三百字已上，對云云，謹對。已下同之。』」及第者的考試有三場，其中要求回答六經大義的問題，簡稱大義。考生的答題文稱對，皆用謹對二字作答。今此處指，彥沖認為此書寫法似一篇經義答題文，故欲在此書末寫上謹對二字。

〔一逴逴得〕逴，亦作綽。同日語「ちゃくととる」「おっとる」，即一下、快速抓起貌。一逴逴得，指用手快速抓取。《水滸傳》中「綽鎗上馬」之語多出。

〔手足俱露〕手和腳皆顯現出來。露出馬腳，即露出尾巴。

〔以此觀者〕《圓覺經》（四，廿二）：「作是觀者名為正觀。若他觀者名為邪觀。」《論語》「視其所以」注「以」：「用也、為也」。

〔不勒字數〕勒，絡也，又記也。此處同日語「きわめる」，即極限之意。不勒字數，指不論短言長語，想說什麼就說什麼。

〔指東畫西〕同日語「いろいろとしかた、模樣をする」，即做各種動

〔註177〕又名《遁齋閑覽》，〔宋〕范正敏撰，凡十四卷，文言筆記小說，仿《世說新語》體例，原書久佚。

作。《水滸傳》第四十二回，李逵行至沂州時，看到一簇人圍著榜看，有人讀道：正賊宋江，從賊戴宗，李逵。李逵在背後聽了，正待要指手畫腳，沒奈何處云云。李逵心裏想著放馬過來吧，一邊開動手腳，做好了招架的準備。又《燈月緣》：「那少年指手畫腳，差喚僕夫。」意同日語「物をいいつけ、指図する身」「按排」，即下令指示、差遣他人，安排人做事。《禮・玉藻》：「凡有指畫於君前用笏」。《集說》：「因事而有所指畫，用手則失容，故用笏也。」

〔依實供通〕供，同日語「公議よりのたずねを返答」，即回答官府問答。通，陳也，供狀文有「上來所供並詣實」「從事招說」等語。

〔撲迭掀豁〕此四字難解。按，若省略一下步驟，則撲，指被馬前蹄踩踏。掀，指被其後足踢倒也。迭，逸也、豁達也。撲迭掀豁，互文也，形容良馬之貌。比喻「衲僧有本手腳」。撲掀之義，《正宗贊解》「被驢撲」下有出。

〔閒名破利〕閒、破，同日語「役にたたぬ」，即不起作用、無用也。日語中「やくざな道具」，即沒有用的道具，中文稱作「閒東西」「破東西」。又「破東閒西」之互文也。東西，指物也。

〔應時納祐〕諸錄中多見「應時納祐，慶無不宜」之二句。歲旦多上堂之事。應時，指順應天時、適合時令。祐注：「神助也」。《易》中有「自天佑之」之語。納，受也，受神助也。

〔見神見鬼〕《大慧普說》：「或者謂一切言語總不幹事。凡舉覺時先大膛卻眼，如小兒患天弔見神見鬼一般，只於瞠眉怒眼處領略云云。」《水滸傳》第三十九回：「李逵道：「尋那廟祝，一發殺了！叵耐那廟見神見鬼，日日把鳥廟門關上！」見神見鬼，同日語「恐しきことを見る」「物怖する気味」，即撞見令人驚恐之物，或遇到恐怖之事。今可視作「搞怪、裝神弄鬼」。

〔胡鑽亂撞〕「めった、無性に向へ行く」，即不分方向地、胡亂地走動。蜜蜂等昆蟲欲破隔扇紙而出，曰鑽紙。撞，同日語「つきあたる」，即觸碰、碰撞。《博山警語》（下，十四）：「或市井街坊橫行直撞」。《水滸傳》第十一回：「只見遠遠地黑凜凜一條大漢，喫得半醉，一步一顛撞將來。」

〔看個公案〕看，同日語「気をつけている」「番をしている」，即留意、看守、輪班，由「看病」「看門」等詞例可知。個，一個也。公案，官府的判決書，即案牘也。

〔打成一片〕《字彙》：「俗用打字義甚多，如打疊、打聽、打扮、打睡之類，不但打擊而已。」此外「打病」「打火」「打水」「打飯」之類甚多，凡從其事者皆可用打字表示做某事之動作也。

〔亦得覯去〕覯，或作搆，搆作構。《字典》「構」注：「成也」，例引「事已搆矣（《前漢・黥布傳》）」「賦詩如宿構（《唐書・楊師道傳》）」之語。覯，亦注「成也」，同日語「拵える」「できあがる」，即完成、做好。今此處應譯為「拉致あける」「為果せる」，即事情得到解決、順利完成。諸錄中作搆，為同音假借字。《西巖錄》（上，三十三）：「一人搆得鼻孔，失卻眼睛。」「搆得」與「失卻」相對，則可譯作日語「手に入れる」，即入手。

〔念言念語〕念，同日語「唱えよむ」，即大聲讀。又誦讀也。此處應解作「念佛憶佛」。《小學》注中，念書亦作讀書也。

〔打哄過日〕同日語「わっわといって日をすごす」「さわいでしまう」，即嚷嚷著過日子。吵鬧、喧鬧也。哄，聚聲也，注：「市人聲」。乾打鬨，同日語「空騒」，即大驚小怪、虛驚。哄鬨，並同興。

〔與他搢捱〕他，指話頭。捱注：「拒也」，同日語「おしこばむ」，即拒絕。因病而氣虛體弱或挨餓，曰捱病。《江湖集》並《虛堂錄》謂「捱得云云」，亦此義也。《大慧書》作崖，同音假借字也。

〔死獦狚地〕古說獦狚似狼而赤，強項之戰也。由此可知，死獦狚地，同日語「しにかたい意地」，即十分頑固、非常倔強。《博山警語》（下，二十）謂洞山語「太煞玄奧，不是乾爆爆地。不停無依四個字，太煞活潑，不是死獦狚地。」「死獦狚」與「乾爆爆」相對。又「活潑」之反義，取「死」一字義。獦狚，形容語也。故可解作「像死了一樣」，不必拘於字義強作解釋。

〔呆椿椿地〕《字典》「呆」：「今俗以為癡獃字，（誤也）。」椿春音同，愚昧也。

〔甕中走鱉〕常語「甕中捉鱉，手到拿來。」同日語「むぞうさなること」「たしかなこと」，形容做事不費力，十分有把握。

〔守屍鬼子〕此語在寒山詩及《會元》呂洞賓章中皆為喻指。道士修煉內丹雖可求得長生，然此是妄相。若能知不生不滅之真心，便可脫離生死輪迴。屍，身也。鬼，無形者，故與心相比，化作看守死骸之幽靈，與「有氣死人」意同，今比作「打成一片」「呆椿椿地」之貌。《虛堂錄・寶林語》作守古塚鬼，亦同意也。

〔貼肉汗衫〕同日語「肌着の汗取り」，即貼身穿的汗衫。同「襦袢」，即汗衫、衬衣類。此常不離身物也。此處指服膺師範金言之喻也。

〔困於枯寂〕《類書纂要》（十一，廿二）：「困臥，睡也。」俗謂睡覺為「打磕睡」，謂犯困為「睏一睏」。睏，字書中無睡義。又亦無睏字。困於枯寂，指苦於入睡、難以入睡之意。

〔打失布袋〕布袋，與「法縛學解」等語相類。參考方語「胡孫入布袋」。〔註178〕

〔認奴作郎〕奴，同日語「家来」，即家僕、下人。郎，應釋作日語「息子」，即兒子，同「令郎」之「郎」。認奴作郎，指將彬彬有禮的下人錯認作粗俗無禮的兒子。

〔滾成一團〕天子袞龍衣，以龍首卷然，故謂之袞也。滾，同日語「水のぎりぎりまう」，言水沸騰翻滾貌。故滾，應譯作日語「まるめて」，即卷成團、弄成圓。

〔打破面皮〕同日語「顔をかまわぬ」「顔つぶす」，即不管臉面、不給面子，不順人情也。俗謂給臉上抹黑，又同鐵面皮。

〔驀胸擒住〕與「驀胸揪住」同。日語「胸倉ひっとらまえる」，即一把揪住衣服前襟。「驀」「劈」皆為有氣勢之字也，因其為作用於其物之辭，故用日語較難準確翻譯。應譯作「矢庭に」「すっと」「直に」，即猛地、突然、直接等，如「驀頭」「驀直」「劈面」「劈初」等。又「攔胸」「攔腰」等「攔」字亦同義也。

〔出生入死〕《肇論》（下，十五）「涅槃無名論」曰：「至於出生入死，與物推移。」《肇論新疏》：「初二句明隨機宜生則出，宜滅則入。但益物是懷，推移何定？意兼隨類之化。」《靈源筆記》（卅，六）：「向時曾見問『坐脫立亡去，住自在之事』，但依此磨鍊至全體純熟時，出生入死乃遊戲三昧耳。」出生入死，本出自《老子經》（下，十五）口義，曰：「出則為生，入則為死。能入而出，唯有道者則然。」又見《普燈》（四）黃龍寶覺章詳論之。日語訓讀按「出ヲ生レ入リ死ス」，不加訓點意思亦通。

〔冷卻面皮〕古抄「不順人情」也。成語中有「考世態炎涼，人情冷暖」

〔註178〕《諸錄俗語解》「打失布袋」條：方語「胡孫入布袋」——伎倆已盡，此為「鮎魚上竹竿」的對語；「布袋裏老鴉」——雖活如死；「乞兒布袋」——盡底掀翻不淨潔物；「在布袋裏輥毬」——不大自由底，與「法縛學解」等相對。

之語。冷卻面皮，同日語「顔付(がおつ)きをすごくする」，即臉色嚴肅、表情冷峻。
皺面，又苦顔，即「作(つく)り顔(がお)」，指假臉、假面孔。

〔觜盧都地〕《通雅》：「唐人以觜尖為都盧」。《正宗贊》風穴章：「遠村梅
樹觜盧都」。觜盧都地，指不言貌。

〔啐地嚗地〕啐，《說文》：「驚也」。嚗，與爆同。爆，火裂也，火聲也。
啐地嚗地，指快速破裂時所發出之聲。

〔飽齁齁地〕齁，同日語俗語「鼾(いびき)の声(こえ)」，即打呼嚕聲。《字彙》：「呼侯
切」，唐音「ヘウ」。《字彙》：「齁鮎，鼻息也。」未必指打呼嚕。齂，音戲〔註
179〕。《說文》：「臥息也」。此打呼嚕也。

〔馬前相撲〕《東山外集》：「不見馬頭人廝撲，一拳打倒只臨時。」《義
堂抄》：「譬如走馬之前，兩人相撲，豈容擬議也。」《碧巖錄》第九十五則
評：「五祖老師曰：『如馬前相撲相似，須是眼辨手親。』」

〔半前落後〕半落前後之互文也。同日語「どちらへもつかぬ」，即那
邊都到不了。「半上落下」亦同。《周易大全》(十三，四十二)：「或問：『商之
三仁，其行不同，而同出於至誠惻怛之意。微子之去，欲存宗祀；比干之死，
欲紂改行；可見其至誠惻怛之處，不知箕子至誠惻怛何以見？』朱子曰：『箕
子比干都是一樣心。箕子偶然不衝著紂之怒，自不殺他。然他見比干恁地死，
若更死諫，無益於國，徒使人君有殺諫臣之名。在他處此最難，微子去卻易，
比干一向諫死，又卻索性。箕子在半上落下，最是難處。被他監繫在那裏，
不免佯狂。』」

〔赤骨髗地〕同日語「いまだ毛(け)のはえぬ貌(ぼう)」，形容尚未長毛之貌。《傳
燈》長沙景岑章：「夏天赤骬髗，冬寒須得被。」字書無骬字。髗，骨病。《會
元》(十九，七四)靈穩慧遠章：「赤骨力貧無一錢」。

〔按下雲頭〕按下雲頭，指仙人下凡時由虛空踩雲而下至人間。《西遊
記》中多出。今此處指墮落，比喻隨順世間也。

〔撈摸不著〕同日語「さぐりあてぬ」，指（用手腳）摸索不到。撈注：「沉
取也」，即將水中之物撈取上來。撈波子，同日語「魚(さかな)をとる叉手(さで)」，即撈魚
袋網。

〔抵死謾生〕抵死，同日語「命(いのち)を捨(す)てて」，即捨命、拼死。漫生，同日
語「めった、むしょうに」，即胡亂、魯莽。生字無意。又謾注：「欺也」。日語

〔註179〕查《康熙字典》「齂」條，無戲音，此處存疑，待考。

訓作「抵ナリレ生ヲ護シ死ス」，或同日語「生死をかまわぬ」，可視作不顧生死之意。
《西遊記》中有「捨死忘生苦戰」之語。抵護死生之互文也。

〔須著略歸〕略歸，同日語「ちょっと帰る」，即去去就回。「ちょっちょ
と目を塞ぐ」，可視作略略閉眼也。

〔迷風背箐〕《物初錄》（廿，六）：「迷風耀日，背負須彌底。」《圓悟錄》：
「迷風透青」。

〔三搭不回〕《碧巖錄》（三，十三）：「（如今人）三搭不迴頭」。此語作為俗
語廣為人知，故諸錄中多無頭字。語意同日語「気の働のない、鈍き人」，
即粗心、遲鈍之人。《字彙》：「搭，音榻，打也。」所謂打掌，指用巴掌打。
又注：「掛也」，把衣物掛到衣桁上，稱作「搭」。由此引申，搭亦指從他人身
後用手拍打其肩。《水滸傳》第廿三回：「（看不得這般）『三答不回頭，四答和
身轉』的人」，搭字被改為答字，或是作者借二字同音而作的文字遊戲。

〔狗銜赦書〕《會元》仰山章：「狗銜赦書，諸侯避路。」因赦書重要，
故即便是被狗銜著，諸侯們看到了也要讓路。古抄《後漢書》云：「自大金國
獻犬，其長五尺，雖不言其心過於人，故宣旨而下赦書。犬銜之周流天下，
諸侯避路。」

〔來言不豐〕古抄云：「此僧來言卑陋不豐大，故打也。」言百丈令不虛
行。「來」字，義同「來言」「來詩」「來書」之「來」。

〔腦後拔箭〕古抄釋腦後為急處，即要害也。腦後中箭，拔箭必死無疑。

〔去死十分〕古抄釋去死十分謂離死不遠。此處指南泉被僧詰問得不知
如何是好。所謂「去死十分」，出自行舟之語。十分，一寸也。船沿與水之間
差一寸。若船沿再下落一寸，則舟沉人死。離死不遠、瀕死，即一寸之間也。
又南泉被僧詰問得不知如何是好，但百丈我又去死十分，死中得活。此時十
分為常用之義也。愚謂，十分，一寸也。一尺之物，即今一寸也。去死十分，
謂瀕臨死亡。又十字，或為一字之訛，可再考。

〔泥多佛大〕泥，指土。如「泥佛」「泥人」等赤身娃娃，稱為「泥娃娃」。
娃，唐音「ヤア」，泥娃娃，即泥土做的娃娃。

〔相席打令〕指在宴席上視情況（賓客多少、貴賤等）而出酒令。兒輩、俗
人等行「急口令」「傳口令」等，學者、文人等聚會則出難度較大之口令。
《西湖佳話》「南屏醉蹟」云：「昔日東坡與秦少游、黃魯直、佛印四人共飲。
東坡行一令，前要一片落地無聲之物，中要兩個古人，後要結詩二句云云。

東坡說道：『筆花落地無聲。擡頭見管仲，管仲問鮑叔，如何不種竹？鮑叔曰：「只須兩三竿，清風自然足。」』佛印曰：『天華落地無聲。擡頭見寶光，寶光問維摩，僧行近如何？維摩曰：「過客頭如鰲，逢齋頂似鷥。」』云云。」多此類。

〔落他架下〕架隔，指比試時接住對方飛來之刀。落他架下，同日語「下手になった」，即居於人下，拜下風，落敗。又意指向著箭頭。架，指將箭搭在弓弦上。《碧巖錄》第八十一則評：「古有石鞏師，架弓矢而坐。」

〔鐃鉤搭索〕鐃，當作撓，注：「抓也」。撓鉤，同日語「熊手〔註180〕」，即耙子、釘耙。塔索，亦作套索，指在竿子頂端固定一個繩環，使用時從人身後套住其脖子。牧馬時，亦用此物套馬。

〔潑郎潑賴〕同日語「悪者」，即壞蛋、惡人。潑，同「潑賊」「潑皮」之「潑」。賴，同日語「人をねだる」，即委託他人辦事。

〔插觜不得〕指一刻也沉不住氣，迫不及待。插觜不得，源自蚊子叮人之語。不待他人終語而抱怨，亦曰插觜。《纂要》：「喢嘴，不當言而言也。」

〔迷黎麻羅〕方語：「眼睛全暗」。按，四字或為反切語。迷黎，切眯；麻羅，切摩；麻葉，音摩。《漫錄》(中，十一)：「兩眼尚眯麻」。眯，唐音「ミイ」。麻，唐音「マア」。摩，唐音「モヲ」。《古木蘭辭》：「雌兔眼迷離」。

〔驢前馬後〕指認得出前後。驢、馬在此無意。驢事、馬事之類也。

〔快便難逢〕常語：「下坂不走也，快便難逢。」指做事慢吞吞之人，很難遇到動作麻利者。快便，同利便。此處指雲門。

〔噇酒糟漢〕噇，《玉篇》作饓。噇酒糟漢，指好好的酒不喝，卻去喫酒糟，還喫得像喝醉了一樣。未得，謂得。未證，謂證。

〔擔枷陳狀〕亦作「擔枷過狀」。狀，告狀，訴狀也。擔枷陳狀，指犯人被定罪後，肩上擔著枷鎖到被發配的地方，親自向當地官府送呈文書告狀。

〔註180〕其狀可參見松村明編《大辭林》「熊手」條如下：

〔自領出去〕官府用語，指查明某人與案件沒有關係後可被領回去了。此處指讓自己領回去之意。保領回家，指讓其所在地方的鄉紳作保領回去。保，保人，擔保人也。領，引領，帶領。又亦同「領旨」「領命」之「領」也。

〔攛向面前〕攛注：「擲也」。其中又含有「すべらかす」，即使滑動、滑行之意。攛梭，亦同意也。《正宗贊》中所言「鼈鼻蛇攛來」，形容滑溜溜的鼈鼻蛇爬行貌。攛字，在《西遊記》第六十七回中用於描寫蛇之爬行，在《水滸傳》中亦用於描寫人跑或馬奔等。亦作攛掇，二字義同也。

〔以手托地〕（雪峰）模仿畜生前蹄著地樣，故曰輕打我。

〔非干我事〕同日語「おれがしったことではない」，即不關我的事。日語訓讀為「非┐干ルレ我事┌」，能通。非字多作不字。果然還應視作「非」義。干，干涉，同日語「しった」，即知道的、有關係的。與「不干你事」等語意思相同。

〔板齒生毛〕前板齒，同日語「まえば（前歯）」，即門牙，上下共四顆。所謂「生毛」，同日語「黴のはえること」，即發霉長毛。板齒生毛，同口生醶，開口不得之義也。《書言故事》：「《摭言》〔註181〕曰：『劉魯風投謁，所知為典謁者所阻，詩略云：「名紙毛生不為通」。』」

〔理能伏豹〕《祖庭事苑》雪竇拈古，「理能伏豹」注：「伏豹，當作伏彴，於教切，狠戾也。」見《遠浮山錄》。《大慧普說》（四，四九）：「所謂理能伏彴，繞到道理上，自然教你禮拜。」《西巖錄》（下，十一）作伏豹。《楚石錄》（十一，三）作狸能伏豹。按，此語解說種種，難辨。《普說》中無「澤廣」句，在大慧的論義中，讓座主屈伏處所用狸豹之喻，此全然不準。根據語境，或可從《祖庭事苑》和《大慧普說》之說。又《碧巖錄方語解》云：「《事文類聚後集》『狸伏師子』條下引《博物志》云：『魏武伐冒頓，經白狼山逢師子。使格之（殺），見一物從林出，如狸，上帝車軌上。師子將至，便跳上師子頭，師子伏不敢起，遂殺之，得師子還。至四十里，雞犬皆無鳴吠。』由此可知乃師子也。同為猛獸，故應能謂作豹。《祖庭事苑》之解不可取。」

〔綴五饒三〕《王荊公詩話》：「大宗時有待詔賈玄者，常侍上棋。太宗饒玄三子，（玄）常輸一路。」《鶴林玉露》（一，八）：「棋工連負二局，乃起謝曰：

〔註181〕《摭言》，又稱《唐摭言》，〔五代〕王定保撰，凡十五卷，分一百零三門，古外文言軼事小說集，敘述唐代貢舉制度及摭拾社會軼聞。

『其是臨安第一手棋，凡來著者，皆饒一先。今官人之棋，反饒得某一先，天下無敵手矣。』」按，饒，多也。下棋時，因讓較弱一方先落子，故比對方棋子數多。此讓子之舉，謂之「饒」。饒一先，即先行也。亦說「饒先」。今饒三，即讓三子。綴五，即讓五子。綴，指形式。饒，指數量。

〔又通一路〕《松源錄》（下，三十一）：「山僧尋常見做工夫兄弟不奈何，通一線路，引你行一兩步便歡喜，纔下毒手與你，未分草料，便發無明云云。」按，下棋時若棋逢對手，即便毫不留情地廝殺，最後也只贏個五子、三子而已。棋手兩兩對弈，一方若讓對手幾子，又後於對方落子，則即便對手水平不高，也能相應打上幾局。綴五饒三之語，既通後行亦通讓子。此處有又字，故指讓子。又字，即除此之外還有之「又」也。又通一路，指讓五子、三子後，又後於對手落子也。輸一子，曰輸一路。路，圍棋術語中指棋子。通字，即通線路。

〔奪角衝關〕應按字面意思作解。又圍棋術語中，衝，同日語「さしいる」，即突入。關，同日語「一間とび」，即隔一路行棋。

〔硬節虎口〕或說硬節，指在對手棋子難切入處，並排兩跳，此招形似竹節，如圖〓。此招牢固，難被攻破。虎口，或指對手領地難入之處。

〔嘔血禿丁〕禿，辱罵所有僧人之詈辭也。如「禿驢」「賊禿奴」「老禿兵」等。東坡厭惡僧人，曾嘲謔道：「不禿不毒、不毒不禿；轉禿轉毒、轉毒轉禿。」

〔蒼天蒼天〕同日語「かなしや、かなしや」，即哀嘆「好可憐啊！好可憐啊！」意同念「南無阿彌陀佛」。因無處訴苦，故對天悲呼。《詩・秦風・黃鳥》：「彼蒼者天，殲我良人。」《水滸傳》第四十一回：「蒼天〔註182〕可憐，垂救宋江（則個）。」

〔龍生龍子〕《碧巖錄》第六十五則評：「不見古人道：『千聖靈機不易親，龍生龍子莫因循。』」《方語解》云：「日語訓點應為『龍生✓龍子』〔註183〕。同『娘生』字例。若按第一種訓點訓讀，即『千聖靈機親不レ易レ親，龍生二龍子『莫レ因循スル一』，則下句中的『莫因循』，屬於上句中的『龍』。若按第二種訓點訓讀，則屬於『龍子』也。所謂『因循』，同日語『旧きに任せて改

〔註182〕有出入，《水滸傳》原文作「皇天」。
〔註183〕《禪學俗語解》原引文無訓點，今據《碧巖集方語解》「龍生龍子」條補充訓點。

めぬ』，即遵循舊習而不改新。宗門尚新機，故謂莫因循也。覺鐵觜謂先師無此語，豈非新機耶？《不二抄》解『因循』作『因緣循環』，非也。或論云：未必與『娘生』同例，理解亦有偏也。總之應臨場作解。」

〔取至淨因〕《左傳·定公四年》：「楚子取其妹季芈畀我以出，涉睢。」取，同日語「つれる」，即帶、領，非「とらえる」之抓住、捉住意也。《水滸傳》第四十二回：「李逵道：『這個也去取爺，那個也去取娘云云。我只有一個老娘，我要去取他來這裏快樂幾時也好。』」

〔大家割捨〕大家有兩義。其一同日語「総総（そうぞう）」，指所有人；其二與「小家」相對。大家閨秀，同日語「歷歷の娘（れきれき むすめ）」，指權貴、巨室之女。《詩法源流》及《詩法家數》中有「大家數」之語，此為「大身代（おおしんだい）」，即達官顯貴。今此處或可釋作「大樣（おおよう）」，即慷慨豁達、大度。割捨，同日語「すてる」，即扔掉、拋棄、捨棄。割捨不下，指覺得東西好而無法捨棄。

〔肱枕胡床〕《事文類聚》：「今之交床，制本自虜來，始名胡床。隋以讖有胡，改名交床。古今制作原始胡床，劉剞所作，改曰交椅。」按，胡床、交床、交椅所指之物皆同，即折疊椅〔註184〕。《字彙》：「俗呼坐床為椅子」。物雖小，若說肱枕，則可視作能眠於其上之物也。《學語篇》：「交椅、胡床、交床、跋步床〔註185〕」，今或指安樂椅類。

〔左搓芒繩〕往左捻的繩子。以手揉藥丸，謂搓。

〔治疊文字〕治疊，同日語「とりかたづける」，即將散亂之物整理好。文字，指書寫物之總稱也。

〔你也得也〕你也要貶剝我的話只有那種程度可不行。正因為你沒有貶剝過我，所以也得和已經貶剝了諸方的你爭個勝負。

〔註184〕 其狀可參見寺島良安編《和漢三才圖會》第三十二卷《家飾》「胡床」條如下：

〔註185〕 跋步床，指一種舊式的有碧紗廚及踏步的大床。

〔散其餘盤〕福物，指祭祀過後的供品。散福，指祭祀後，將祭祀供品分給親族、臣下等人。餘盤，即《孔子家語》中所謂的「膰俎」也。膰，祭祀的餘肉，即祭肉。俎，禮器也。

〔與琳聯案〕《韻會》《正韻》並曰：「按案互通，作桉。」指在眾僧寮裏擺放經案，見「眾寮鄰案」之語。《漫錄》（下，十二）：「連案僧見其看經」。

〔剺牙劈齒〕兩狗互咬貌。亦作相爭。剺注：「剝也」，劈注：「破也」。

〔眼裏無筋〕眼中無氣息也。筋，肉之力也，以肉從竹。竹，物筋多者也。又注：「筋，肉中之力，氣之元也。」

〔遣鏹遣之〕鏹，居仰切，注：「以鏹貫錢」，指成串之物，即錢串。遣之，讓其從寺廟回到住店。

〔以手加額〕表示慶幸、歡欣時的動作。《韻瑞》〔註186〕引《長篇》〔註187〕云：「司馬公赴闕臨，神宗喪，衛士皆以手加額曰：『此司馬相公也。』」

〔會相殺人〕《正宗贊》大慧章贊：「如猛將會相殺，奪賊馬騎便行。」即取此一段之意也。猛將，指人字。

〔開口受〔註188〕氣〕張嘴使勁兒「哈、哈」吐氣，說不上話來。《虛堂錄》：「被慈峰老子掐定咽喉，直得無取氣處。」

〔惡口小家〕如《輯釋》解：「說心說性是惡口也。」小家，與「大家」相對，有兩義。大家指豪門巨室，小家則指低微人家。又大家形容落落大方、豁達大度，而小家形容膽小怕事、小心翼翼。應合此二意作解。《正宗贊》南院顒章：「弄出小家」。

〔堂儀纔滿〕參堂儀式。《禪苑清規》（十，六）百丈規繩曰：「新到掛搭後，或起他遊。須俟十五日堂儀滿，仍白堂司方可前去。」

〔水漉漉地〕轉轆轆地，指如車輪滾動般一圈圈自由轉動。漉與轆，此處亦同音同義也。

〔甫及六歲〕甫，「方纔」之義，注：「好不容易、終於」。年甫，到十歲止用甫字。未見其字用於成人。

〔解典出息〕解典，同日語「質をとる」，即抵押換錢。出，出生、生出，同日語「利息をとる」，即獲得利息。《百丈清規》（上，七）中可見「碾

〔註186〕即《五車韻瑞》，〔明〕凌稚隆著，是書仿《韻府群玉》而成。
〔註187〕即《續資治通鑒長編》。
〔註188〕諸錄多作「取」，「受」或為訛字。

磨店鋪」「解典庫」等語。禪林大叢林的知事僧們，皆有解典出息之事。典，同日語「質おく」，即抵押、質押。解典之解，同「とる」，即獲取。《叢林盛事》（上，八）：「但將去質庫中典，也典得一百貫云云。質庫何曾解典牛，只緣價重實難酬云云。」解典庫，同「質屋」，即當鋪，亦作解庫。

〔磑碾羅扇〕此四物皆指架於水車之物也。「磑」「碾」，皆同日語「碾臼」，即石碾子。兩者之間有碾麥和碾米之別。羅，同「篩」，即細篩。扇，或指稻穀鼓風機、風車一類。

〔所供諸實〕犯人供詞也。供，供款也。諸實，其所言至實情也。

〔勃窣理窟〕勃窣，行緩貌。《相如賦》：「婆娑勃窣，上金隄」。理之所聚，故曰理窟。勃窣理窟，意指因理非平易之理，故人難入其窟。

〔波波劫劫〕《類書纂要》（九，二十五）：「波吒，勞苦也。勞碌，奔波也。」《叢林盛事》（下，九）：「我波波吒吒出嶺來」。劫劫，不休息貌，猶汲汲也。

〔寄信至祖〕至字，用於尊長給卑幼輩之辭也。見《翰墨全書》（十，一）書式。

〔下載清風〕《從容錄》注：「載，運也。」上載，指將貨物、行李搬上船，又亦作裝載。下載，指將貨物、行李從船上卸下。《太平御覽》中將東風稱作「上載」，西北風稱作「下載」，此乃因不同風向有助於船運所取之名也。《碧巖錄》（五，十三）評：「上載者，與你說心說性，說玄說妙，種種方便也。若是下載，更無許多義理玄妙。」此處將方便喻作行李。所謂「下載清風」，即指脫離了方便，便可好好安歇。恰如卸下行李後沐浴清風，其所感心情之暢快愉悅，豈能付於他人？載，運送之物，即貨物、行李。

〔存心相照〕《文選》：「心照神交，惟我與子。」存心，同日語「心に油斷せぬ」，即留心、放在心上。照，取「照管」之「照」，同「気をつける」，即注意、留心。管，同「世話役」，指負責人、主管。《西遊記》（一，七）：「祖師將悟空頭上打了三下，倒背著手，走入裡面，將中門關了云云。悟空已打破盤中之謎，暗暗在心，祖師打他三下者，教他三更時分存心。倒背著手，走入裡面，將中門關上者，教他從後門進步，秘處傳他道也。」見《圓悟心要》卷之上。

五字部

〔好不大丈夫〕同日語「男<ruby>男<rt>おとこ</rt></ruby>らしきことない」，即沒出息、沒有男子氣概。《西遊記》第三十一回：「你好不大丈夫，既受師夫趕逐，有何嘴臉來見人？」好不熱鬧，指如此熱鬧、喧囂。若與「好不冷」等例同，則好不大丈夫，亦可視作氣概十足之大丈夫也。應據場合解釋。

〔逐教上樹去〕貓被趕到了樹上。《禪林類聚》中，「貓」字下有風穴延沼禪師「樹上安心」語。

〔作賊人心虛〕虛，同「虛怯」之「虛」，同日語「びくびく」「おじつく」，即心虛、心裏不踏實，非「虛誕」之「虛」。《醒世恆言》：「自古道，賊人心虛。那趙昂因舊事在心上，嚇得魂魄俱無。」《西遊記》第七十一回：「心虛膽戰」。取「空虛」之義，同「留守<ruby>守<rt>るす</rt></ruby>になる」，即不在、沒有。

〔老鼠咬生薑〕《寄園寄所寄》曰：「黃謙工部主事會試時，過書肆有《菊坡叢話》〔註189〕四冊，持閱之。傍一人從公借閱，視其貌寢甚，調之曰：『老鼠拖生薑』，譏其無用也。」

〔八棒對十三〕笞刑最輕打八下，杖刑最輕打十三下，故問為何少打一下也。第六十四則頌評：「如人結案，八棒是八捧，十三是十三，已斷了也。」《雲門錄》中八作七，義同。《方語解》云：「八棒，宗門常談名目也。中國有笞、杖、徒、流、死之五刑。笞杖二刑，根據犯人所犯罪之輕重，來定板數之多少。《瑯邪代醉篇》（三十六）：『古人笞法十三為最輕者』，故常言笞刑打十三。所謂『八棒對十三』，言佛法與王法無異也。宗門懲戒學人，亦與官府刑法相同。且八棒雖為法中語，『八棒十三』遂成古諺，代稱輕罪。《醒世恆言》周勝仙話：那後生對著娘道：『今日曹門裡周大郎女兒死了，約莫有三五千貫房奩，都安在棺材裡，如何不去取之？』那做娘的道：『這個事卻不是耍的事。又不是八棒十三的罪過。』或論云：此解稍難，且『對』字似不穩，但釋作日語『なにとなく』『すぐにして』，即自然地、馬上，可然也。」

〔重言不當吃〕吃，口吃也。重言，同日語「吃<ruby>吃<rt>ども</rt></ruby>におった」，亦指口齒不清、結巴。

〔註189〕《菊坡叢話》：〔明〕單宇編，凡二十六卷，內容係對古今人詩話之彙編。論詩者二十四卷，論四六者一卷，論樂府者一卷，分天文、地理、時令、花木、鳥獸、器用、人物、詩人、風懷、婚姻、科舉、送贈、身體、服飾、文史等二十六類。單宇（生卒年不詳）：字時泰，號菊坡，江西臨川人。正統四年（1439）進士，官嵊縣、諸暨，侯官知縣。

〔肐膊不向外〕與「臂膊不向外曲」意同。肐膊，日語俗語謂「肘頭（ひじがしら）」，即胳膊肘。《水滸傳》楔子：「肐膊大鎖」，第二回：「魯提轄挽了史進的手云云。兩個挽了挽肐膊」。字書中無臂義。肐，俗音吃〔註190〕。膊，《字典》：「肩膊也」。

〔海上明公秀〕古抄云：「海上明公秀，方語『幻人逢幻』。」又命如懸絲。又尋他不得。又尋無處。古詩：「海上明公秀，林聞道人閒。」後引蜃樓例。《方語解》云：「此事古來難知，說法種種，不一而定。今按，此指蜃樓也。現於海邊，故曰海上。明公，日輪（太陽）也。猶稱天作天公。秀，同日語『日の差し昇る（ひさのぼ）』，即太陽漸升漸亮，日出也。《文選》陸機《演連珠》：『懸景東秀，則夜光與碔砆〔註191〕匿耀。』禪語中亦有『匝地紅輪秀』之句。故所謂『海上明公秀』，意指海上出現蜃樓時，隨著太陽漸升漸亮，蜃氣亦隨之漸漸消失也。或論云：此解將明公作日輪（太陽）雖無明據，然誠應如是。雖曰海上，然蜃樓之說可疑。海上明公秀者，因夜光、碔砆皆匿光，故不限蜃樓而已。」愚按，據古抄所引古詩之對語，其指甚分明也。海上，與四海之上、海內意同。見《心要解》辨析。明公，按明德大臣之意，句中有出世與閒居之旨趣。《十八史略》唐中宗章元行沖曰：「明公之門，珍味多矣云云。」明公，指狄仁傑。聖主稱「明王」，賢臣稱「明公」。秀，俊秀之形容。方語注之意難解。由此可知，古抄與《方語解》皆以海上為蜃樓，明公指日輪，甚難附會。《會元》（十四，四）同安志上堂曰：「多子塔前宗子秀」，語勢可見。

〔一至七拗折〕古抄云：「玉鞭稱作主丈」，一至七拗折，指七尺主丈由一尺折至七尺。

〔料掉沒交涉〕《無文錄》（二丁）：「（汝等）諸人若向這裡承當這裡保任，以手搖拽云：『料掉料掉。』」同（十七丁）：「語言上著到，身心上著到，要透衲僧關，料掉復料掉。」《石田錄》：「直饒憂玉鏗金，料掉轉沒交涉。」料掉，亦作料調、顜挑、撩挑。顜撩，並音料。掉、調、挑，並徒弔切，同韻。連綿語只取字音，不拘字義，故通用。然連綿語仍須與原本字義有關。今考字義，料為力弔切，掉為徒弔切，故二字為同韻同等之疊韻，取「料」一字之義，「掉」字無意。料，取「料度」「料計」之「料」意，指對事物的評估、

〔註190〕 查《字彙》《正字通》，皆言肐音迄，迄吃字形相似，「吃」疑為訛字。
〔註191〕 《漢語大詞典》「碔砆」：似玉之石。

估算。故料掉沒交涉，指進行估算、計算思考也沒法聯繫在一起。後句加上方語「識得你」，起強調作用。

〔戴大家過時〕《碧巖錄》：「何不買一片帽，戴大家過時？」古抄釋作：為何不買一條頭巾，打扮成在家人的模樣過活呢？「大家」二字未穩。

〔做手腳不迭〕同日語「手足を働かす間のなき」，即來不及讓手足活動開來。《類書纂要》（十二，四十三）：「迭，及也。」

〔理會本分事〕《小學句讀》「理會」注：「猶曰識得也」。此處即此義也。

〔四指大書帖〕《家語》曰：「布指知寸，（布手知尺）。」《算地》：「尺為三指三，六尺為一步，三百步為一里。」所謂「三指三」，指除去大拇指和尾指二指，其餘三指乘以三，即九根手指之寬度也。所謂「二指二」，指食指和中指之寬乘以二，即合四根手指之寬度。二者合十三根手指寬處即為金尺上凡七寸，此為地之一尺也。《六物圖》（本，十六）「六明衣量」下業疏云：「先以衣財，從肩下地，踝上四指，以為衣身云云。」傍注：「除大拇指，其餘四指橫向併攏取高也。」《金剛仙記》〔註192〕：「如來行時，足底離地四指」，故「四指大書帖」，指約二寸寬度之書帖也。書，狀也。帖，如名片類之短函、口狀。四指大書帖亦不著，指不要說長帖了，短短的筆錄都不看，更不要說除此之外的一切書籍聖教了。故評語曰：「拒也」。

〔刺頭入膠盆〕將頭扎進膠盆裏。《人天寶鑒》（一，八十一）：「刺首文字中」。

〔零碎所得者〕《纂要》注「零星」「零碎」，皆「細碎也」。小粒銀子，稱「零碎銀子」。

〔以臨老回頭〕「以」字難解，「比」字寫誤。又「以」與「比」並上聲，音相近。

〔秦時鍍鑠鑽〕秦時，指古代，如「秦時明月漢時關」等。鍍鑠鑽，同日語「轆轤錐」，即轆轤錐。〔註193〕

〔暗地裏賽他〕私下裏要比贏他。《字典》：「偕相誇勝曰賽」。如誇茶香

〔註192〕即《金剛記》，〔北魏〕菩提流支譯，凡十卷。內容係天親《金剛般若波羅蜜經論》之註疏。
〔註193〕《諸錄俗語解》「秦時輗轢鑽」條：秦時輗轢鑽，日語釋作「やくにたたぬ」，即無用、沒有用處。

清香可賽蘭，誇梅花紅艷賽珊瑚，誇花燈玲瓏可賽月等等。

〔冷水浸冬瓜〕與「蘸雪吃冬瓜」意同。沒滋味，同日語「水<ruby>く<rt>みず</rt></ruby>さき」，如水一般淡而無味。

〔冒姓佃官田〕冒姓，據《史記》可知冒姓者指衛青。日本亦有養子制度，養子以他人姓氏繼承家督之位的情況稱為「冒姓」。冒姓佃官田，或指官田由特定姓氏的佃農耕種，他姓者不得耕其田。

〔無轉智大王〕愚鈍的頭目。盜賊頭目稱「大王」。

〔錢出急家門〕急家，貧家也。錢出急家門，同日本諺語「<ruby>小家<rt>こいえ</rt></ruby>などから<ruby>火を出す<rt>ひ だ</rt></ruby>」，指小房子著火引發大災難，形容越是不顯眼的小問題越容易引發事端。

〔臨崖看澔眼〕《碧巖錄》第四十三則著語：「臨崖看虎兒，特地一場愁。」《龍溪抄》並《字彙》載：「澔，音虎。今借音耳。」應從此說。然所謂「澔眼」或無他意。可用虎字代澔字，但用澔字代虎字則難得其意。按，澔，水涯也。眼，指穴、洞，故臨崖看澔眼，或指水崖上的岩穴。

〔且莫妨穩便〕同「<ruby>大事<rt>だいじ</rt></ruby>ない。<ruby>勝手<rt>かって</rt></ruby>にゆるりとござれ」，釋作沒什麼大事，您請便。「且莫妨」處應斷句，即「且莫妨，穩便」。穩便，同「<ruby>勝手<rt>かって</rt></ruby>にゆるり」，即隨便、請便。

〔仰門頭行者〕仰，《字典》：「以尊命卑曰仰。今公家文移，上行下用仰字。」亦作著仰。

〔何曾解典牛〕解典，同日語「<ruby>質<rt>しち</rt></ruby>とる」，即解送典鋪，抵押換錢。解典牛，日語訓讀作「解_レ典_{スル}牛_ヲ」，亦可訓作「解_二典牛_ヲ」。解，同「とる」，即抵押一方。

〔滿盤釘出了〕釘出，同日語「つんでだす」，即摘出。簇飣，即堆疊在食具中供陳設的食品。《字典》「飣」注：「今俗燕會，黏果列席前曰看席飣坐。古稱飣坐，謂飣而不食者。」《虛堂錄》：「堆盤滿飣」。

〔五間十一架〕造屋有三間五架、五間七架之制。間，同日語「<ruby>間柱<rt>まばしら</rt></ruby>」，即中間柱。架，同日語「<ruby>桁<rt>けた</rt></ruby>」，即橫樑。

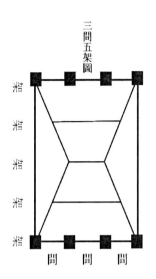

三間五架圖

〔白遭渠污染〕白字，同日語「あからさま」，即顯然、明顯。又同「みすみすに」，即眼睜睜地、眼看著。如「白白地」「平白地」等。《水滸傳》第十三回：「平白地要陷我做賊」。

〔七村裡土地〕《碧巖錄不二抄》楞伽云：「謂如七家村裡泥塑成底土地神相似，坐而不倒也。」

〔陽平撒白雨〕《西遊記》第二十二回，謂一馬平川、陽光澤被之優質土地為「平陽之地」。同第四十四回稱無妖怪猛獸等作亂、平安無事之地為「清平之地」。今所謂「陽平」，或指晴朗天氣。《物初錄》大慈語謝龍首座章：「青天撒白雨」，白雨，同日語「夕立（ゆうだち）」，即雷陣雨。

〔當的帝都丁〕皆舌音。當的帝都丁，音如「<u>タンテテイトヲテイン</u>」。當的帝都丁，日本人學說唐人詞彙發音。

〔因修造犯土〕唐時若於太歲出現的方位上動土，立刻就會冒出許多如眼睛一樣的東西。凡見此物者即死或發病，此謂「犯土之祟」。故觸犯兇惡之人，或做危險之事，皆謂「太歲頭上動土」。

〔掉下火柴頭〕掉，同日語「なげやる」，即拋擲。《黃龍四家錄》：「掉於無事甲中」。《會元》（十七，三十八）湛堂章，前句作「見所擲鑩餘」，後句作「見掉火柴頭」。

〔寄你打雪竇〕寄，同日語「あずける」，即存放、寄存。寄你打雪竇，指我雖不打雪竇，但把打雪竇之事交與於你來做。宋朝時，獲流配之刑的犯人到達牢城營地，按太祖武德帝制，初到地方就要被打上一百下「殺威棒」。

此時若使賄賂裝病，管營便心領神會，稱犯人生病可暫不受棒打，應待病愈後再施刑，於是乎「殺威棒」便不了了之。見《水滸傳》第八回。第二十七回亦有「且寄下他這頓殺威棒」之語。

〔靈犀一點通〕《輯釋》引《事文類聚》注釋誤處甚多，一一難改。「如線，以置米中群雞，雞欲往啄米，至輒，靈犀一點通。」〔註194〕原書如此。

〔捏拇指叉中〕大拇指放在食指和中指中間握住，並將此叉字手形示人。即以此手勢向人模擬出叉路口之形。〔註195〕

〔養莊客婦女〕莊客，指耕種寺院田地的佃農。養，俗謂在寺院裏蓄養老婆，同「養婆娘」之意。

〔老鼠入牛角〕《事文類聚後集》（四一，七）南漢主劉鋹病語曰：「吾子孫不肖，後世如鼠入牛角，勢當小耳。」《心要》（上，十九）：「如老鼠入牛角，漸漸尖小。」方語：「驀地偷心絕，伎倆已盡。」今應取方語義。

〔秦國太夫人〕秦，封國名。如張浚此後被封為魏國公。首書有「《氏族排韻》張氏妓妾部云」之語，（為誤用）。今舉《排韻》例如下：首先在各部類中每人都有標題。秦國太夫人以下無標題，附記身份。妓妾記在附錄中。舉四人標題，已下十餘人無標題，記在附記中。

〔問詢不出手〕《五雜俎》天部「冬至得九九氣候諺」云：「一九二九，相逢不出手。」早春乃人寺餘寒時節之故也。

〔平地上骨堆〕無事生事之意。骨堆，指戰場上高高疊起的白骨堆。又指平地上高高堆起來的土堆。見《武庫》（七）慈照聰章。今此處僅指「いらざること」，即不需要、不必要、無益之事。

〔註194〕 此段引文誤字和脫字較多，今據《資治通鑑》原文補充為「角有白理如線，置米群雞中，雞往啄米，見犀輒驚卻，南人呼為駭雞犀。」

〔註195〕 《諸錄俗語解》「捏拇指叉中」條：佛教印相語中有以左手大拇指捏於某處、以右手大拇指捏於某處的說法。故「叉」指兩根手指張開。捏拇指叉中，或指將大拇指捏在張開的兩根手指中間。其手勢如圖：

六字部

〔瞠卻眼剔起眉〕瞠，同日語「目<ruby>め</ruby>をみはる」，即瞠大眼睛看。剔，剪掉蠟燭芯，稍微修剪之意。剔起便行，指一下子站起來就走。瞠卻眼剔起眉，指一瞠大眼睛，眉毛必向上揚起。

〔須將生死二字〕將字，日語訓作「もって」，即用、以。此處應忽略其字義，同把字。《論語》：「三以天下讓」。《孟子》：「管仲以其君霸，晏子以其君顯。」

〔就座抖擻精神〕就座，今同日語「すわる」，有坐下來交談，不離開座席之意。與常語「著座」意思相別，和「下地禮拜」相對。抖擻，指從袋子裏抖出東西來。《字彙》「抖擻」注：「起物也，舉也」，即盡物取出。王維詩〔註196〕：「抖擻辭貧里」。《西遊記》第五十五回：那怪大怒，「抖擻身軀」，弄出妖法。

〔理會本命元辰〕此理會，「識得」義也。下文「眉毛廝結理會」之「理會」，為「說」義。本命，即人與生俱來之性。如木性，稱「木命」類。元辰，即出生年，亦作生辰。

〔颺在無事甲裏〕無事甲，見《策進》解。或說「以甲乙次第架棚，以常無所用物颺在第一甲棚，故指第一甲棚，曰無事甲也。」此說非也。《策進》：「坐在無事甲裡」，《武庫》：「無事甲裡坐地去」，由此可知「無事甲」非指架棚。雖有「尤颺在」之語，然非必指高架之物。按拋物之理，其軌跡初始向上，繼之下落。《武庫》：「颺在搕搖堆上了也」，《正宗贊》：「颺下鐵鎚」，據此應知其意。《漫錄》序：「撇下無事閣裡」，《禾山錄》：「便掉於無事甲中」，應並考。

〔面赤不如語直〕與其為好名聲而裝腔作勢出醜，還不如老老實實說話。

〔星在秤不在盤〕「定盤星」之「定盤」，同日語「秤<ruby>はかり</ruby>の竿<ruby>さお</ruby>」，即秤桿。此處所謂「盤」，同「皿<ruby>さら</ruby>」，即秤盤，用以裝所秤之物。

〔為人須為教徹〕與《策進》（八，左）「打教徹去，討教明白去」等同語勢也。「教」字強調「為徹」。若「教徹」之「徹」視同「悟徹」之「徹」，則大錯也。

〔有錢使得鬼走〕與常話「有錢可以通神」意同，故錢之異名曰通神。

〔註196〕即王維《遊感化寺》。

〔急抽頭是好手〕同日語「逃げるが上手」，即逃跑一流、抽身跑得快。抽頭，同「首ぬけ」，即脫困、推脫。由「抽身便走」等語應知其意。

〔撩撥氣鼓老僧〕〔註197〕撩撥，同日語「唆しをたてる」，即教唆、挑撥。氣鼓，同日語「腹たてる」，即生氣。則監院「鼓起無明，起單前去」。

〔某自喫撲傷損〕自己被打傷了。吵架時我被棒打傷了。

〔物見主眼卓豎〕同常話「讐人相見，分外眼明」。不管什麼事，一見到對方就火冒三丈。

〔裩無頭褲無口〕頭，作腰或當、襠。袴口，即伸腳出來的地方。《南留別志》云：隋唐《樂志》載「大口袴」之語，舞人裝束也。日本能劇裝束之「大口」，亦源自此。兩個無字，指衣服被穿破、磨損至無之狀。

〔官拗不如曹拗〕拗，《說文》注：「手拉也」。《增韻》注：「折也」。今從權威，日語作「とりひしぐ」，即捻碎、挫敗。官，同「公議」，即官府、官衙。曹，同「役人」，即衙役、差役。官拗不如曹拗，意同「官不威，牙爪威」，亦同常話「不怕官，只怕管」。

〔輸肚皮虧口唇〕輸，同「貢輸」之「輸」。輸肚皮，如進年貢般進到肚子裏。俗話「虧他為我周旋」，指受人照顧。虧，取「煩」字意。虧口唇，指在飲食方面受人照顧，得以免受腹飢之苦。

〔虛空中拋筋斗〕「掠虛頭」之意。與毒峰所謂的「懸空筋斗」有別。

〔蹉口道著爺名〕蹉口，同失口。《報恩語》解夏小參下：「道著報恩爺名，不須諱卻。」此處亦因視作淨慈爺名。抄引《臨濟語》，或有誤。

〔方在屋裡著到〕屋裡，我宗門之義。著到，指黏著、執著，無法超脫。《大慧普說》（一，七九）有「圓相上著到」之語。

〔將死雀就地彈〕就地彈雀，方語「必死」，即拼命。今言死雀，意指其雖可毫不費力地捉到，但卻是毫無用處之物。捉活雀尚且不費力，更不用說死雀了。

〔共文邃個漢行腳〕見《江湖集・龍朔那年》。《水滸傳》：「便將氣毬那字，去了毛傍。」俗語多如此。

〔嗟蛙步碾泥沙〕（《禪林類聚》）：「慣釣鯨鯢澄巨浸，卻嗟蛙步驟泥沙。」《碧巖錄》第三十八則評：「巨浸乃十二頭水牯牛，為鉤餌，卻只釣得一蛙出來。」澄，一本《碧巖錄》作沈。澄，直陵切，唐音「ヂン」。沈，直深切，

〔註197〕《虛堂錄》作「撩撥者氣鼓老僧」，多「者」字。

唐音「ヂン」。故二字同音通用。浸注：「漬也」，故巨浸，指水中所浸之物為
巨大誘餌。驞，《碧巖錄》第三十三則作碾，第三十八則作輾。《字彙》注：
「碾輾同」。《玉篇》「輾」注：「轉也」。《碧巖錄方語解》引吳明卿詩、王元
美文，指巨浸乃海是也。然《圓悟錄》之評歷然確實，不應詆毀。《方語解》
又曰：「沈，釣具也。邵康節〔註198〕《漁樵問對》云：『樵者問漁者曰：子以
何道而得魚？曰：吾以六物具而得魚云云。』六物者，竿也、綸也、浮也、沈也、
鉤也、餌也。由此可知，『沈巨浸』，日語應訓作『沈ニ巨浸ヲ』。」愚按，所謂
「浮也」和「沈也」，分別指拴在釣魚線上的魚漂，釣魚時漂浮在水面之處及
裝著魚鉤上的鉛墜，釣魚時使魚線下沉。具六物而得魚，故只取其中魚線下
沉處，即鉛墜而釣魚不可。果然根據評語之意，沈可視作下誘餌之意。《祖庭
事苑》中「蛙」當作洼，並將「驞」釋作「渥涯之馬」。《玉篇》「驞」注：「馬
轉臥土中也」。《廣韻》注：「馬土浴也」。若要下正確評語，由「釣得一蛙」之
語可知其意。《從容錄》中亦舉《風穴眾吼集》與雪竇之語以駁此說。

〔如何參如何會〕如何，同日語「どう」「どうして」，即怎麼樣、為什麼。
見《水滸傳》楊雄令淫婦招供時，其白狀之辭中有「如何云云，如何云云」之描
述。又見第四十三回戴宗語。

〔如猛將會相殺〕相殺，亦作廝殺，即相互砍殺交戰。殺，同日語「き
る」，即砍殺，殺死。「殺將出來」「殺開條路」等二句，取自大慧語。見《武
庫》師在雲居作首座章。

〔光剃頭淨洗缽〕光，同日語「さっぱり」，形容完全、全部。燒得光地，
指燒個精光、燒得一乾二淨。輸得清光，指在賭博等事情上輸得一敗塗地。和
尚的腦袋，又稱「光頭」「光光腦袋」。

〔鼻孔大頭向下〕鼻穴和鼻尖皆向下。《枯崖漫錄》（下，七）：「眉毛分八
字，鼻孔大頭垂。」《紀談》：「衲僧鼻孔頭向下」。《楚石錄》：「卍字當胸，鼻頭
向下。」

〔順顛倒順正理〕《大慧年譜》（四十四歲）又曰：「今時人盡是順顛倒，不
順正理。『如何是佛？』『即汝心是。』卻以為尋常，乃至豈不顛倒耶？」云燈
上有答語。

〔註198〕即邵雍（1011～1077），字堯夫，謚康節，林縣（今河南林州，一說范陽，今
河北涿州）人。北宋著名理學家、數學家、道士、詩人，與周敦頤、張載、程
顥、程頤並稱「北宋五子」。著有《皇極經世》《漁樵問答》《觀物內外篇》等。

〔胡張三黑李四〕相當於日本的長鬍子三右衛門，以及黑皮膚四郎兵衛。胡，同鬍。字書胡字注：「《說文》：『牛頷垂也』。《正字通》：『喉也』。頷肉下垂者曰胡。」按，鬍為俗字，注「頷垂」，由此可知，胡字加髟字頭，或指下顎上長出的鬍子呈下垂貌。

〔攛你爺攛你娘〕此六字或為方語。爺娘，日語俗話曰「旦那」「親方」。寶禪師主動稱山神為爺娘，是讓其去找到方丈。老爺，尊大者自稱，《水滸傳》中多有。

〔幾人要不能得〕要，指想要袈裟。喻指求法，不許號憑此。

〔你看爭奈他何〕俗語「爭奈」二字與「爭奈何」三字意同，日語作「いかんがせん」，即沒辦法、無奈。

〔看鑒語見此頌〕看了鑒語，發現此彩雲頌，頌的是文殊因緣。

〔牛頭沒馬頭回〕間不容髮。句意無關牛馬二字。牛頭沒馬頭回，指那邊剛一下去，這邊就又出來了。

〔一模脫出睦州〕睦州的模樣一覽無遺。模，模範也。

〔就身處打出語〕《雲門廣錄》（上・三十）作「就處打出語」。按，就身打劫，同日語「追剝の方」，即攔路搶劫強盜之類。就處打出，同「家財を盜む方」，即入室搶劫家財的盜賊。就身處打出，則兼具此二語之意。打，亦同「盜む」，即偷盜，如「打家劫舍」「賊不打貧兒家」等等。就身處打出語，或為貶義詞。落草，指（身份）落入下層、底層。其本義指加入盜賊團夥，應與「落草談」並考。

〔主山高按山低〕《方語解》云：「原出《雲門廣錄》。中國營造宮城宅邸，皆以其地理位於遠山環拱處為吉，繼之有主山、按山、輔山之稱。群山之中，將位於北面且最為高大雄偉之山，定作主山。位於主山之南且間有隔距之山，其頂如桌案之形，謂之按山。綿延相連接於主山左右，呈輔佐之形，此山謂之輔山。在中國所有習俗中，判斷地理吉凶甚為重要。不限在家俗家，叢林亦爾。由司馬頭陀相溈山，魚軍容相香嚴壽塔之例應知其意。此處為雲門亦就其目前境致被要求起話頭也。」

〔因上名殿試不祿〕上名，指排名比我高一位的人，即第五名。《禮記》：「士死曰不祿」。因殿試第五名「不祿」，故第六位的我陞到了第五位。第四名是陳祖言，第六名是樓村。殿試，即禁中御試。

　　〔**紫羅帳裏撒真珠**〕同方語「盡情揭示」，即毫無保留地將心底全盤展
現出來。因羅殼質地輕薄通透，雖不能完然看透但亦能看個大概。而真珠發
光發亮，故能透過羅殼看見真珠，因此作喻。又《正宗贊》宏智上堂曰：「黃
閣簾垂，誰傳家信？紫羅帳合，暗撒真珠。」《人天眼目》內生頌：「紫羅帳
合君臣隔，黃閣簾垂禁制全。」古轍言：「既與父合躰，則臣僚隔絕，以其
躰無為也。」古抄「紫羅帳帳合」，言君臣深奧也，此與洞家之義有別。

《碧巖集方語解》

蘇門居士服天遊述

《碧巖方語解》序

宗門語句，貴在學者易會易契，故所用多俗間平常話耳。而平常話在唐土則雖兒童不涉，擬議豈用為之特下注釋也乎？為其無注釋，在吾扶桑，則難於文雅之字也。吾朝從仁安〔註1〕至明德〔註2〕之際，扶桑唐土或往於彼，或來於此，來往不絕，自然不昧俗語。爾後三百年餘，如其工夫純愚，打發大事底。雖明於理，或懇於語，往往謬解不為不多。予思之在此洛下有一居士，姓服，號蘇門，英雋篤學，雖以儒教授，志厚於宗門，然以耳不聰、腳不仁，翛然一寶，著述唯娛以故，予未為目擊之歡。一日介門人俊平者，且書諭曰：「有一草稿名《俗語解》，有人要梓，請加一語，非教諭宗門事唯解俗語耳，無妨於事歟？」予閱之，則把《碧巖集》中俗語以國字解之，且有或者評論並載焉，學者以解旨論斟酌而會，則可謂叢林險絕。俗語者之五丁也。予為陪眾，無暇辭之。又書諭曰：「近患煩悶，廢筯者久死其耳，命憾只在此，茲得一語利於世，則瞑目而已。」語尤悲慘。予涕曰：「勤哉，吾叢林中用心於此者未見多矣，逼死不休何其勤哉，以有所益之事，受將死人之托，何忍辭之？」於是慨然謂俊平曰：「為我慰居士唯專養病，我各一語乎？」傍僧雖曰：「聞此居士，見處偏枯，毀譽不常，何聽與之？恐惹外論。」予曰：「夫擇玉於昆侖，豈山皆玉，見其有碔砆而棄其玉也乎？予於蘇居士，唯見其玉，雖予眼不明，豈見其碔砆而玉之乎？豈又以其所聽碔砆而棄所見之玉也乎？若不如此，擇玉之眼何用？若有碔砆，則汝不妨拈出來我辨別之，

〔註1〕 仁安：日本六條天皇與高倉天皇年號，起始時間為 1166～1169。
〔註2〕 明德：日本北朝後小松天皇年號，起始時間為 1390～1394。

我只砆砆其砆砆，而玉其玉而已矣。豈黨於居士耶？」子其不慮，遂書為序。

明和六年（1769）己丑秋八月

衣寶閒雲杜多

碧巖集方語解

蘇門居士服天遊述

第一則著語

〔不唧𠺕〕《類書纂要》云：「杭州人以秀為鰤鰡」。又《俗呼小錄》云：「說人之不慧，曰不唧𠺕。」此即所謂反切語也。唧𠺕之反，為秀也，故不秀謂不唧𠺕。同日語「戲け者」^{たわ もの}，即蠢材。此外，忒煞切為太，潦倒切為老之類，皆反切語也。或論云：「唧𠺕之反為秀也」，此解不妥。唐音中，唧，《廣韻》《集韻》等書為「資悉切」，其日語音為「チ」也。因而，唧𠺕的日語音讀發作「チウ」音。秀，《集韻》《韻會》等書為「息救切」，音繡也。用日語音讀皆發「シウ」音。由此一來，唐音中就有「チウ」和「シウ」之別，故反切語之說難成。換言之，唧𠺕與反切無關，僅指俗所謂之「不慧，曰不唧𠺕」也。又忒煞切為太，此說亦不足取信。俗謂「甚」為「太殺」，如「太殺風流」之類。忒，為「忕」省字。忕，他代切，音貸。由於「太」與「貸」音同，故「太殺」，亦作「忒殺」也。煞，為「殺」俗字，同「愁殺」「恨殺」之「殺」。殺，日語音若讀作「サイ」，則亦成反切，其意思亦有別也。

同評

〔端的〕在中國原作常用俗語，後宗門作「事」之專用語也。然世間掌握其義者不多。「端」注：「正也」。「的」注：「實也」。此為本來字義。若僅以本來字義作解，意思上並不會有偏差，但為能活用其意，應在本義基礎上再作變化轉用。翻譯作日語時，根據場合可譯作「真実^{しんじつ}（即真實、事實）」，「正^{しょう}

真（即真正）」,「実証（即確實、實在）」等，如「阿那個端的底觀音」之「端的」,
即為「正真」;「雲門端的為人處」之「端的」,即為「真実」;「孫公辨端的」
之「端的」,即為「実証」。或論云：以上譯語皆合理也。除此之外，還可譯
作「ほんの（即僅僅、些許）」,如常語謂「端的是好（ほんによい）」,又「端
的是麼？（ほんにそうか）」「那個是端的底觀音（どれがほんの観音ぞ）」
之類。

〔塌薩阿勞〕塌薩，同傝僮，唐音皆為「タ ス ア」,故相通。《山谷集》
有出，注曰：「物不躝也」。蜀人語也。阿勞，勞擾也，同日語「事多く」「事
やかましき」,意指「事情多」「事情麻煩」。阿，發語助聲，如「阿那個」「阿
誰」等。下文第四則評亦有語謂德山曰：「是他心機那裡有如許多阿勞。」今
此著語，因雪竇辯稱自云有，為免事情變得麻煩，故說「塌薩阿勞」。諸抄皆
解作「糊塗」,或引《祖庭事苑》謂「佛號也」,甚可笑。

同頌評

〔關捩子〕諸抄作貫木，誤也。關捩，同日語「絡繰のはぜ」〔註1〕,即
機關、機器的轉動裝置。《通雅》云：「關捩，機捩也。」《廣記》:「唐韓志和
雕木為鸞鶴，置機捩於腹中，發之則飛。」《傳燈錄》黃檗謂牛頭尚不知向上
關捩子，蓋一義也。

第二則著語

〔賣弄〕仗著能說會道而自鳴得意。《大慧普說》云：「如今乍入眾底，
趂得些兒小子，便去誇逞賣弄，要與人爭氣。」又云：「這僧急於人知，卻
飯去泉州，與人說文字賣弄口觜道：『我已參得妙喜禪了。』」或論云：賣弄
解作仗著能說會道而自鳴得意，不妥。賣弄，同日語「ひけらかす」,即顯
擺、炫耀。按此義，女子向他人故意做出炫耀自己姿色之態，則謂「賣弄出
許多妖態」,此類句子小說中多有，非僅指能說會道也。

同評

〔分疏〕《輟耕錄》云：「人之自辨白其事之是非者，俗曰『分疏不下』。」
分疏，同日語「言い解き」,即辯解。分疏不下，日語訓作「分疏不ㇾ下ㇱ」,即
辯解不清。

〔註1〕此處日語「はぜ」似乎對應黃櫨木之意，恐誤譯。

同頌評

〔分開結裏〕古來諸抄訓作「分┐開結裏算┐來ル」或「分開ʌ結裏算┐來ル」，皆誤也。「結裏」處句讀應斷。今改點作正確訓讀，則為「雪竇有┐餘才┐所以┐分開結裏ʌ算┐來レバ也只是頭上┐安┐頭ヲ云云。」「此四句頌頓絕了」中所謂之「四句」，由「至道無難」起，至「二無兩般」之四句，然雪竇有餘才，故四句分開作兩聯結裏。然從圓悟「算來」此事來看，則屬畫蛇添足之舉也。分開，謂「天際（日上時月便下）」「檻前（山深時水便寒）」「髑髏（識盡喜何立）」「枯木（龍吟銷未乾）」四句也。結裏，同日語「むすびとむる」，即繫緊（繩子等）使其不動，結束。今舉一證，《論語大全》「十有五而志於學章」下注：「志字最要緊，直須結裏在從心不踰矩上。」「算來」以下為圓悟評語也。今引一證，如《五燈會元》（十七）保寧禪師上堂曰：「直繞說得天花亂墜，頑石默頭，算來多虛，不如少實。」此句中「算來」二字，被用作前一句句意斷案之辭也。也字，俗雅並用，亦同，如「不風流處也風流」。然「也」字，一般被認為總只接在句尾，故句逗亦不分，做杜撰之說，釋作「算木袋」，著實可笑。或論云：結裏，釋作日語「むすびとむる」稍稍難解，但釋作日語「終う」，即結束（某人性命）、殺死，可然也。如說「結裏了他身命」，釋作「あれが命しまった」。此類話語《水滸傳》等小說中多見。又常話亦有問答如：「他的母親病體作麼樣？」「昨日結裏了。」此處「結裏了」，日語亦譯作「しまった」。「算來」二字小說雖多有，然古來抄中一向不知其為俗語，故不足為取也。

第三則著語

〔仁義道中〕諸抄引方語「隨邪逐惡」作解。看諸書所載，「仁義道中」，多用於師資之語也。即便不用於師資，亦指世法[註2]上所謂理應如此之意也，由此故說仁義道中。今下引數則，彼此並考其意。《五燈會元》溈山章：「師過淨瓶與仰山。山擬接，師卻縮手曰：『是甚麼？』仰曰：『和尚還見個甚麼？』師曰：『若恁麼，何用更就吾覓？』仰曰：『雖然如此，仁義道中與和尚提瓶挈水，亦是本分事。』師乃過淨瓶與仰山。」又法昌遇禪師因喆首座來訪，師問：「山深路僻，何煩訪及？」喆云：「仁義道中，不為分外。」[註3]又

〔註2〕《禪宗大詞典》「世法」條：俗世間萬事萬物，包括道理、原則、方法等。此處指世俗禮法等。
〔註3〕此例引自《聯燈會要》（二十八）。次下兩例皆引自《五燈會元》。

普滿章：「僧問：『如何是不遷義？』師曰：『東生明月，西落金烏。』曰：『非師不委。』師曰：『理當則行。』僧禮拜，師便打。僧曰：『仁義道中，禮拜何咎？』師曰：『來處不明，須行嚴令。』」又保福因尼來參，師曰：「阿誰？」侍者云：「覺師姑。」曰：「既是覺師姑，用來作麼？」尼云：「仁義道中即不無。」

同評

〔巴鼻〕巴，同把，道具之柄也。鼻，同日語「つまみ」，即抓手處、提紐。故「沒巴鼻」，同日語「とらえる処なき」，指沒有提紐，無處可抓手。巴鼻，中國常話也。宗門中一轉用作「衲僧巴鼻」，謂「有本可據」也。

第四則著語

〔落節〕指生意場上的虧本。唐時有諺語云：「買褚得薛不落節。」褚，即褚遂良，唐時善書者。薛，即薛稷，與褚遂良比肩之書法家。故唐諺謂，本想買褚遂良的書法作品，卻得了薛稷的墨跡，雖然事與願違，但並不吃虧。

同評

〔還他師子兒〕還，同日語「わたす」，即交給、給。打敗敵人獲勝者，非常人也，故給他師子兒。又「還我話頭來」，日語譯作：「你が分際で拉致は明くまい。我に其話頭をわたせ，かわって答えてやろ」，意指就憑你是解決不了（事情）的，還是把話頭交給我來說。

〔聱訛〕《祖庭事苑》云：「詨訛。上（聱）正作殽。溷殽，雜也。下（訛），謬也。」《圓悟錄》注：「聱訛，謬戾也。」《中峰廣錄音釋》云：「聱訛，不平易貌。」《從容錄》注云：「淆訛，言不謹也。」諸書注說之不同如上，其中《中峰》《從容》之注不足為論，其緣由如下：考《康熙字典》「聱」字，注有「辭不平易」之語，且引《韓文》「詰屈聱牙」，此即是《中峰錄》之注也。又《字典》「淆」字，注有「言不恭謹也」之語，此即是《從容錄》之注也。上述二錄，皆僅注上一字，甚魯莽。《祖庭事苑》詳作訓，如正翻〔註4〕。《圓悟錄》

〔註4〕唐玄奘就名物翻譯，曾提出「正翻」和「義翻」的概念區分。《四分律行事抄簡正記》詳載其文曰：「就翻譯中，復有二種：一正翻，二義翻。若東西兩土俱有，促呼喚不同，即將此言用翻彼語。如梵語莽茶利迦，此云白蓮華。又如梵語斫芻，此翻為眼等，皆號正翻也。若有一物，西土即有，此土全無。然有一類之物，微似彼物，即將此者用譯彼言，如梵云尼拘律陀樹，此樹西土其形

取大意作注，如義翻。畢竟公案道理難解，用語古怪也。或論云：此解作甚魯莽之評，責罵太過。二錄所注為下之訛字，此甚分明之事，故其所注非上之聲字。其中《中峰錄》注「不平易貌」，亦通二字之意。訛，即訛音，同日語「訛〔なまり〕」，指音不平也，即《從容錄》所注「不妥貼也」。

〔狸能伏豹〕《事文類聚後集》「狸伏師子」條下引《博物志》云：「魏武伐冒頓，經白狼山逢師子，使格之（殺）。見一物從林出，如狸，上帝車軌上。師子將至，便跳上師子頭。師子伏不敢起，遂殺之，得師子還。至四十里，雞犬皆無鳴吠。」由此可知乃師子也。同為猛獸，故應能謂作豹。《祖庭事苑》之解〔註5〕不可取。

第五則著語

〔自領出去〕方語云：「是誰不會？」又如前述所注「あたらぬ」，即不必，用不著。睦州則：「放汝三十棒，自領出去。」又「擔枷陳狀，自領出去。」並考之，則領，即「一狀領過」之「領」，同日語「罪を背負う〔つみ せお〕」，即擔罪。然從此為《碧巖錄》著語來看，此意指事情與他人無關，正因為是你自己的事，故謂自領出去。換言之，此則承雪峰云「漆桶不會」，而漆桶說得正是你自己，所以才說自領出去。第六則頌曰：「動著三十棒」。第十則頌曰：「俱成瞎漢」。以上兩則其下著語皆此意也。或論云：自領出去，釋作「罪を背負う〔つみ せお〕」，不妥也。《水滸傳》第三回，魯達打死鄭屠逃走後，州衙府尹審訊鄭屠家鄰佑人處有語曰：「仰著本地方官人並坊廂里正再三檢驗已了，鄭屠家自備棺木盛殮，寄在寺院，原告人保領回家，鄰佑杖斷有失救應云云。」此處「保」字，同日語「請合い〔うけ あ〕」，即保證。領，同日語「連れる〔つ〕」，即帶、帶領。涉事者，由地方官吏作保領回家去。無關者，無需保人，自己領自己回家去。當然，「保領出去」幾字用處不限於此，小說中但凡有官府通告處必有此語。《大慧武庫》烏龍長老訪濟州，論泗州大聖生緣，乞大慧斷公案。大慧作裁判，斷

絕大，能陰五百乘車，其子如油麻四分之一。此間雖無其樹，然柳樹稍似，故以翻之。又如三衣翻臥具等並是云云。」由此可知，正翻，即如今的「完全對譯法」，或稱作「直譯」，因其物是中外共有之物，僅名稱不同，故可用本國語直接替換目的語，而不必音譯。而義翻，則是說其物在本國沒有，但有一物與其相似，故可權且替代，相當於如今的「部分對譯法」。這兩種譯法，皆為意譯，而非音譯。

〔註5〕《祖庭事苑》：「伏豹，當作伏伽，於教切，狼戾也。見《遠浮山錄》。」

曰：我有六十棒，將三十棒打濟州，三十棒打大聖，烏龍教自領出去。原來大聖不合道姓何，濟州不合道大聖決定姓何，烏龍絲毫不知其中賊意，終歸無計可施，故判自領出去也。

同評

〔匹上不足，匹下有餘〕〔註6〕匹，比也。與上等相比雖不足，但與下等相比還有餘。只普通常話也。《鐵壁雲片》〔註7〕解作「似如謎字也」，可捧腹。或論云：此解合理。然「匹」字，畢竟與「衣」（きぬ）有關，即衣服、布帛，故日本古諺有云：「帶にゃ短（みじか）し、襷（たすき）にゃ長（なが）し」，直譯為「用來作和服腰帶的話太長，但用來作束袖帶的話又太短了」，與此語意甚相當。

〔圈繢〕《祖庭事苑》云：「圈，屈木也。」此為本義，然字有轉用。僅以本義難解其後之轉用，故今詳舉並考兩者。《玉篇》「棬」字注「屈木盂也」。日本套匣食籠等，即是曲木製成之器，與此相類。就物而言，同柄杓、砂糖桶等之類。《孟子》：「順杞柳為桮棬」〔註8〕，故「棬」字從木，又作圈，古文寫作〇，此依象形而製之字也。由此轉意，將物之沿環形移動和環繞包圍謂作圈。蓄養野獸之檻欄亦謂作圈。因此，又轉指物之格式、固定做法、規矩，猶被制約，謂之「圈套」。又轉指在某事上，中了他人設下的詭計，謂之「落圈套」。宗門所謂圈繢，有定格（規矩）和詭計二義。若能看透雪峰設下的圈繢，才能看見雪峰的用處也。繢注：「畫也」，畫線占場地之意也。或論云：此解合理。小說中二人比試時，相互間會一圈一圈繞著場地走動，故自然就產生了圈繢。其中一方收手時，隨時可跳出圈外。此常有描述也。

〔註6〕《諸錄俗語解》「匹上不足，匹下有餘」條：《禪善集》（九，二）並《唐話纂要》（三，十一）：「匹，通作比。」《唐話》注：「比上不足，比下有餘。」比，校也、並也，日語「比（くら）べる」「並（なら）ぶ」。因「比」字與「匹」字意同，二字皆為唇音，故「匹」或為「比」字轉音。《五雜俎》（七，十七）：「上比山陰則不足，下視元和則有餘。」

〔註7〕作者為日本江戶中期華嚴宗學僧鳳潭。鳳潭（1654～1738），又作芳潭，俗姓喜多，法名僧濬，號幻虎道人、華嶺山人、華嶺道人。十六歲於比叡山出家，曾學禪於黃檗宗鐵眼道光，助力鐵眼翻刻《一切經》，亦曾在長崎研學外典。後於京阪地區研究諸宗，立志復興華嚴學。1704年，鳳潭下江戶，在大聖道場一邊講授華嚴，一般著書立說，並與各宗學僧交流。1723年在京都松尾建大華嚴寺。鳳潭一生著作極多，有《華嚴五教章匡真抄》十卷、《俱舍論冠注》十四卷、《因明論疏瑞源記》八卷等達六十三部二百三十三卷。《鐵壁雲片》，係鳳潭關於禪學論述之作。

〔註8〕《孟子・告子上》：「子能順杞柳之性而以為桮棬乎？」

〔郎當〕《俗呼小錄》云：「人之頹敗及身病摧靡者曰『郎當』。」近年京都人之老態、疲態，真可謂「よぼける」，即因年老而步履蹣跚，老態龍鐘。此日語雖為鄙語，與「郎當」義甚契合，應作「郎當」之對譯語也。

第七則著語

〔就身打劫〕指套近乎來到某人身旁，奪取其懷中財物之事也。打劫，日語訓作「打ㇾ劫ヲ」不妥，應訓作「打劫ス」。打和劫，皆奪、盜之義也。《水滸傳》等作有「打家劫舍」之語。雲門「就身處打出」，亦同意也。又說「賊不打貧兒家」。或論云：此解作「奪取其懷中財物」不妥。就身，指強行剗取，就算是身上貼身穿的兜襠布也一併奪走，並不限於懷中之物。

同評

〔不憤〕杜詩[註9]：「不分桃花紅勝錦」，注解云：「不分，即不忿也，正是忿意。公善以方言俚諺點化入詩句中。」「忿」字以下無用，重在「不」字。俗語中謂十分熱為「好不熱」，十分冷為「好不冷」，「好不大丈夫」亦屬同例。不憤，即謂「好不憤」之意也。省略「如」字。所謂不憤，唯憤而已也。或論云：同「不憤」之例，俗語中帶「不」字者，如《水滸裝》第四十八回：「花榮便拈弓搭箭，縱馬向前，只一箭，不端不正，把那碗燈射將下來。」此句中之「不端不正」，即指正好射中之事。除此之外，亦有多例。

第八則

〔作賊人心虛〕古來訓作「賊ト作ル人心イツワル」。虛字，既非虛偽義，亦非虛無義，乃虛怯義也。所謂「虛怯」，俗謂「臆病」也，即膽怯，怯懦。臆病者，平日但凡做惡事，內心總感到不安，並且對事對物從內心感到畏懼，此即是「賊ヲ作ス人心虛ス」也。此語小說等書中多見。今引一兩則為證。《醒世恆言》：「自古道：『賊人心虛。』那趙昂因有舊事在心上，嚇得魂魄俱無云云。」又「俗語道得好：『賊人心虛。』他做了這般勾當，恐看出破綻云云。」就上下語勢，應推知其意。以此義來看著語，《圓悟錄》亦能通也。評曰：「人多錯會道。白日青天說無向當話，無事生事。先自說過，免得別人點檢他，且喜沒交涉云云。保福云：『作賊人心虛，只因此語，惹得適

〔註9〕即杜甫《送路六侍御入朝》。

來說許多情解〔註10〕。』」此意指，翠巖一夏間不守本分，被人落草談，故內心感到不安，一想到若碰到有人點檢自己，不知該如何處置，故先自懺悔，驚嘆眉毛也。由此保福云：「作賊人心虛也。」此說情解，即圓悟呵責所在。雖為情解，字義是明，由此應知。中國人即便情解有偏，然從無誤解字義之事也。

同評

〔潦倒〕此反切語也。潦倒，切老也。然潦倒有二義。其一蘊藉貌，其二老羸貌。今此頌從次句「抑揚難得」來看，指蘊藉貌也。《瑯邪代醉編》云：「魏天寶已後，重吏事，謂容止蘊藉為潦倒。宋武帝舉行止，以劉穆之為節度，此非蘊（借）潦倒之士耶？而後世以潦倒為不偶之辭，誤矣。」或論云：此解有二義，存疑。此二字非俗語，故字書應有注。然字書只有蘊藉貌，而不見老羸貌之注。仔細分析蘊藉義的話，其中自然有老之義也。《前漢書·薛廣德傳》：「為人溫雅有蘊藉」，注「蘊藉」為「寬博有餘也」。寬博有餘，同日語「しゃっきりとなき」，即「よろよろとするもの」，指身體不挺拔、背不筆挺，步履蹣跚、走路踉踉蹌蹌。步履蹣跚者，即老者之態也。或用於指心態老化。若真有此意，則通蘊藉之注。《魏書·崔膽傳》亦有語曰：「魏天保後，重吏事，謂容止蘊藉者為潦倒。」據此來看，潦倒，日語應釋作「ゆたゆた」「たよたよ」，即晃晃悠悠、無精打采、軟弱無力。「頂天立地的好漢」，不會無精打采。故說「潦倒保福」有老態之心也。又作老倒。《枯崖漫錄》妙峰善禪師頌云：「鼻繩掣斷已多時〔註11〕，老倒松楸澗水〔註12〕邊云云。」

第九則著語

〔見成公案〕見，同現。現成，按「現今成就」之義，日語釋作「只今できあがってある」，指現在完成了的、成品。現成做好的飯，稱作「見成飯」。今此著語意為，趙州東西南北四門，簡直就是現成的公案也，無需其他指示安排。「見成公案，放汝三十棒」皆同此義。然抄中謂「見成」為「境」，「公案」

〔註10〕《禪宗大詞典》「情解」條：「情識知解」。又「作情解」條：「憑通常情理去認識和解釋禪法。」
〔註11〕《枯崖漫錄》「時」字作「年」字。
〔註12〕《枯崖漫錄》「水」字作「草」字。

為「人」，實乃莫名其妙之說也。

第十則垂示

〔有條攀條，有令攀令〕〔註13〕官府律文中有條令之別。《居家必用》
云：「條，一律相比也。例，以此類攀引決事也。」

同本則

〔惹得〕引惹連用，意同日語「ひく」，即招惹。此和訓誤也。六祖偈曰：
「惹塵埃」〔註14〕。唐詩有語「惹御燈香」〔註15〕，此類「惹」，意思皆同「物
のからまりとまる」，即物之糾纏、附著。或論云：此解謂和訓「ひく」有誤，
可疑也。《增韻》注「引」為「著也」。《水滸傳》第四十五回曰：「我的老公不
是好惹得的。」此句中的「不是好惹的」，日語譯作「ひきだせる相手はない」，
即不好招惹。其外，小說中亦有「他是個大蟲，不是好惹的」等等。此句中的
「不是好惹的」，日語譯作「そびかれる者ではない」，即不能逗弄、不能招惹。
總而言之，惹得，指惹怒、激怒、挑撥原本安分之物（人）意也。所謂「惹動淫
心」，亦指於無念處入眼美麗之物，淫心隨之而起。即美麗誘發淫心也。因此，
釋作「からまりとまる」，即物之糾纏、附著，可疑也。

第十二則評

〔貼秤〕貼，同日語「秤にかけ増す」，即用秤稱重時多加重量，故曰
「賤賣」。引《五燈會元》（十八）為證。宗顯禪師上堂，舉中邑仰山獼猴猩猩
云：「諸人要見二老麼？我也與你說個譬喻。中邑大似個金師，仰山將一塊金
來，使金師酬價，金師亦盡價相酬。臨成交易，賣金底更與貼秤。金師雖然
暗喜，心中未免偷疑，何故？若非細作，定是賊贓。便下座。」又貼銀，同
日語「つり銀」，指比用秤稱過的重量還要重的銀子。

同頌評

〔都盧〕反切語也。都盧之反為都也。盧字無意。如「盡大地都盧」等，

〔註13〕 《碧巖集方語解》刊本和寫本引文與《碧巖錄》原文有出入，《碧巖錄》作「有
條攀條，無條攀令」，或抄寫有誤。

〔註14〕 《壇經》：「菩提本無樹，明鏡亦非臺。本來無一物，何處惹塵埃？」

〔註15〕 〔唐〕薛昭蘊《小重山·秋到長門秋草黃》：「至今猶惹御爐香」。此處「燈」
字，當改作「爐」字。

盡大地，同日語「すべて」，即所有。舊抄引用外國名作解，誤也。

〔敲關擊節〕關脈骨節也。比喻身體要害連接處、關鍵部位關節。雖說敲，但非指關門之敲。又打拍子，謂之「擊節」也。然非今意。或論云：此解作身體要害連接處、關鍵部位關節，合理也。然其用法亦可見用於關鍵處，如《水滸傳》中謂行賄為「打關節」。

第十四則著語

〔老鼠咬生薑〕《寄園寄所寄》曰：「黃謙工部主事。會試時過書肆，有《菊坡叢話》四冊，持閱之。傍一人從公借閱，視其貌寢甚，調之曰：『老鼠拖生薑。』譏其無用也。其人微笑，私問公姓名。後與公同第，官刑部。會公以貪緣事發，參送法司。其人坐公受賄削籍。過司日，大聲曰：『老鼠拖生薑！』公始悟結怨之由。」

第十五則著語

〔平出〕《五燈會元》曰：「十一祖富那夜奢尊者，華氏國人也云云。馬鳴大士迎而作禮，問曰：『我欲識佛，何者即是？』祖曰：『汝欲識佛，不識者是。』曰：『佛既不識，焉知是乎？』祖曰：『既不識佛，焉知不是。』曰：『此是鋸義。』祖曰：『彼是木義。』祖問：『鋸義者何？』曰：『與師平出。』馬鳴卻問：『木義者何？』祖曰：『汝被我解。』馬鳴豁然省悟。」據此語則「平出」義明了也。更有引他書之說謂其為「不及也」，諸抄皆作鶻突解也，不足為敘。

同頌評

〔七事隨身〕原指武藝中七事名目之假設，猶洞下十八般，擬作武藝十八般。然《教乘法數》〔註16〕中，七事指三衣、一缽、香合、拂子、尼子〔註17〕壇、紙被、浴具。此外，柱杖、禪板、如意、淨瓶類為非隨身具，且這般閒具於法戰場中無甚用。又《宗門玄鑒》臨濟七事為：殺人刀、活人劍、腳踏實地、探竿影草、向上關棙子、格外說話、衲僧巴鼻。殺人、活人，應是金剛

〔註16〕在《禪學俗語解》與《諸錄俗語解》的同詞條中，皆謂此句典出《諸乘法數》。《諸乘法數》：以華嚴宗為主，集大小乘諸經之法數名目，並註明出處。《教乘法數》：以天台宗之觀點，集佛教經典乃至諸子百家中有關法數者。二書傳入日本時間相近，從出典選擇上似能看出作者對宗派的態度。
〔註17〕《教乘法數》「子」字作「師」字。

王寶劍也。腳踏實地，應是踞地獅子也。這般戲談，真慚惶殺人，可笑。今所謂圓悟七事，不是其他，即下文所出七句是也。但本文脫一句，故予今補於此。曰：「一高者抑之；二下者舉之；三有餘者奪之今補；四不足者與之；五在孤峰者，救令入荒草；六落荒草者，救令處孤峰；七你若入鑊湯爐炭，我也入鑊湯爐炭。」已上是也。或論云：此解作武藝中七事名目之假設，足矣。將「高者抑之」等突然解作七事，不妥也。若原本有完整七事則無不妥，然缺一事而後補之則存疑也。

〔籠頭角駄〕籠，與鞴音通，《龐居士偈》云：「觜上著鞴頭，口中著鐵片。」《字典》云：「鞴頭，馬被具也。」鞴，同日語「羈」^{おもがい}。角駄，《祖庭事苑》云：「角駄，冐重也，謂驢馬負物也。」由此看來，「角」字義不明。按，角指打包行李。查清朝商稅則例，有「紙箚類：黃正阡紙，每擔八角乙分二釐。塊中紙，每擔四角四釐」等語。擔，同「扁擔」之「擔」，日語俗謂「一荷」^{いっか}，即成對的行李。角，同日語「つつみ」，即包、包裹、包袱。「擔」字以下銀目，乃稅也。由此看來，今日本所謂唐紙一梱，即一角也。「角」之使用範圍不限於紙類，所有行李皆謂「角」。《開卷一笑》曰：「司馬文正公薨，時程正叔以臆說殮之，如封角狀。蘇東坡嫉其怪妄，因怒詆曰：『此豈信物一角，附上閻羅大王者耶？』」中國人臥棺，故司馬文正死後，程子將他收歛入棺，其狀貌如行李包。非《方語集》一山所云「牛角上用物絆」也。

第十六則頌、著語

〔八棒對十三〕八棒，宗門常談名目也。十三，古來不知其解。予按，中國有笞、杖、徒、流、死之五刑。笞杖二刑，執行時以棍棒打犯人。根據犯人所犯罪之輕重，來定板數之多少。昔笞數十三為最輕刑，故中國人常言笞刑打十三。由此一來，所謂「八棒對十三」，言佛法與王法無異也。按此意，宗門懲戒學人，亦與官府刑法相同。《瑯邪代醉編》(三十六)曰：「今人戲言打十三不知其所謂。偶得一書，言古人笞法十三為最輕者，此言似矣云云。李獻臣好為雅言。知鄭州，時孫次公為陝曹，罷，赴闕，先遣一使臣入京。所遣乃獻臣故吏，到鄭庭參。獻臣甚喜，欲令左右延飯，乃問之曰：『餐來未？』使臣誤意「餐」者謂次公也，遽對曰：『離長安日，都運已治裝。』獻臣曰：『不問孫待制，官人餐來未？』其人慚沮而言曰：『不敢仰昧，為三

司軍將日，曾喫卻十三。』蓋鄙語謂遭杖為餐。獻臣掩口曰：『官人誤也。問曾與不曾餐飯，欲奉留一食耳。』觀此，則十三信笞數也。」然至後世，笞數亦有改革，而非十三。且八棒雖為法中語，「八棒十三」遂成古諺，代稱輕罪。《醒世恆言》周勝仙話：那後生對著娘道：「今日曹門裡周大郎女兒死了，約莫有三五千貫房奩，都安在棺材裡，如何不去取之？」那做娘的道：「這個事卻不是耍的事。又不是八棒十三的罪過。」又按，宗門亦說八棒，與說二十棒、三十棒等意思相同。但只言個大概，未必如刑法是個確數，然《禪家龜鑑》《宗門玄鑒》等書為八棒立名目，此比附之說也。或論云：此解稍難，且「對」字似不穩，但釋作日語「なにとなく、すぐにして」，即自然地、馬上，可然也。

第十八則評

　　〔胡盧胡盧〕（註18）諸抄作「鈴聲也」。然胡盧，唐音「ウロウ」，不似鈴聲。唐明皇自蜀地還幸時，車上鈴聲「三郎郎當（サンランランタン）」作響，此「三郎郎當」與鈴聲甚相仿也。胡盧，原是笑話他人言語無邏輯、說話沒道理，同日語「わけ、文道のなきを云い笑うこと」。之所以如此說，其原因在於笑聲本身是無邏輯、沒道理的。今此無縫塔之貌，若奇怪之物也。四面珍珠瑪瑙，四面菩薩觀音，中間有個旛子被風吹著胡亂作響，直道「胡盧胡盧」。由此看來，著實有趣。諸抄釋作日語「コロコロと鳴る」，即嘰里咕嚕之響聲，此解未抓住唐音也，甚俗意。或論云：此解不足憑信。胡盧、胡亂、葫蘆，俗音相近，故皆指胡亂之事也，此說應辯。「胡盧提過去」，同日語「吟味すべきをせずにおく」，即糊弄，指本該小心處理之事卻馬虎應付。今此胡盧胡盧，亦是旛腳鈴「ウフロウ」「ウフロウ」作響之音也。

同頌評

　　〔頌官家〕中國泛稱所有人為「官」，如旅人稱「客官」，他人之子稱「小官」，圍觀者稱「看官」之類。此頌管家，亦只是泛稱作頌者之詞也。**或論云**：此解難含全體。官家，天子也。蔡邕《獨斷》曰：「百家〔註19〕小吏，稱天子曰天家，又曰官家。」《廣記》：「五帝官天下，三王家天下。」今此

〔註18〕「盧」，明治十六年刊本作「爐」，明和八年刊本和寬正十二年寫本為「盧」。查《碧巖錄》原文，當作「盧」。

〔註19〕《方語解》寫本與刊本皆作「家」字。然《獨斷》原文為「官」字。

評曰語亦可訓作「中二有ト黃金ヲ充ル一國二頌スル二官家ヲ」。「又有底道：『湘是湘州之南，潭是潭州之北，中有黃金充一國。』頌官家眨眼顧視云：『這個是無縫塔。』」此頌官家，即頌肅宗天子也。故將頌官家解作泛稱作頌者，誤也。

第二十則

〔過禪版〔註20〕來〕《通雅》云：「辰州人謂以物予人曰過」，此語有自。按，《唐詩紀事》之元積《自述》〔註21〕曰：「延英引對碧衣郎，江研〔註22〕宣毫各別床。天子下簾親考試，宮人手裡過茶湯。」此「過」，予意。

同評

〔土宿臨頭〕日語訓作「頭ニ臨ム」，非也。頭，同「池頭」「前頭」之「頭」，同日語「辺（ほとり）」，即旁邊、畔、邊，故應譯作「土宿臨頭」〔註23〕。諺語有云：「太歲頭上動土」，此「頭」亦同意也。或論云：此解不妥，果然還是應訓作「臨レ頭ニ」。

第二十一則著語

〔幽州猶自可〕舊抄解作晚宋金虜之難，此附會之說也。若是此解，則洞山語中「幽州猶自可，最苦是新羅」又該作何解？「幽州猶自可」之句，意同「前頭猶似可，末後更愁人」也，解釋時不應拘於地名。如「依稀越國」「仿佛揚州」等例，指常有之事也。

第二十二則頌、著語

〔罪不重科〕原官府法律用語也。假如犯人犯兩罪時，判刑以其中之大罪來斷，小罪不咎。科，罪品也。「棱師備不奈何」，指已經以大罪斷了。又「喪生失命有多少」則指舉小罪，故此二句即對罪不重科之非難也。《傳燈》（三十三）洞山初禪師，僧問非時親覲請師一句。師曰：「到處怎生舉？」曰：

〔註20〕寬政十二年寫本中對「版」字左邊偏旁有改動痕跡，原寫當為「板」字。明治十六年刊本以明和八年刊本為底本，故兩者皆用「版」字。然《碧巖錄》原書作「板」字。
〔註21〕《自述》，一作《王建宮詞》。
〔註22〕訛字，「研」當改作「硯」字。
〔註23〕寫本與刊本原文如此，缺日語訓點。

「據現成舉。」師曰：「放汝三十棒。」曰：「過在什麼處？」師曰：「罪不重科。」此處「現成舉」，即指大罪也。「過在什麼處」，則為小罪也。故云「罪不重科」。或論云：此解分大小罪而論，不妥也。官府在審訊過程中，若已判下梟首裁斷，其後不管犯人再犯何罪皆不會再加罪名。故日語應訓作「罪不┊重ㇾ科一」。

第二十四則評

〔端倪〕《從容錄音義》云：「端倪，猶端的。」依此說，諸抄作「全同端的」。此二字原出自《莊子》，就連中國人亦未曾在古書中學過，不解其義，故作出如上述之注也。「端倪」「端的」，二詞僅上字相同，下字之「倪」「的」，則不應視作一意。且二詞之「端」，字義亦有別也。「端倪」之「端」，僅指邊、邊緣，同日語「端」。「端倪」之「倪」，同崖，日語作「際（きわ）」「辺（ほとり）」，即邊、邊緣。故《字典》中注：「倪，端也」。又《類書纂要》曰：「端倪，猶端緒。」如此一來，則「究端倪」「辨端倪」等詞，皆有「見取其端（はしくれ）而知全貌」（即「窺一斑而知全豹」）之意也。或論云：此解對《從容錄音義》「端倪，猶端的」引自《莊子》之事加以非難，不妥也。予雖無袒護《音義》之意，然能成《音義》作者之人，斷無可能不知「端倪」二字出自《莊子》也。「倪」與「的」二字，字義雖不同，然若將「究端倪」「辨端倪」處改作「辨端的」，意思亦能通也。因此，《音義》才有「猶端的」之注。所謂「猶」，非指「端倪」等同於「端的」，而是指與「端的」相仿。然諸抄作「全同端的」，此諸抄之誤也，不應對《音義》作牽強之責也。

第二十五則評

〔亦還希〕希，日語訓作「稀（まれ）」，即稀少，罕見，此說非也。此「希」字，同《老子》「視之不見曰夷，聽之不聞曰希」之「希」。「誰當機舉不賺」，儼然是不見，即指不及見聞，亦還希也。此句形容不器之妙也。若作「少希」之意，則句意不通。

第三十則評

〔傍瞥〕傍注：「旁邊。」瞥注：「過目也。」直指之旨，學人難湊泊〔註24〕，

〔註24〕湊泊：契悟。

故旁邊一線道通，瞥然見消息。《會元》（八）泉州鳳凰山從琛洪忍禪師：「僧問：『學人根思遲回，方便門中乞師傍瞥。』師曰：『傍瞥。』曰：『深領師旨，安敢言乎？』師曰：『太多也。』」同「福州廣平玄旨禪師上堂。還有人證明麼？若有人證明，亦免孤負上祖，埋沒後來。若是尋言數句，大藏分明。若是祖宗門下〔註25〕，怪及甚麼處？恁麼道亦是傍瞥之辭。」

第三十二則著語

〔訝郎當〕訝，一作砑，二字音相通。嗟訝二字連用，指心中有不平時所發出之聲也，意思與日本人說完「さても」（同「哎」「哎喲」，有驚嘆、嘆息之意）後的嘆氣相通。今此訝，帶嘲謔之意。郎當，如前所釋。因此，訝郎當，日語可譯作「でもよぼけたり」，意同「哎，老了。」第十六則評曰：「若是個漢，或殺或活，舉著便用，這個僧砑郎當，卻道收得。」又《擊節》〔註26〕云：「興化自白椎曰：『克賓維那〔註27〕，法戰不勝，不得喫飯。即便趕出，這漢訝郎當地。』」以上例句皆相通也。諸抄引「牙郎」〔註28〕或「砑石」〔註29〕作解，迂回可笑。

第三十三則評

〔圈䯏〕反切語也。反切語有兩種。一種如「唧嗭切秀」「忒煞切太」「潦倒切老」之類。一種如「團欒切團」「都盧切都」「圈䯏切圈」之類。後者皆以上一字作字義，下一字如接尾字。因此，「圈䯏」只取「圈」字義，「䯏」字無意，即指圓相、圓圈也。然謂圈䯏為釣大魚時所用之轆軸，此說不足憑信，妄說也。今頌意指，釣伶俐衲僧時用此圓相作餌也。由此《從容錄》鹽官犀牛話頌曰：「扇子破索犀牛，圈䯏中字有來由云云。」此為資福畫一圓相，於中書一「牛」字之頌也，非指僅用圓相來釣也。故可知轆軸之說為妄論，此明了也。**或論云**：此解作反切語，存疑。理解了圈䯏之意後而視其作圓相本身，即將圈䯏直接視作圓相不妥也。若直接視作圓相，則可視作釣鼇時所

〔註25〕 「下」，《會元》原文作「中」字。
〔註26〕 即圓悟克勤《佛果擊節錄》。
〔註27〕 《禪宗大詞典》「維那」條：「禪院中的職事僧，主持法事儀式，管理僧眾紀律等。」
〔註28〕 牙郎：同日語「牙儈」，即以介紹人口買賣為業的婦女。
〔註29〕 砑石：同日語「みがき」，即磨石。

下之一圓相也。因此，上一句之「中」字不合常理。其原因在於，圈，釣也。《說文》：「凡拘牽連繫者皆曰攣。」故攣，同日語「釣針の索」，即魚鉤繩。《韓文》中亦有「元和聖德詩」曰：「解脫攣索」。故圈攣即鉤索是也。由此一來，「圈攣」與「釣鼇」二字相合也。僅「圈」一字，則與「釣鼇」二字不相合也。將「圈攣」之意視作圓相，是據實際所作之解也。「圈攣中字有來由」，在這個意思上亦應相通也。

第三十四則頌評

〔工夫〕取「工巧士夫」之義，原指工匠做工。同日語「手間」，即做事所費的精力和時間。又同日語「暇」，即做事所費的時間，因而此則亦應視作「我豈有工夫為俗人拭涕！」又第四十七則頌「一二三四五六」，著語「費許多工夫作什麼？」皆同此意也。之所以將提撕公案稱作「工夫」，亦是因為此事需學人耗費時間和精力完成。然若認為工夫僅僅只是思考之事，則非也。又近來有書名《籌海圖編》，其中載日語「一孫獬水」四字，旁訓「いそがし（即忙碌）」，其譯語用中文注「無工夫」，同時日語訓作「暇無し」，即沒有空閒時間。

第三十八則

〔澄巨浸〕巨浸，海也。明吳明卿詩〔註30〕曰：「天連巨浸疑相蕩」。王元美〔註31〕文：「江南脂膏之地，匯為巨浸。」即是也。澄，一本作沈，音相通，故通用。《書經集注・序》「蔡沈」下注：「沈，音澄。」故應視二字同音。諸抄將「澄巨浸」謂作「清淨大海」，或說「能釣到大魚之海乃澄清之海也」，或云「由『沈』字知巨浸為餌也」，解說種種，皆不分明也。今按，正解應作「沈」字。沈，釣具也。邵康節《漁樵問答》曰：「樵者問漁者曰：『子以何道而得魚？』曰：『吾以六物具而得魚。』請問其方。漁者曰：『六物者，竿也、綸也、浮也、沈也、釣也、餌也。一不具，則魚不可

〔註30〕即吳國倫《八月十八日浙江樓觀潮》。吳國倫（1524～1593），字明卿，號川樓、惟楚山人、南嶽山人，武昌府（今湖北）人。明中期文學流派「後七子」重要成員。

〔註31〕即王世貞（1526～1590），字元美，號鳳洲，又號弇州山人，江蘇府太倉州（今江蘇省太倉市）人。明代文學家、史學家。王世貞與李攀龍、徐中行、梁有譽、宗臣、謝榛、吳國倫合稱「後七子」。著有《弇州山人四部稿》《弇州堂別集》等。

得矣。』由此可知,「沈巨浸」,日語應訓作「沈^ン巨浸^ム」。或論云:「澄巨浸」之「浸」,漬也、涵也。浸在水中的巨物是什麼?十二頭水牯牛也,即釣餌也。澄,與沈音同。沈,《韻會》注:「投物水中也」。因此,日語應訓作「沈^ヅ巨浸^ム」。

〔蛙步〕《祖庭事苑》注「蛙」為「洼」,引「渥洼之馬」作解。《從容錄》駁之曰:「此說迂回。《風穴眾吼集》:『明作蛙步,不見。』雪竇頌犀牛扇話了,復云:『若要清風再振,頭角重生,請禪容下轉語。』乃云:『扇子既破,還我犀牛兒來。』時有僧出曰:『大眾參堂去。』竇喝云:『拋鉤釣鯤鯨,釣得個蝦蟆。』以此兩句對風穴上下兩句,蛙字無疑也。」此說合理明白也。然予適閱《瑯邪代醉編》,其文有語曰:「巴蜀謂下馬曰蝦蟆,見《兩京記》。」故《祖庭事苑》之說亦果有據也。依此來看,難以一概而論。或論云:巴蜀謂下馬曰蝦蟆,指的是字音也。下馬,唐音「<u>ヤア(去聲)マア(上聲)</u>」。又鄉音亦作「<u>ヒャア マア</u>」。蝦蟆,唐音「<u>ヒャア(平)マア(平)</u>」。蜀乃邊地,混四聲,故謂蝦蟆也。若按字義作解,則應採《從容錄》之說。

〔炒鬧〕《類書纂要》云:「爭,鬧也。鬧,不靜也。」同日語「やかましく」「さわぎたつる」,即嘈雜、喧鬧、(大聲)叫嚷。按「炒鬧」與「熱鬧」意同,故「炒」字可從火。抄中「炒」字當作吵,非也。「炒鬧來」,日語訓作「おめいてかかる」,即大聲嚷嚷著過來。或論云:此解將「炒鬧來」日語訓作「おめいてかかる」,不妥也。雖說「炒鬧」是對上句「攙旗奪鼓」所作之解,然不相宜也。風穴的「攙旗奪鼓」,抑制了圓悟的炒鬧。《叢林盛事》亦有「佛心才禪師到處吵人叢林」之語。此指讓叢林熱鬧起來之意。

第三十九著語

〔兩采一賽〕古來解作雙陸,誠是也。然《臨濟錄撮要》解作「賽神綵幡」,恐附會之說。前丹霞《弄珠吟》中已有「夜裡暗雙陸,賽彩若為生」之語也。

同頌評

〔相席打令〕古來說法種種。一說云:舞者視宴席上的入座情況而作舞。又一說云:宴席主人視座席數來判斷出席賓客人數,據此備置酒食。又一說云:根據客人的尊卑貴賤來下令安排座位順序。今按,上述說法中舞者之說可也,其餘之說皆為無憑之杜撰。《朱子語類》云:「唐人俗舞謂之『打令』,

其狀者有四：曰招，曰搖，曰送，其一記不盡。蓋招則邀之之意，搖則搖手呼喚之意，送則送酒之意。舊嘗見深村父老為余言，其祖父嘗為之收譜子，曰：『失火失去。』〔註32〕舞時皆裹幞頭，列座飲酒，少刻起舞。」又按，上述《語類》所謂「俗舞狀有四」，此與日本「散樂」（日語「猿樂」）舞者手勢相類。散樂舞者手勢有四種：一「上羽」，二「打ち込み」，三「指す」，四「左右」。《語類》所謂「招」，即「上羽」也。搖，即「左右」也。送，即「指す」也。朱子今忘一狀者，應是「打ち込み」也。由此可推，散樂亦或來源於唐之俗舞。近年來物茂卿〔註33〕謂散樂仿自元雜劇，然不知二者之間有何關聯。或論云：此解引《朱子語類》作俗舞，甚合理。然打令之事，小說中多有，故亦作酒令，不限於舞蹈。如兒輩所玩的「急口令」，即輪流說繞口令也。《臨濟錄》亦有「如俗人打傳口令」之語。又文人學者相聚，則出難度大的口令。《西湖佳話》「南屏醉蹟」云：「昔日蘇東坡與秦少游、黃魯直、佛印四人共飲。東坡行一令，前要一件落地無聲之物，中要兩個古人，後要結詩二句云云。東坡說道：『筆花落地無聲，擡頭見管仲。管仲問鮑叔：「如何不種竹？」鮑叔曰：「只須兩三竿，清風自然足。」』佛印曰：『天花落地無聲，擡頭見寶光。寶光問維摩：「僧行近如何？」維摩曰：「遇客頭如鱉，逢齋項似鵝。」云云。』」此類多有。相席打令，即視席間情況打令也。

第四十一著語

〔看樓打樓〕《不二抄》引《祖庭事苑》，謂樓，正作耬，農具也。耬車，《齊名要術》有出。「耬」與「樓」字形相似，音亦相通，誠如是也。然查諸禪錄，未嘗發現有注「耬」字者，且其意義中亦有難通之處，故難從其說。予閱《五燈會元》，上方日益禪師上堂曰：「拈花微笑，空破面顏。立雪齊腰，翻成轍跡。自此將錯就錯，相簍打簍。遂有五葉芬芳，千燈續燄。」由此例，不僅知正字，意義亦明了也。《康熙字典》云：「簍，《集韻》：『郎候切，音

〔註32〕「失火失去」，《朱子語類》作「兵火失去」，首字之「失」當為「兵」之訛字。《方語解》引《朱子語類》，將「兵火失去」視作譜子名稱。然另據《樂律全書》（十九）載，此句當為「因兵火失去」，即「曰」字為「因」字之訛，句意解作譜子因兵火而失。根據上下文意，《樂律全書》之說合理也。

〔註33〕即荻生徂徠（1666～1728）：名雙松，字茂卿，通稱總右衛門，別號蘐園，日本江戶前中期著名儒學家和哲學家，同時被認為是江戶時代最有影響力的學者之一。主要研究領域是運用儒家的教誨，以維持政府和社會良好的秩序。著有《譯文筌蹄》《論語徵》《辨道》《辨名》等。

樓。』疏目之籠也。」籠，指孔大之籠器也。以此種籠器為樣，另外再編織幾個相似的籠器，此謂相簑打簑也。打，非打擊義，俗謂做某事曰「打」也，同日語「為る」。總之，相簑打簑，指原樣照搬、單純仿效，然又無所成就，與所謂「依樣畫胡蘆」意思相同也。今此則著語之意，指投子對趙州之問，仍舊和往常一樣作出了不痛不癢的回答，即看簑打簑也。抑下之辭也。或論云：看樓打樓，即依樣也。因此樓、簑、穋，皆依樣也。並不一定與物有關。

第四十三則評

〔回互〕《孟子大全》：「吳氏程曰：『回互，委曲掩覆也。』」

〔失曉〕應視作「睡過頭，起床起晚了」。失笑，則有「とりはずす」，即錯過、沒有抓住、失控之意，同「ふと出して笑う」，指不自主地發笑。遺尿失禁，同「夜尿たれる」，即尿失禁、不自主地排尿。失曉，即錯過了天亮時刻。然天桂〔註34〕《報恩篇》解五位時曰：「失曉猶破曉，夜將曙未曉時也。」此說未得其解，牽強之論也。或論云：誠如所述，的確指錯失天明也。《水滸傳》第二回亦出。然不管是睡過頭起晚了，還是醒得早起早了，皆失曉也。

第四十五則頌

〔下載〕《從容錄》注云：「載，運也。」將貨物運到船上，謂「上載」，一作裝載。裝，同日語「物を盛ること」，即將物品盛放在某處。今日本將物品盛放在器具中，亦謂作「裝う」，即「裝載」之「裝」是也。下載，指將貨物從船上卸下。《太平御覽》：「東西風謂上載，西北風謂下載。」此稱呼得名自船運也。圓悟評中「上載」「下載」為比喻，此明了也。《羅湖野錄》云：「五祖演和尚在白雲，掌磨所。一日，端和尚至，語之曰：『有數禪客自廬山來，詰之皆有悟入處。教伊說亦說得有來由，舉因緣向伊亦明得，教下語亦下得，只是未在，你道如何？』演於是大疑，即自計曰：『既悟了，說亦得，明亦得，如何卻未在？』遂參究累日，忽然省悟。從前寶惜，一時放下，厥後嘗曰：『吾因此出一身白汗，便明得下載清風。』雪堂行公有頌發揮之曰：『腦後一椎喪

〔註34〕即天桂傳尊（1648～1735），日本江戶中期曹洞宗僧，紀伊（今日本和歌山縣）人。俗姓大原，別號瞳眠樓、滅宗、老螺蛤等。1677年，嗣法靜居寺五峰海音，後住大雲寺、藏鶯庵、丈六寺等。天桂傳尊一生專注於經典和祖錄的研究與講義。著有《正法眼藏辯注》《驢耳彈琴》《海水一滴》《碧巖集舐犢抄》等。

卻全機，淨倮倮兮絕承當，赤灑灑兮離鉤〔註35〕錐。下載清風付與誰？』」此例亦可並考。

第四十八則著語

〔潑郎潑賴〕潑，原指將水撒到人身上，故俗語將壞蛋（同日語「悪者^{わるもの}」）稱作「潑才」「潑賊」「潑賴」「潑郎」等。賴，同日語「人^{ひと}をねだる」，即纏著、索要，指死氣白賴地要求他人。**或論云**：潑，撒水也。然潑之動作不限於水，花錢大手大腳，亦稱作「撒潑使錢」，同日語「まきちらかす」，即散撒（金錢）、揮霍。此處僅指壞蛋也。

第五十五則頌、著語

〔隨後婁藪〕《前漢・東方朔傳》：「盆下為婁藪。師古注：『婁藪，戴器也。以盆盛物戴於頂者，則以婁數為之，今賣白團餅人所用者是也。』」抄引「婁至佛」〔註36〕作解，甚附會。**或論云**：此解作「戴器也」不妥。婁藪，當作摟搜，音同故寫作婁藪也。《說文》：「摟，攏取也。搜，求也。」按此說則著語意通也。常語有云：「狗走抖擻口，猿愁摟搜頭。」

第五十六則評

〔墜鞭閃鐙〕《從容錄》作「執鞭墜鐙」。《輟耕錄》曰：「學校講說，雖賤夫皂隸、執鞭墜鐙之人，皆令通曉。」由此來看，今《碧巖錄》亦應改作「閃鞭墜鐙」。閃鞭墜鐙，即形容武士騎馬馳騁於野而顯武者風範之辭也。《輟耕錄》中，執鞭墜鐙之人與賤夫、皂隸相連而稱，此非貶低武士也。中國有文官、武官之稱，其職並無大異，武士，不諳文藝者也，故將其置於文盲者之列，而與賤夫、皂隸連稱。「閃鞭」之「閃」，指物之閃爍（同日語「閃^{ひらめ}く」），故有「閃電光」之說。古來詩賦中將使鞭之快，譬作電也，如《揚雄賦》：「奮電鞭，驂雷輜」。又如唐盧照鄰詩：「雷車電作鞭」。所謂「墜鐙」，同日語「鐙^{あぶみ}をさげる」，即懸掛馬鐙。凡墜字物，皆同日語「さげる」，即懸

〔註35〕恐誤字。《羅湖野錄》作「鉤」字。
〔註36〕即樓至佛：一般指韋陀，佛的護法神。又作樓由佛、盧遮佛，譯作愛樂佛、啼哭佛。玄應《音義》：「盧至佛舊言樓至佛，此云可愛樂，最後佛也。」慧琳《一切經音義》：「即此賢劫中第一千佛，劫末後成佛，即今之執金剛神夜。亦名密跡金剛。」

掛。盧行者「以石墜腰」，指將石頭懸掛在腰間。又謂達摩「耳墜金環」，此「墜」同日語「ぶらさげる」，即懸掛。又唐扇上用繩子所繫之勾玉，謂之「扇墜」。因此墜鐙，即懸掛馬鐙也。當然唐鐙與和鐙之形，異也。或論云：此解作形容武士騎馬馳騁於野而顯武者風範之辭，可疑也。果如《輟耕錄》所指，賤業（いやしき業）也。《水滸傳》第十九〔註37〕回：「林沖把王倫首級提在手裏，嚇得那杜選、宋萬、朱貴，都跪下說道：『願隨哥哥執鞭墜鐙。』」此處指願意投降成為手下，甘做馬夫執賤役也。此語其他小說亦多出，皆此意也。今此則著語中，良禪客向欽山手裏左盤右轉，執鞭墜鐙，末後可惜許，弓折箭盡也。

第五十六則著語

〔主山高案山低〕原出《雲門語錄》。中國營造宮城宅邸，皆以其地理位於遠山環拱處為吉，繼之有主山、按山、輔山之稱。群山之中，將位於北面且最為高大雄偉之山，定作主山。位於主山之南且間有隔距之山，其頂如桌案之形，謂之按山。綿延相連接於主山主山左右，呈輔佐之形，此山謂之輔山。在中國所有習俗中，判斷地理吉凶甚為重要。不限在家俗家，叢林亦爾。由司馬頭陀相溈山，魚軍容相香巖壽塔之例應知其意。此處為雲門亦就其目前境致被要求起話頭也。

第六十五則

〔龍生龍子〕日語訓作「龍生╴龍子╴」，非也。應訓作「龍生╱龍子」。同「娘生」字例。「龍生龍子莫因循」，若按第一種訓讀法，則後面的「莫因循」三字屬前面的「龍」。若按第二種訓讀法，則屬「龍子」也。所謂「因循」，同日語「旧きに任せて改めぬ」，即遵循舊習而不改新。宗門尚新機，故謂莫因循也。覺鐵觜謂先師無此話，豈非新機耶？《不二抄》解「因循」作「因緣循環」，非也。或論云：未必與「娘生」同例，理解亦有偏也。總之應臨場作解。

第六十六則著語

〔茅廣漢〕方語云：「疏荒漢，非精細人也。」此僅為語意之注，而非字

〔註37〕卷數有誤，應改作「十八回」。

義之釋也。茅廣，反切語也。故茅廣切莽，亦作謀廣，二者意同。莽，形容曠野之草莽莽然，長勢十分茂盛。故「茅廣」二字有「疏荒」之意也。《擊節》：「舉僧問睦州：『高揖釋迦，不拜彌勒時如何？』著語云：『有恁麼茆廣漢。』」又「臨濟一日示眾云：『我於先師處，三度喫六十棒，如嵩枝拂相似，如今更思一頓棒喫，誰為下手？須得個茆廣漢，大膽出來。』擬議之間，濟便打。」由上述例，應知「茅廣」二字用法。《水滸傳》中將辨慶一類惡僧，稱作「莽和尚」。

第七十五則頌、著語

〔海上明公秀〕此事古來難知，說法種種，不一而定。今按，此指蜃樓也。現於海邊，故曰海上。明公，日輪（太陽）也。猶稱天作天公。秀，同日語「日の差し昇る」，即太陽漸升漸亮，日出也。《文選》陸機〔註38〕《演連珠》：「懸景東秀，則夜光與砆砆匿耀。」此亦指日升而亮也。禪語中亦有「匝地紅輪秀」之句。故所謂「海上明公秀」，意指海上出現蜃樓時，隨著太陽漸升漸亮，蜃氣亦隨之漸漸消失也。又天竺伎樂者，以幻術現城樓之形，此即所謂「乾闥婆城」。幻人相逢，幻術消失。故洞山對石柱曰：「只如海上明公秀，又作麼生？」石柱答云：「幻人相逢，撫掌呵呵。」知音底之句也。《方語集》曰：「古賢也」，此解荒謬，甚捧腹。《華嚴經音義》云：「西域謂諸樂兒亦曰『乾闥婆』，然西域樂兒多為幻伎，幻作城郭，須臾如故，亦即謂龍蜃所現城郭為乾闥婆城。」《智論》云：「日初出時，見城門、樓櫓、宮殿，行人出入。日轉高轉滅，此城但可眼見而無有實，是名『犍闥婆城』。」或論云：此解將明公作日輪（太陽）雖無明據，然誠應如是。雖曰海上，然蜃樓之說卻無證據，可疑也。海上明公秀者，不限蜃樓而已，夜光、砆砆皆匿光，故指夜光、砆砆意亦能通。蜃樓之說，多餘也。

〔註38〕陸機（261～303）：字士衡，吳郡吳縣（今江蘇省蘇州市）人。西晉著名文學家、書法家，詩重藻繪排偶，亦善駢文，被譽為「太康之英」，與其弟陸雲合稱「二陸」，又與顧榮、陸雲並稱「洛陽三俊」。陸機仿揚雄「連珠體」（一種小型假喻說理的駢文），作《演連珠》五十首，思能入巧、推理嚴密、比喻精妙，堪稱連珠體代表作。此外，陸機長於書法，其章草作品《平復帖》是中國古代存世最早的名人書法真跡，也是歷史上第一件流傳有序的法帖墨跡，有「法帖之祖」的美譽，更被評為九大「鎮國之寶」之一。

第八十二則頌、著語

〔阿剌剌〕阿，助詞。剌剌注：「細語不休貌」。細，按仔細義，形容話多、話癆也。《韓文》：「持被入直三省，丁寧顧婢子，語剌剌不能休。」〔註39〕即是也。舊抄云：「剌剌，意同日語『あら，恐ろしや』，即『哎呀，好恐怖。』」此說荒謬。或論云：此解引「剌剌」注「細語不休貌」來證《韓文》，不妥也。細語不休貌之「剌剌」，為七賜切，從束從刀也。今此「阿剌剌」之「剌」，為郎達切，音辣，《韻會》云：「從約束之束，從刀，與『剌』字不同。」阿剌剌，指音，類同日語「ザワザワ」或「バラバラ」「ドロドロ」，即「沙沙簌簌」「嘩啦嘩啦」「隆隆咚咚」等擬聲詞。《水滸傳》第一回：「刮剌剌一聲響亮，那響非同小可。」由以上可知，阿剌剌，日語釋作「すさまじき樣子を形容する」，即形容猛烈、驚人、駭人之貌，與「剌剌」相差甚遠。

第九十二則評

〔綽得〕綽，與捉音通，作逴亦同。俗語小說中多出。《大慧普說》云：「所以道：『妙性圓妙云云。黃面老子三百六十骨節，八萬四千毛竅，一時撒在諸人懷裏了。也還有逴得者麼？若也逴得一生參學事畢。』」又「如今乍入眾底趁得些兒，小子便去誇逞賣弄，要與人爭氣。」上述例子中，「逴」和「趁」，皆捉義也。抄云：「綽，當作趁，超過之謂也，不拘階級，一超直入之義也。」此說附會，可笑。或論云：此解視「綽」「捉」音通，誤也。二字日語發音雖同為「シャク」，然唐音相異也。綽，《廣韻》「昌約切」。《集韻》《韻會》《正韻》皆「尺約切」，此即日語發音「チャ」也。捉，《唐韻》《韻會》《集韻》皆作「側所切」，此即日語發音「チョ」也。概之，綽音「チャ」，捉音「チョ」，故音不通。綽之義，同日語「おっとる」，即急取入手、順勢奪過，又「ちゃくととる」，即快取、快抓，抓義也。《水滸傳》中有「綽了鎗，上了馬」「綽鎗上馬」等語，其他數例，皆同此意也。據此可解《大慧書》意。

〔註39〕語出韓愈《送殷員外序》。

碧巖集方語解大尾

　　〔脫卯〕《虛堂錄》寶林上堂有「地獄門前鬼脫卯」之句，又同錄《龐居士贊》有「大家相脫卯」之語，此「脫卯」，古來難解其義。《龍溪抄》等書解作「糊塗」。按，脫卯，原官府用語也。吏胥差役到官署當差，規定每天早上六時（卯時）開始辦公，屆時需在官衙官員面前的簽到簿上簽上自己姓名，此謂「畫卯」。官員按簽到簿一一點檢姓名，此謂「點卯」。所謂「脫卯」，即當日檢查時被官員漏點名字。由此轉指因自己疏忽而導致失敗之事，即舛錯。由此，下文「鬼脫卯」用原原本本的正義，指閻王點檢時被漏點名籍。「相脫卯」，用轉義，同日語「粗相」「仕落」，即疏忽、舛錯。《水滸傳》第四十五回云：「次日五更，楊雄起來，自去畫卯，承應官府。」又第三十九回云：「吳學究道：『是我一時只顧其前，不顧其後，有個老大脫卯。』」

　　〔呼風嘯指〕《虛堂錄》解夏小參云：「呼風嘯指，傍若無人，不屬王化。」《龍溪抄》云：「後漢趙炳〔註1〕嘗臨水從船人乞渡，船人不許，炳乃張蓋坐其中。長嘯呼風，亂流而渡。」今按，此注誤也。憑趙炳之本事，僅「呼風嘯」三字足矣。然「指」字缺解，何況下句「傍若無人」等語，又該作何解乎？故世之禪師亦不以此注為旨。「呼風嘯指」，古來視作《虛堂錄》中一大難解也。原來「嘯指」二字，出自《禮記》，內則云：「男子入室，不嘯不指。」即是此二字也。鄭注：「嘯，讀為叱。」故「嘯」字，非日語「嘯く」，即佯裝不知之意也。因此說趙炳嘯指，誤也。然則「呼風」二字，亦非訓作「風ヲ

〔註1〕趙炳（生卒年不詳）：字公阿，浙江東陽人，東漢術士，會禁咒術。後因章安令厭惡他眩惑百姓，將其殺害。

呼ヲ」（即呼喚風、喚來風），而應訓作「風ニ呼バル」（即順風大呼），指在高處大聲呼叫，此即《禮記》所謂「城上不呼」之意也。由此一來，此四字謂衲僧不拘禮法，形容其傲慢無禮也。故其後才接「傍若無人，不屬王化」之語。或論云：此處對「呼風」二字所作之解，誠如是也。「嘯指」二字，以《禮記》作解則不妥。此四字原是綠林中強賊之語，难解其內規，故有「不屬王化」之評。此四字為強賊同夥之間所用暗號，以指夾蘆管吹氣作聲也。《水滸傳》等小說中有「胡哨」「唿哨」之語。因此，日語應訓作「呼ヨバイ風ニ嘯ク指ニ」，指將全體比作此上堂強賊，不拘禮法也。

〔龍袖〕《虛堂・淨慈後錄》：「龍袖拂開全體現」。又《正宗贊》汾陽章亦有此語。「龍袖」所謂何物，知者甚少。按，辛文房〔註2〕《唐才子傳》云：「溫庭筠每試，押官韻，燭下未嘗起草，但龍袖憑几，每一韻一吟而已，場中曰『溫八吟』。又謂八叉手成八韻，名『溫八叉』。」據此可知，「龍袖」，指將兩手相對伸入左右兩袖中。語之接續，據此可明也。

〔迷子訣〕《無門關》洞山三頓頌云：「獅子教子迷子訣，擬前跳擲早翻身。」此頌原是《獨眼龍頌》，被無門引用也。諸抄難解「迷子訣」，故皆謂其為「莫名其妙之事」。迷子，謎也，同日語「謎（なぞ）」。迷不僅與謎音相通，原來皆作迷字義也。《文心雕龍》云：「謎也者，回互其辭，使昏迷也。」黏著字也。即《大慧普說》所謂「博謎子」是也。訣，按「秘訣」義，俗所謂「傳授事」也。獅子將獅兒從萬仞懸崖上蹴下，是對獅兒所出之謎題也。

〔紅心〕錄中將作家〔註3〕相見譬作「好手手中呈好手，紅心心裡競紅心。」《會元》玉泉璉傳亦出。對此「紅心」，解者不鮮。所謂「紅心」，同日語「的の星（まとほし）」，即靶心也。中國靶心塗成紅色。心，同日語「真ん中（まなか）」，即正中間。《朱子語類》云：「如人射一般，須是要中紅心。如今直要（中）的，少間猶且不會中的。若要中帖，只會中埃。」又云：「譬如射，雖射中紅心，然在紅心邊側，亦未當。須是正當紅心之中，乃為中也。」此後句之例，即「紅心心裡中紅心」之說也。原取自武藝相競使盡絕招之譬喻也。《水滸傳》中，史進與陳達比武，但見文曰：「好手中間逞好手，紅心裡面奪紅心。」與上文所說無異也。

〔觜盧都〕《正宗贊》風穴章云：「遠村梅樹觜盧都」。又《大慧書》云：

〔註2〕辛文房（生卒年不詳）：字良史，元代西域色目人，曾官省郎，以能詩稱。
〔註3〕《禪宗大詞典》「作家」：機用傑出的禪家高手。

「有一種邪禪，以閉目藏睛、觜盧都地作妄想」有觜盧都義。古來諸說種種，一說「閉口不言也」。又說「主坊たる貌」，即光頭貌。又說「坐守鼻頭貌」。又日語訓作「つれなき」，即冷淡，無情。又說同日語「殘り多い」，即殘餘多，剩餘不少。按，上述第一、第二種說法與本義稍稍接近，其餘皆杜撰之說也，不足為言。《通雅》云：「唐人以觜尖為盧都」，據此可明語義也。

〔胎息〕《圓悟心要》云：「嗟見一流拍盲野狐種族，自不曾夢見祖師，卻妄傳達摩以胎息傳人，謂之傳法救迷情，以至引從上最年高宗師，如安國師、趙州之類皆行此氣云云。」此「胎息」，亦往往多見於其他禪錄。胎息，原是中國道家之術，後誣冒附會為禪門諸祖之術也。日本因無道家，故人皆以胎息為奇術，不詳其事。胎息，養生術也，即《柳文》所謂「服氣」是也。《抱樸子》有詳論，云：「行氣，其大要者，胎息而已。得胎息者，能不以鼻呼吸，如在胞胎中，則道成。初學行氣，鼻中引氣而閉之，陰以心數至一百二十，乃以口微吐之，及引之，皆不欲令已耳聞其有出入之聲，常令入多出少，以鴻毛著鼻口之上，吐氣而鴻毛不動為候。漸自轉增其心數，久可以至千。至千則老者更少，日還一日矣。」

〔堅固交遘〕《楞嚴經》第八卷「十種仙」中云：「堅固交遘而不休息，感應圓成，名精行仙。」長水〔註4〕《義疏》云：「世有採陰採陽之術，名精行。」此「堅固交遘」，亦是中國道士所修養生術也。因未曾傳入日本，故不知其詳，世之講師亦窘於其解，誠如是也。此語出自《悟真篇》〔註5〕，然彼書因「堅固交遘」為道家秘術，故文辭語焉不詳，不明了也。因此讀此語難解其意。即便是聰明能解者，因其事雜穢，說之則污其齒頰。然王元美嘗論此書，讀之可推知其大意。且此書之注，多引佛語，辨其甚唱邪說、惑世人。故今詳載其書。《弇州續稿》「書《悟真篇三注》後」云：「紫陽張平叔作

〔註4〕即子璇（965～1038）：北宋華嚴宗僧，俗姓鄭，號東平，浙江杭州錢塘人（一說秀州嘉興人）。人稱長水大師、楞嚴大師。九歲隨普慧寺契中出家，習誦《楞嚴經》。十二歲受沙彌戒，翌年受具足戒。著作有《楞嚴義疏》二十卷、《金剛般若經纂要科》一卷、《起信論筆削記》二十卷等。

〔註5〕《悟真篇》：〔北宋〕張伯端撰。張伯端（984～1082）：字平叔，號紫陽，後改名用成（誠），浙江天台人。北宋著名高道，敕封「紫陽真人」。張伯端自幼博學，涉獵廣泛，曾長期居台州府城臨海為府吏，後因火燒文書被流放嶺南。至此尋師訪道，修煉內丹，遂成北宋內丹學的集大成者。他主張以內丹為修仙途徑，而以「性命雙修」為其內煉大旨。宋熙寧八年（1075年）著成內丹經典《悟真篇》。《悟真篇》與漢魏伯陽的《周易參同契》並稱「丹經王」，張伯端則被尊為道教（金丹派）的南宗五祖（張伯端、石泰、薛道光、陳楠、白玉蟾）之始祖。

《悟真》詩歌，發明金丹秘旨，中間回互隱伏，雖未易窺測，而其大指不過二端，曰：『身中求者，身外求者。』身外之說與《楞嚴經》十仙所謂『交遘堅固而不休息』意同，不敢遽謂其無，而其事甚鄙，其機甚危，其品甚卑，其效甚難。薛、陸二子〔註6〕之注釋，猶顯晦相雜，至於上陽子陳致虛〔註7〕者而無餘蘊，且其辭旨之放浪狂誕、滑稽陋褻，滅天道傷人理而其罪之尤大者，曰『侮聖言』，蓋王法之所不容，而地獄之所精俟者也。其曰：『實而有者，真陰真陽也，同類有情之物也。虛而無者，二八初弦之氣也，有氣而無質。兩者相形，一物生焉。所謂一者，真一之氣凝為一黍之珠。』此其本旨也，然至引《度人經》曰：『元始懸一寶珠，大如黍米，在空玄中。』其侮聖言一也。又曰：『順之則為人，逆之則為仙為佛。』為仙乎猶可，而謂佛由此而成。至云：『苦行雪山六年，達摩面壁嵩少九年。』皆此物也。然則，是二聖人先採丹於女子，而後作此伎倆也。夫佛，不必論達摩者得道已百餘年，謂中州有器可傳，故面壁以示之機而始得二祖。今豈所以語達摩，其侮聖言二也。佛經云：『如露亦如電，謂一切有為之法。』幻且速，不可持也。今以證其功之速而易抑，何舛也？丈六金身釋迦之化身也。今引以喻十六兩，何所取也？其侮聖言三也。靈山會龍子獻珠〔註8〕，真摩尼寶珠〔註9〕也。而引

〔註6〕即薛道光與陸墅。薛道光（1078～1191），名式，又名薛道原，字太源，北宋閬州（今四川閬中）人，一說陝西雞足山人，北宋內丹名家。薛道光本僧人，法名紫賢，人稱毗陵禪師。後遇張伯端兩大弟子之一，即石泰，傳以道法，遂棄僧從道，成石泰嫡傳弟子，為道教南宗第三代傳人，道教尊稱「紫賢真人」，南五祖之三。主要著作有《丹髓歌》《還丹復命篇》《悟真篇注》等。陸墅（生卒年不詳）：字子野，或為宋末元初人，南派陰陽丹法傳人。著有《悟真篇注》，但單行本已佚，其內容保存在《紫陽真人悟真篇三注》中。

〔註7〕陳致虛（1290～不詳）：字觀吾，號上陽子，江右廬陵（今江西吉安）人，元代著名內丹家。著有《金丹大要》十六卷，《金丹大要圖》一卷，《修煉須知》一卷和《悟真篇注》若干卷。後人將陳致虛所著《悟真篇注》與薛道光（實為翁葆光（生卒年不詳，字淵明，號無名子，張伯端兩大弟子其二））、陸墅注合為一書，稱《紫陽真人悟真篇三注》。

〔註8〕《法華經》（四）載：「龍女有一寶珠，價直三千大千世界，持以上佛，佛即受之。龍女謂智積菩薩、尊者舍利弗言：『我獻寶珠，世尊納受，是事疾不？』答言：『甚疾。』女言：『以汝神力，觀我成佛，復速於此。』當時眾會，皆見龍女忽然之間變成男子，具菩薩行，即往南方無垢世界，坐寶蓮華，成等正覺，三十二相，八十種好，普為十方一切眾生演說妙法。」

〔註9〕摩尼寶珠：又作如意珠、如意寶、無價寶珠。指能如自己意願，而變現出種種珍寶之寶珠。此寶珠尚有除病、去苦等功德。一般用以譬喻法與佛德，及表徵經典之功德。

以為女子之鉛，是龍女於大眾中巿淫於世尊也，其侮聖言四也。要之，道光之罪，在行而致虛之罪，在言道光之背師、致虛之誣佛其揆一也。然而道光有得，致虛無得也。嗟呼，紫陽之旨，愈顯而愈晦，使天下有以悟真為誤真者，三子哉。」

〔流變三疊〕《楞嚴經》第四卷有「流變三疊」之說〔註10〕。長水《義疏》云：「將今文過、現、未來進動等位，便成一十二百功德。如第一位，三世四方宛轉十二，便成一疊，算位即是一橫二豎已成過去。第二即變過去一世以為現世，進動等位，一豎二橫成百二十，為第三〔註11〕疊。第三又即變現在世以為未來，進動等位，一橫二豎成一千二百，為第三疊云云。」此說亦因未傳入日本，故講師未知其詳，所解甚澀，誠然有假。上文所述與算術有關。古來算術原本皆用算籌，而非算盤。使用時，將算籌按縱橫靈活擺放，據此區分數位。《算學啟蒙》有「明縱橫訣」云：「一縱十橫，百立千僵。千十相望，萬百相當。滿六已上，五在上方。六不積聚，五不單張。言十自過，不滿自當。若明此訣，可習《九章》。」此即上述算籌布列規則也。今暫以此為《義疏》作解。「三世四方」，即三四十二，算籌形為橫一縱二也。從過去到現在進一位，則成百二十，算籌形為縱一橫二也。又從現在到未來進一位，則成千百二十，算籌形為橫一縱二也。《歷算全書》有圖可參，茲摘如下〔註12〕：

千	百	十	零	
		―	‖	第一疊
			=	第二疊
―		‖		第三疊

〔生旦淨丑〕《楞嚴經》云：「譬如伎兒，變現諸趣，離我我所。」又一雨法師〔註13〕《合轍》云：「譬如伎兒逢場作戲，為生、為旦、為丑、為末，

〔註10〕 《楞嚴經》（四）：「此界性，設雖十方定位可明，世間只目東西南北，上下無位中無定方，四數必明與世相涉，三四四三宛轉十二，流變三疊一十百千，總括始終六根之中，各各功德有千二百。」

〔註11〕 寫本、刊本均為「三」字，但據上下文意可知為誤字，當改為「二」字。

〔註12〕 《碧巖集方語解》明治十六年刻本所附錄圖中，第三疊為橫一橫二，誤也。

〔註13〕 一雨通潤（1565～1624）：明末華嚴宗僧人，俗姓鄭，字一雨，名通潤，自號二楞庵，江蘇人。雪浪洪恩兩大法嗣之一，其學以會通性相為其宗旨，在晚明唯識學發展史上具有關鍵地位。在學術著作上，一雨經解作品甚多，並以「一雨注」

其實本體非生、非旦、非丑、非末，本無有身為之我，亦無戲場為我所。」又智旭〔註14〕《義疏》云：「譬如伎兒，非丑裝丑，非生裝生，非旦裝旦，非外裝外也。然正裝丑時，元非是丑，乃至正裝外時，元非是外，所以離我我所。」上述二書所謂「生旦」，亦是日本講師所不詳之事也。此原為中國梨園戲子名色也。生，同日語「やつし役」，即年輕且英俊男子角色扮演者。旦，同「女形」，即扮演女性角色的男性演員。外，同「立役」，即正派男性角色扮演者。丑，同「敵役」，即反派角色扮演者。末，同從前狂言中的「端役」，即一般角色扮演者。此外，淨，同「道外形」，即伶俐風趣角色扮演者。今且以曾我劇〔註15〕角色略作說明，即五郎為生，虎為旦，工藤為丑，朝比奈為外，大藤內為淨。唐與日本風俗不同，故以上比擬並不十分準確，然大略如此，其意可得也。另以下舉出處應作解。也許有人會提出質疑，認為旭、雨二師以這般名義注佛經，莫不是戲慢乎？然原來世尊所謂之伎兒，即戲子也。因此，二師自然應按以上名色出注。二師雖為同時代之人，然非相襲，其說猶合節〔註16〕。又按，世尊譬說可謂巧矣。偈云：「心為工伎兒，意如

的稱號聞名當時，成果有《楞嚴楞伽合轍》《維摩直疏》《金剛經心經解》《梵網經初釋》《因明集解》等。關於一雨法師的生平、師弟交遊等情況，可參考錢謙益所著《牧齋初學集·一雨法師塔銘》以及臺灣學者簡凱廷《晚明義學僧一雨通潤及其稀見著作考述》（載《臺大佛學研究》，2014 年第 28 期）等成果。

〔註14〕智旭（1599～1655）：俗姓鍾，字蕅益，自號八不道人，蘇州人。明代僧人，被奉為淨土宗第九祖，與憨山德清、紫柏真可、雲棲袾宏並稱「明代四大高僧」。平生專注於研究各類佛典，對佛教各宗均有研究，除佛教外，還重視研究儒教和基督教，強調「誘儒知禪」。其著述類別多，達四十餘種，有《楞嚴經義疏》九卷、《法華綸貫》一卷、《法華會義》十六卷、《大乘止觀釋要》四卷、《周易禪解》十卷等等。

〔註15〕曾我劇：以日本歷史上的三大復仇故事之一，即曾我兄弟報仇事跡為主題的戲曲作品總稱，又稱「曾我物」。日本平安時代末、鐮倉幕府時代即將建立前，統領伊豆伊東一帶的大名工藤左衛門佑經為搶奪地盤，殺死了伊東佑泰。後者身後留下了兩位遺孤，他們隨母逃到相模國豪族曾我太郎佑信門下，並被曾我氏納為養子，分別取名曾我十郎祐成和曾我五郎時致，俗稱曾我兄弟。1193 年，兄弟倆長大成人。工藤左衛門佑經奉源賴朝之命，在富士野設狩獵圍場，隨後在工藤的公館舉行盛大的慶功宴。曾我兄弟在武士小林朝比奈三郎的幫助下，潛入圍場，殺死工藤，成功為父報仇。然隨後倆人亦先後被人殺害。早期的江戶歌舞伎在每年新春時都會上演曾我物的劇目，民間認為讓「荒事」代表人物曾我登場就能驅散惡靈，保全年平安。另虎，即相模國大磯遊女，曾我十郎的戀人。大藤內，則為服侍工藤佑經左右的神官。

〔註16〕合節：合拍，比喻思想行為相一致。

和伎者，五識為伴侶，妄想觀伎眾。」今若又以日本猿樂舞者比擬此偈，則心（第八識）為「仕手」，即主角；意（第七識）為「脇」，即配角；五識為「連」，即龍套；妄想（第六識）為「見物人」，即觀眾。《類書纂要》梨園樂工部云：「生者，言此戲文由此人而起也。旦者，將明未明，曉色未分之時，故以男妝為女，脂昧未分也。外者，言此人乃事外之人而預其事也。末者，附始而言先出開場，總名為始，謂之末者，反言之也。淨者，對鬧而言，淨者出場發諢取笑，本鬧而乃謂之淨者，反之也。丑者，言其陋也，本當作醜字，今書從簡。」

參考文獻

1. 劉寒青，日本漢文古辭書引文模式研究——以《倭名類聚抄》為例〔J〕，中國文字研究第三十輯，2019（02）：271～285。

2. 〔日〕国書データベース，https://kokusho.nijl.ac.jp.

3. 王閏吉、陳繆譯，諸錄俗語解〔M〕，北京：中國社會科學出版社，2020年。

4. 〔日〕衣川賢次，禪籍的校讎學〔J〕，中國俗文化研究，2003（00）：218～231。

5. 王瑞來，古籍校勘方法論〔M〕，北京：中華書局，2019年。

6. 〔日〕禪文化研究所編，禪語辭書類聚〔M〕，京都：禪文化研究所，1991年。

7. 袁賓、康健編，禪宗大詞典〔M〕，湖北：崇文書局，2010年。

8. 羅竹鳳主編，漢語大詞典〔M〕，上海：上海辭書出版社，2008年。

9. 〔日〕無著道忠，禪林象器箋〔M〕，京都妙心寺龍華院藏，江戶時代寬保元年（1741）寫本。

10. 〔日〕鈴木敬三編，有識故實大辭典〔M〕，東京：吉川弘文館，1995年版。

11. 〔日〕寺島良安，和漢三才圖會〔M〕，大阪：中近堂，1888年。

12. 周叔迦，佛教基本知識〔M〕，北京：中華書局，2013年。

13. 〔日〕萬安英種，碧巖錄萬安抄〔M〕，花園大學國際禪學研究所藏，江戶時代慶安3年（1650）刊本。

14. 〔日〕大智實統，碧巖錄種電抄〔M〕，花園大學國際禪學研究所藏，江戶時代元文 4 年（1739）刊本。

15. 〔日〕松村明編，大辭林〔M〕，東京：三省堂，1989 年版。

16. 〔日〕無著道忠，臨濟慧照禪師語錄疏瀹〔M〕，京都妙心寺春光院藏，江戶時代享保 11 年（1726）寫本。

17. 〔日〕無著道忠，葛藤語箋〔M〕，京都妙心寺春光院藏，江戶時代寬保 4 年（1744）寫本。

18. 簡凱廷，晚明義學僧一雨通潤及其稀見著作考述〔J〕，臺大佛學研究，2014，（28）：143～190。

附錄　諸錄引用目錄

《禪學俗語解》

內典引用

《碧巖錄》	《從容錄》	《息耕錄》	《傳光錄》
《臨濟錄》	《林間錄》	《虛堂錄》	《雲門錄》
《高峰錄》	《佛光錄》	《傳燈錄》	《應庵錄》
《續燈錄》	《中峰錄》	《松源錄》	《僧寶錄》
《曹源錄》	《破庵錄》	《海會錄》	《貞和錄》
《楚石錄》	《西巖錄》	《玄沙錄》	《輟耕錄》
《密庵錄》	《石溪錄》	《了庵錄》	《無準錄》
《顯孝錄》	《四家錄》	《無門關》	《寶慶記》
《東坡集》	《參同契》	《證道歌》	《葛藤集》
《坐禪儀》	《江湖集》	《降魔表》	《普照錄》
《寒山詩》	《三體集》	《正宗贊》	《十勝論》
《沙石集》	《護國論》	《空華集》	《寂室錄》
《濟北集》	《夜塘水》	《見桃錄》	《五祖錄》
《成道記》	《宗鏡錄》	《種電抄》	《寶鏡記》
《雲笈錄》	《禪定錄》	《嘉話錄》	《發微錄》
《大覺錄》	《隨聞記》	《正理篇》	《修證義》
《指月錄》	《護法論》	《祖英集》	《夢窗錄》

《擊節錄》	《普燈錄》	《無冤錄》	《傳心錄》
《曹山錄》	《應燈錄》	《巴陵記》	《正法眼藏》
《大慧武庫》	《人天眼目》	《博山警語》	《圓悟心要》
《叢林盛事》	《槐安國語》	《雲臥紀談》	《雪竇百則》
《禪關策進》	《傳心法要》	《枯崖漫錄》	《寶鏡三昧》
《闡提記聞》	《大光明藏》	《羅湖野錄》	《禪儀外文》
《五家正宗》	《百丈清規》	《山庵雜錄》	《達摩三論》
《人天寶鑒》	《大慧普說》	《祖庭事苑》	《佛祖統紀》
《徑山語錄》	《敕修清規》	《冷齋夜話》	《江南雜錄》
《法苑珠林》	《高僧傳記》	《禪門寶訓》	《元亨釋書》
《黃檗山誌》	《溈山警策》	《宏智廣錄》	《幻住清規》
《荊叢毒蘂》	《大藏一覽》	《毒語心經》	《一華五葉》
《六祖檀經》	《大智偈頌》	《五燈會元》	《徑山記網》
《禪林疏語》	《禪苑清規》	《中峰廣錄》	《五燈嚴統》
《禪宗正脈》	《禪源諸詮》	《天聖廣燈錄》	《曹洞二師錄》
《興禪護國論》	《傳法正宗記》		

外典引用

《通鑒》	《左傳》	《唐書》	《史記》
《文選》	《晉書》	《公羊》	《穀梁》
《韻府》	《前漢書列傳》	《後漢貨殖傳》	《史漢高紀》
《書言故事》	*《類書纂要》	*《尺牘雙魚》	*《高祖本記》
*《文獻通考》	*《事文類聚》		

內典引用

〔1〕《碧巖錄》（俱名《佛果圓悟禪師碧巖錄》，〔宋〕圓悟克勤編，凡十卷，
　　內容係圓悟禪師對雪竇重顯禪師的百則頌古和圓悟的評唱。）

〔2〕《從容錄》（俱名《萬松老人評唱天童覺和尚頌古從容庵錄》，〔宋〕萬松
　　行秀編，凡六卷，內容係萬松禪師將天童山宏智正覺禪師所作頌古百則
　　附加示眾、著語、評唱而成。）

〔3〕《息耕錄》（俱名《息耕錄開筵普說》，〔日〕白隱慧鶴撰，凡一卷，內容
　　係白隱禪師56歲時在松蔭寺宣講《虛堂錄（息耕錄）》而成。）

〔4〕《傳光錄》（俱名《瑩山和尚傳光錄》，〔日〕瑩山紹瑾撰，凡二卷，內容

係瑩山禪師 1300 年在日本石川縣大乘寺對門下僧開講的正傳佛法道
統，由其侍者筆錄編纂而成。漢和混淆體。）

〔5〕《臨濟錄》（俱名《鎮州臨濟慧照禪師語錄》，〔唐〕慧然編，凡一卷，內
容係慧然匯集其師臨濟義玄之一代言教編錄而成。注疏有《梅庵抄》一
卷、《夾山抄》六卷等。）

〔6〕《林間錄》（俱名《石門洪覺範林間錄》，〔宋〕覺範慧洪撰，凡二卷，內
容係慧洪與林間勝士抵掌清談有關尊宿之高行、叢林中各種遺訓、諸佛
菩薩之微旨及賢士大夫之餘論等語要。）

〔7〕《虛堂錄》（俱名《虛堂智愚禪師語錄》，〔宋〕虛堂智愚撰，凡十卷，內
容係集虛堂智愚的法語、偈頌、詩文而成。）

〔8〕《雲門錄》（俱名《雲門匡真禪師廣錄》，〔唐〕雲門文偃撰，法嗣守堅
編，凡三卷，內容係雲門文偃之法語、偈頌、詩歌等之編錄。）

〔9〕《高峰錄》（俱名《高峰原妙禪師語錄》，〔宋〕高峰原妙撰，凡一卷，內
容係湖州雙髻庵示眾法語、西天目山師子禪寺開堂語要、拈古、補遺、
偈頌、贊佛祖、行狀、塔銘、音釋等。）

〔10〕《佛光錄》（俱名《勅諡佛光圓滿常照國師三會語錄》，又名《佛光國師
語錄》，〔宋〕無學祖元撰，法嗣一真、一愚等編，凡十卷，內容包括大
宋台州真如寺語、日本建長寺及興聖寺語、普說、小佛事、請益問答心
要、偈頌、拾遺雜錄、年表雜錄等。）

〔11〕《傳燈錄》（俱名《景德傳燈錄》，〔宋〕釋道原編，凡三十卷，內容係
集錄過去七佛及歷代禪宗諸祖五家五十二世，共一千七百零一人之傳
燈法系。）

〔12〕《應庵錄》（俱名《應庵曇華禪師語錄》，〔宋〕應庵曇華撰，守詮等編，
凡十卷，內容包括應庵禪師住妙嚴禪院、住天童山景德禪寺第十四會之
語錄，以及法語、書、頌古、真贊、偈頌、佛事等，卷末附錄塔銘、祭
文和松源和尚普說。）

〔13〕《續燈錄》（俱名《續傳燈錄》，〔明〕居頂編，凡三十九卷（含目錄三
卷），內容上接《景德傳燈錄》，從大鑒下第十世至二十世，目錄中共
標三千一百一十個人名，正文載行狀、語錄者一千二百零三人。）

〔14〕《中峰錄》（俱名《天目明本禪師雜錄》，〔元〕中峰明本語，〔日〕無名
氏編，凡三卷，內容載錄中峰和尚廣錄所未記之示眾、法語、偈頌、頭

陀苦行歌、托缽歌、懷淨土詩等。）

〔15〕《松源錄》（俱名《松源崇岳禪師語錄》，〔宋〕松源崇岳撰，善開等編，
凡二卷，內容包括澄照禪院語、報恩光孝禪寺語、實際禪院語、薦福禪
院語等八會之語錄，以及秉佛普說、法語、頌古、贊佛祖、偈頌等，卷
末附錄陸游所撰塔銘一篇。）

〔16〕《僧寶錄》（俱名《禪林僧寶傳》，又名《僧寶傳》，〔宋〕釋惠洪撰，凡
三十二卷，內容係唐末五代至北宋年間八十一位禪僧傳記。）

〔17〕《曹源錄》（俱名《曹源和尚住饒州妙果禪寺語錄》，〔宋〕曹源道生撰，
法嗣癡絕道沖編，凡一卷，內容係曹源道生在妙果寺上堂語、信州龜峰
寺上堂語及小參、贊頌十首等之輯錄。）

〔18〕《破庵錄》（俱名《破庵祖先禪師語錄》，〔宋〕破庵祖先撰，凡一卷，
內容係破庵祖先的五會上堂語、秉拂、普說、法語、偈贊等之輯錄。）

〔19〕《海會錄》（俱名《海會演和尚語錄》，又名《五祖法演禪師語錄》，〔宋〕
五祖法演語，才良、清遠等編，凡三卷，內容係法演禪師住海會禪寺語
錄之彙編。）

〔20〕《貞和錄》（俱名《貞和類聚祖苑聯芳集》，〔日〕義堂周信編，凡十卷，
內容係義堂周信輯錄中國宋元禪僧偈頌之總集。）

〔21〕《楚石錄》（俱名《佛日普照慧辯楚石禪師語錄》，〔元〕楚石梵琦語，祖
光、曇紹、良彥等編，凡二十卷，輯錄了福臻寺語錄、天寧永祚寺語錄、
大報國寺語錄、本覺寺語錄、秉拂小參、頌古、法語、雜著，並附形狀
及宋濂所撰之序、塔銘等。）

〔22〕《西巖錄》（俱名《西巖了慧禪師語錄》，〔宋〕西巖了慧語，修義、景
元、宗清等編，凡二卷，內容輯錄了西巖和尚住平江府定慧禪寺語錄、
溫州雁山能仁禪寺語錄、江州東林禪寺語錄、慶元府太白名山天童景
德禪寺語錄、瑞巖山開善禪寺語錄、法語、跋語、偈頌、贊佛祖、自
贊、小佛事等。）

〔23〕《玄沙錄》（俱名《玄沙師備禪師》，〔唐〕玄沙師備語，林弘衍編，凡三
卷，內容輯錄上堂、拈香、垂示等語要，包括玄沙略傳、綱宗三句、玄
沙對古則公案之拈評等。）

〔24〕《輟耕錄》（俱名《南村輟耕錄》，〔元〕陶宗儀編，凡三十卷，內容係陶
宗儀所作之歷史鎖聞筆記，以元代為主，宋代為次，包括陶宗儀所見所

聞、前人史料摘抄、考證辨偽等。）

〔25〕《密庵錄》（俱名《密庵咸傑禪師語錄》，〔宋〕密庵咸傑語，松源崇岳、
　　　笑庵了悟等編，凡一卷，編錄乾明禪院、太平興國禪寺、華藏禪寺、天
　　　童景德禪寺等七會之語錄，以及小參、普說、頌贊、偈頌、法語、塔銘
　　　等。）

〔26〕《石溪錄》（俱名《石溪心月禪師語錄》，〔宋〕石溪心月語，住顯等編，
　　　凡三卷，編錄了石溪禪師住報恩禪寺語錄、能仁禪寺語錄、蔣山太平
　　　興國禪寺語錄、虎丘山雲巖禪寺語錄、靈隱禪寺語錄、徑山興聖萬壽
　　　禪寺語錄，以及秉拂、小參、普說、法語、題跋、偈頌、自贊、小佛事
　　　等。）

〔27〕《了庵錄》（俱名《了庵清欲禪師語錄》，〔元〕了庵清欲語，一志等編，
　　　凡二十二卷，集錄了庵住開福、本覺、雲巖等禪寺的語錄，以及舉古、
　　　法語、普說、偈頌、謠、歌、十二時歌、四威儀、銘、贊、題跋等。）

〔28〕《無準錄》（俱名《無準師範禪師語錄》，〔宋〕無準師範語，宗會、智折
　　　編，凡六卷，集錄了無準禪師住清涼、普濟、資聖、廣利、萬壽等禪寺
　　　的語錄，以及小參、法語、普說、拈古、頌古、偈頌、四威儀、自贊、
　　　小佛事、題跋等。）

〔29〕《顯孝錄》（出自《虛堂和尚語錄》卷一，〔宋〕無隱編，內容係虛堂和
　　　尚住持開山慶元府顯孝禪寺語錄之集錄。）

〔30〕《四家錄》（俱名《四家語錄》，為禪宗四家祖師之法語集，有三派系
　　　統：其一又稱《馬祖百丈黃檗臨濟四家錄》，編者不詳，凡六卷，內
　　　容匯集禪宗六祖慧能之法孫馬祖道一以下百丈懷海、黃檗希運、臨濟
　　　義玄等次第相承四師之語錄；其二又稱《慈明四家錄》，〔宋〕正堂辨
　　　編，凡四卷，內容匯集慈明楚圓、楊岐方會、白雲守端、五祖法演等
　　　四師之語錄；其三又稱《黃龍四家錄》，〔宋〕慧泉編，仲介重編，凡
　　　四卷，內容匯集黃龍慧南、寶覺祖心、死心悟新、超宗慧方等四師之
　　　語錄。）

〔31〕《無門關》（俱名《禪宗無門關》，〔宋〕無門慧開語，彌衍宗紹編，凡一
　　　卷，內容係無門禪師在福州永嘉龍翔寺應學人之請益，從諸禪籍中拈提
　　　佛祖機緣之公案古則四十八則，加上評唱與頌而成。）

〔32〕《寶慶記》（〔日〕永平道元撰，凡一卷，內容係日本曹洞宗開基祖道元

入宋師事天童如淨禪師三年，以問答體所作其參學問禪之修行記錄。）

〔33〕《東坡集》（〔宋〕蘇軾編，凡四十卷，內容係蘇軾生前編定之著作集，包含詩、詞賦、銘、頌、贊、論、策問、雜文、敘、表、書、祭文等體裁。）

〔34〕《參同契》（〔唐〕石頭希遷撰，凡一卷，內容係由五言四十四句二百二十字組成之古詩，詮明萬法交參無窮，由本同契，鎔融涉會之義。）

〔35〕《證道歌》（〔唐〕永嘉玄覺撰，凡一卷，內容係永嘉禪師悟道後心得精華之七言古詩，全詩二百四十七句，為長篇雜言形式。）

〔36〕《葛藤集》（俱名《宗門葛藤集》，又稱《句雙葛藤集》，〔日〕不鐵桂文編，凡七卷，內容係禪門用語之彙編，分一字葛藤至二十字葛藤，和漢混淆體。）

〔37〕《坐禪儀》（內容係敘述有關坐禪威儀做法之書，有多部。如〔宋〕宗賾慈覺撰《禪苑清規之坐禪儀》、〔宋〕佛心本才撰《坐禪儀》、〔宋〕蘭溪道隆撰《坐禪儀》、〔宋〕宏智正覺撰《坐禪儀》、〔日〕永平道元撰《普勸坐禪儀》等。）

〔38〕《江湖集》（俱名《江湖風月集》，〔元〕松坡編，凡二卷，內容係將宋代景定、咸淳至元代延佑、至治年間之諸方尊宿所作偈頌編錄而成。內容多為諸方尊宿將歷參之心得，以清風、明月等自然之事，托顯出所悟境界，共收七十六人，二百七十首偈頌。）

〔39〕《降魔表》（俱名《夾山無礙禪師降魔表》，〔宋〕圓悟撰，凡一卷，內容係圓悟禪師以「表」的文體來描述六波羅蜜軍殲滅六塵煩惱賊之故事，內容悉就煩惱與菩提之關係撰寫而成。）

〔40〕《普照錄》（俱名《普照國師語錄》，又名《隱元和尚語錄》，〔清〕隱元隆琦撰，性瑫等編，凡三卷，內容係隱元赴日後住日本興福寺、崇福寺、普門寺等地語錄之彙編。）

〔41〕《寒山詩》（俱名《寒山子詩集》，〔唐〕寒山子撰，凡一卷，內容係匯集唐代隱士寒山於國清寺僧人交往時所吟唱詩偈三百餘首。）

〔42〕《三體集》（俱名《三體唐詩》，〔宋〕周弼編，凡六卷，內容係唐代七言絕句、七言律詩和五言律詩之選編詩集。）

〔43〕《正宗贊》（俱名《五家正宗贊》，〔宋〕希叟紹曇撰，凡四卷，內容係敘述臨濟、曹洞、雲門、溈仰、法演五家中重要禪師之師承、禪風，

文末並加贊語。）

〔44〕《十勝論》（俱名《宗門十勝論》，〔日〕虎關師煉編，凡一卷，內容係虎
　　　關禪師條舉十事以論禪宗之勝於其他諸家。）

〔45〕《沙石集》（〔日〕無住一圓撰，凡十（或十二）卷，內容係日本鎌倉
　　　時代佛教說話集，集錄了日本有關佛教之奇聞雜談共計一百四十九
　　　項。）

〔46〕《護國論》（俱名《興禪護國論》，〔日〕明庵榮西撰，凡三卷，日本最早
　　　禪書，主張建設三禪院以護衛國家、利益眾生。）

〔47〕《空華集》（〔日〕義堂周信撰，凡二十卷，內容係日本五山禪僧義堂周
　　　信所撰五山詩文集，內容分疏、書、記、說、銘、歌、祭文、題跋、雜
　　　著等文集，及七言八句、七言絕句、五言八句、五言絕句、六言、四
　　　言、古詩等外集。）

〔48〕《寂室錄》（俱名《永源寂室和尚語錄》，〔日〕寂室元光撰，凡二卷，
　　　內容係寂室禪師詩文集，輯錄了偈頌、佛祖贊、小佛事、說、書簡、
　　　法語、遺誡、遺偈、行狀等。）

〔49〕《濟北集》（〔日〕虎關師煉撰，凡二十卷，內容係虎關禪師所著漢詩文
　　　集。）

〔50〕《夜塘水》（俱名《信心銘夜塘水》，〔日〕恆山晝龍撰，凡二卷，內容
　　　係對《信心銘》之注疏。）

〔51〕《見桃錄》（俱名《圓滿本光國師見桃錄》，〔日〕大休宗休撰，凡四卷，
　　　集錄了大休禪師住妙心寺、臨濟寺、瑞泉寺等禪寺語錄，以及偈頌、像
　　　贊、道號頌、立地、拈香、秉炬、掩壙、預請秉炬等。）

〔52〕《五祖錄》（俱名《五祖法演禪師語錄》，〔宋〕五祖法演撰，才良等編，
　　　凡三卷，集錄了法演禪師住四面山、太平、海會、東山等禪寺語錄，以
　　　及偈頌、贊等。）

〔53〕《成道記》（俱名《釋迦如來成道記》，〔唐〕王勃撰，凡一卷，內容係敘
　　　述釋迦牟尼一代教化之事跡，及其滅後教法之弘通等。有《釋迦如來成
　　　道記注》二卷。）

〔54〕《宗鏡錄》（又稱《心鏡錄》，〔五代〕延壽撰，凡一百卷，內容係延壽
　　　對宋以前中國佛教得失之總結，以及指出了此後中國佛教的發展道
　　　路。）

〔55〕《種電抄》（俱名《佛果圓悟禪師碧巖集種電抄》，〔日〕實統（大智）撰，凡十卷，內容係《碧巖錄》之注釋書。）

〔56〕《寶鏡記》（或指《寶鏡三昧隨聞記》，〔日〕月舟宗胡撰，絕學了為編，內容係對《寶鏡三昧》之注釋。）

〔57〕《雲笈錄》（俱名《雲笈七籤》，〔宋〕張君房撰，凡一百二十卷，內容係張君房所輯大型道教類書，幾錄有宋以前之全部古道書。）

〔58〕《禪定錄》（或指《面山和尚禪定寺語錄》，〔日〕面山瑞方撰，凡一卷，內容係面山和尚住京都禪定寺上堂法語之集錄。）

〔59〕《嘉話錄》（俱名《劉賓客嘉話錄》，〔唐〕韋絢編，凡一卷，內容係微選整理長慶中劉禹錫之談話記錄而成。）

〔60〕《發微錄》（俱名《華嚴原人論發微錄》，〔宋〕淨源撰，凡三卷，內容係淨源對唐代華嚴宗五祖宗密所撰《華嚴原人論》之注釋書。）

〔61〕《大覺錄》（俱名《建長開山大覺禪師語錄》，〔宋〕蘭溪道隆撰，智光、圓顯等編，凡三卷，內容係蘭溪和尚在日本相模常樂寺、建長寺、建寧寺的三會語錄，及頌古、偈頌、佛祖贊、小佛事等，並附法照序文、虛堂智愚跋文等。）

〔62〕《隨聞記》（俱名《正法眼藏隨聞記》，〔日〕懷奘撰，凡六卷，內容係輯錄永平道元禪師之法語。）

〔63〕《正理篇》（俱名《因明入正理論疏》，〔唐〕窺基撰，凡六卷，內容係窺基對印度因明學主要論書《因明入正理論》所作之注釋書。）

〔64〕《修證義》（俱名《曹洞教會修證義》，〔日〕永平道元撰，凡一卷，內容係從永平道元著作《正法眼藏》中摘抄出重點，編纂成五章三十一節，特為在家信徒實踐修行而作的曹洞宗經典。）

〔65〕《指月錄》（俱名《水月齋指月錄》，〔明〕瞿汝稷編，凡三十二卷，內容係錄述從過去七佛到宋大慧宗杲禪宗傳承法系六百五十人的言行傳略。）

〔66〕《護法論》（〔宋〕張商英撰，凡一卷，內容係破歐陽修排佛之說，並駁斥韓愈、程伊川等佛教觀，對照儒、道、釋三教優劣，申明佛教之至理。）

〔67〕《祖英集》（俱名《慶元府雪竇明覺大師祖英集》，〔宋〕雪竇重顯編，凡二卷，內容係雪竇禪師文集，為好道者所錄，集錄雪竇住翠峰、雪

寶禪寺期間感興懷別貽贈之詩偈、贊銘等二百餘首。）

〔68〕《夢窗錄》（俱名《夢窗正覺心宗普濟國師語錄》，〔日〕夢窗疏石撰，本元、妙葩等編，凡三卷，內容輯錄南禪寺、淨智寺、圓覺寺、天龍寺等六會之語錄，及升座、拈香、小佛事、佛祖贊、自贊、偈頌、普濟國師年譜、西山夜話、塔銘、拾遺等。）

〔69〕《擊節錄》（俱名《佛果擊節錄》、《圓悟擊節錄》，〔宋〕雪竇重顯拈古，圓悟克勤評唱，凡二卷，內容係圓悟克勤對雪竇重顯拈提百則古則進行一一著語評唱，形式類《碧巖錄》，注書有《佛果禪師擊節錄餘音》。）

〔70〕《普燈錄》（俱名《嘉泰普燈錄》，〔宋〕雷庵正受編，凡三十卷，禪宗燈錄之一，內容係對《景德傳燈錄》《天聖廣燈錄》及《建中靖國續燈錄》等書不足處之補充，即補遺帝王公卿等崇佛故事。）

〔71〕《無冤錄》（書名或有訛字，待考。〔元〕王與所撰《無冤錄》，凡二卷，內容係王與以《洗冤集錄》和《平冤錄》為藍本，參照當時檢驗制度，並結合自己心得所撰寫的法醫學專書，顯然非內典之作。）

〔72〕《傳心錄》（禪籍中未見此書，然清代大儒李顒所編文集《二曲集》中，卷六即《傳心錄》，內容係作者向弟子解釋學風問題之作。另日本有《白川侯傳心錄》（又名《白河侯戒諭》《白川侯家政錄》等，〔日〕松平定信撰，凡四卷，內容係松平定信擔任白河藩藩主時，對家士以及領內百姓所頒教諭之記錄）和《伊洛三子傳心錄》（〔日〕保科正之編，凡三卷，朱子學教理書，內容係對宋時理學家楊時、羅從彥、李延平三位師徒思想、言行彙編之作）二書，皆稱作《傳心錄》。）

〔73〕《曹山錄》（俱名《撫州曹山本寂禪師語錄》，〔唐〕曹山本寂撰，〔明〕郭凝之、雪嶠圓信共編，凡一卷，內容收錄略傳、示眾、問答等。明末編集為五家語錄之一部分。日僧宜默玄契校訂並重編成二卷，上卷為五家語錄所收之部分，下卷為宜默從諸書收集曹山之遺錄。又日僧指月慧印參照宜默編集《曹山本寂禪師語錄》加以刪略而成一卷，外題《曹山大師語錄》，內題《撫州曹山元證禪師語錄》。另日僧金峰從志編《撫州曹山元證大師語錄》，凡一卷，收集上堂、示眾、問答等五十九篇。）

〔74〕《應燈錄》（或指《應燈二祖假名法語》，〔日〕水谷宗能編，凡一卷，內容係對南浦紹明（大應國師）及其弟子宗峰妙超（大燈國師）法語之編纂。）

〔75〕《巴陵記》（未詳其作，或有訛字，待考。）

〔76〕《正法眼藏》（有兩本。一本〔宋〕大慧宗杲撰，為古尊宿之機緣法語集，共計百餘篇，並附撰者短評。一本〔日〕永平道元撰，凡八十七（或九十五）卷，內容係永平道元所撰禪宗指導書，囊括曹洞宗禪思想，反映了永平道元是如何吸收中國禪思想並進行日本化。）

〔77〕《大慧武庫》（俱名《大慧普覺禪師宗門武庫》，〔宋〕道謙編，凡一卷，內容以記敘宋代臨濟宗、雲門宗僧人言談逸事為主，兼顧其他禪林人物行跡和大慧宗杲的若干言語和雜錄，係佛教筆記。）

〔78〕《人天眼目》（〔宋〕晦巖智昭編，凡六卷，內容係收集宋朝臨濟、雲門、曹洞、溈仰、法演等禪門五家各宗師之遺篇、殘偈、垂示等，及五宗綱要，以明五宗之特徵。）

〔79〕《博山警語》（俱名《博山和尚參禪警語》，〔明〕元異原來撰，成正編，凡一卷，內容係揭舉參禪中常犯毛病，指導參學人如何做工夫，發疑情，參公案專書。）

〔80〕《圓悟心要》（俱名《佛果圓悟真覺禪師心要》，〔宋〕圓悟克勤撰，子文編，凡四卷，內容係圓悟克勤向當時士大夫、居士、學人等開示宗乘旨要之機緣語錄，內容包括示華藏明首座、寄張宣撫相公，乃至示曾待制、示宗覺大師等共計一百四十二項。）

〔81〕《叢林盛事》（〔宋〕古月道融撰，凡二卷，內容係古月道融為有見賢思齊、衛宗弘法志向之學人所作，輯錄其平日於叢林之所見所聞，及有關古今諸禪師、居士之嘉言善行。注釋書有《叢林盛事別考》一卷。）

〔82〕《槐安國語》（〔日〕白隱慧鶴撰，一諾編，凡七卷，內容係白隱慧鶴評唱大燈國師宗峰妙超語錄之作，包括開筵垂示、住大德語要、住崇福語要、退崇福大德語要、頌古、拈古等。）

〔83〕《雲臥紀談》（俱名《感山雲臥紀譚》，〔宋〕仲溫曉瑩撰，凡二卷，內容係仲溫曉瑩於豐城曲江感山之雲臥庵閒居中，隨筆記錄諸方尊宿之遺言逸跡、士大夫之嘉言懿行等。）

〔84〕《雪竇百則》（俱名《雪竇顯和尚頌古百則》，〔宋〕雪竇重顯編，凡一卷，內容係雪竇重顯對一百則公案加以解釋之作，是宋代文字禪代表作。）

〔85〕《禪關策進》（〔明〕雲棲袾宏編，凡一卷，內容係修禪者必讀之精進總

集，收錄有諸祖法語節要、諸祖苦功節略、諸經引證節略等。）

〔86〕《傳心法要》（俱名《黃檗山斷際禪師傳心法要》，〔唐〕裴休編，凡一卷，內容係裴休所集錄黃檗希運禪師之語錄，其與《黃檗山斷際禪師宛陵錄》皆為黃檗希運禪師所闡示之禪門要諦。）

〔87〕《枯崖漫錄》（俱名《枯崖和尚漫錄》，〔宋〕枯崖圓悟編，凡三卷，內容係撮要補正《景德傳燈錄》《嘉泰傳燈錄》等諸傳燈錄諸尊宿之應機接物、入道機緣、示眾法語等，包括紀傳、拈贊、警語等。）

〔88〕《寶鏡三昧》（俱名《洞山良價禪師寶鏡三昧》，〔唐〕洞山良價撰，凡一卷，內容係洞山良價禪師詠敘曹洞正偏回互之玄旨，全篇由四言九十四句、三百七十六字組成）

〔89〕《闡提記聞》（俱名《寒山詩闡提記聞》，〔日〕白隱慧鶴撰，凡三卷，內容係白隱慧鶴禪師對唐代寒山子詩歌之注釋。）

〔90〕《大光明藏》（俱名《傳燈大光明藏》，〔宋〕寶曇編，凡三卷，內容係自《景德傳燈錄》等書中，抄錄傳燈諸祖悟法之機緣並加評語，包括七佛、西竺二十八祖、震旦諸祖及馬祖、黃檗等大師及其法嗣，計收錄一百九十人。注釋書有桂洲道倫所撰《大光明藏事苑》一卷，此山玄淵所撰《大光明藏葭蒙》三卷。）

〔91〕《羅湖野錄》（〔宋〕曉瑩撰，凡四卷，內容係曉瑩禪師隱居羅湖時所撰筆記體禪宗史書，收錄有宋代禪門人物言行事跡共九十五則。）

〔92〕《禪儀外文》（俱名《禪儀外文集》，〔日〕虎關師鍊編，凡二卷，內容係虎關師鍊禪師選錄兩宋士僧四六文典範作品而成之書。文例以橘州寶曇、敬叟居簡、物初大觀等大慧派為主，分作山門疏、諸山疏、江湖疏、雜疏、茶榜、湯榜、祭文等類。註疏有義堂周信《禪儀外文集抄》十二卷。）

〔93〕《五家正宗》（俱名《五家正宗贊》，〔宋〕希叟紹曇撰，凡四卷，內容係敘述臨濟、曹洞、雲門、溈仰、法演五家中重要禪師之師承、禪風，文末並加贊語。前已出。）

〔94〕《百丈清規》（〔唐〕百丈懷海撰，凡八卷，內容係百丈懷海禪師所著唐代佛教寺院、僧團生活規式之作。其前身為百丈懷海禪師為禪宗寺院制定之《禪門規式》。）

〔95〕《山庵雜錄》（〔明〕無慍編，凡二卷，內容係無慍和尚採《羅湖野錄》

《雲臥紀譚》《叢林公論》《禪林寶訓》和諸傳燈錄等近古名德之拈提和
嘉言懿行，及當時江湖參學之見聞，並對若干誤傳重加考據之書。）

〔96〕《達摩三論》（〔梁〕菩提達摩撰，凡三卷，內容係達摩弟子所集錄的關
於達摩大師禪法心要話語之作，含《破相論》《血脈論》《悟性論》三
篇。）

〔97〕《人天寶鑒》（〔宋〕曇秀編，凡一卷，內容係曇秀廣收儒釋道三教和禪
教律三宗先德尊宿之言行而成佛教筆記體著作。）

〔98〕《大慧普說》（俱名《大慧普覺禪師普說》，〔宋〕大慧宗杲語，慧然、
蘊聞、道先等編，凡五卷，內容係編錄大慧普覺禪師宗杲說宋代諸禪
匠之宗旨而成。）

〔99〕《祖庭事苑》（〔宋〕睦庵善卿編，凡八卷，佛學辭典，內容係對雲門文
偃、雪竇重顯等師之語錄所作注釋。）

〔100〕《佛祖統紀》（〔宋〕志盤編，凡五十四卷，佛教史書，內容分本記、世
家、列傳、表、志等。）

〔101〕《徑山語錄》（俱名《臨安府徑山興聖萬壽禪寺語錄》，〔宋〕密庵咸傑
語，崇岳、了悟等編，內容係輯錄密庵咸傑禪師住臨安府徑山興聖萬
壽禪寺之語錄，收於《密庵和尚語錄》。）

〔102〕《敕修清規》（俱名《敕修百丈清規》，〔元〕東陽德輝編，全悟大訢、
學業沙門等校正，凡八卷（又二卷），內容係對百丈古清規之重編，分
祝釐章、報恩章、報本章、尊祖章、住持章、兩序章、大眾章、節臘章
和法器章九章。）

〔103〕《冷齋夜話》（〔宋〕惠洪撰，凡十卷，體例介於筆記與詩話之間，但以
論詩為主，論詩多稱引元祐諸人，以蘇軾、黃庭堅為最。書名或取自
惠洪書室之名。）

〔104〕《江南雜錄》（或為《江南野錄》之訛，待考。《江南野錄》，〔宋〕龍袞
撰，凡二十卷，內容係龍袞以紀傳體記南唐史事。）

〔105〕《法苑珠林》（〔唐〕道世撰，凡一百卷（嘉興藏作一百二十卷），佛教
類書，該書為一切佛經之索引，內容係道世根據其兄道宣所著之《大
唐內典》《續高僧傳》編輯而成。全書分一百篇六百六十八部，概述佛
教之思想、術語、法數等。）

〔106〕《高僧傳記》（又稱《梁高僧傳》，〔南梁〕慧皎撰，凡十四卷，佛教史

書，中國僧人列傳，分別傳、類傳和總傳三類，所載僧人從東漢永平十年（67）至南梁天監十八年（519）四百五十三年間共二百五十七人，附見者二百餘人。內容分譯經、義解、神異、習禪、明律、亡身、誦經、興福、經師、唱導等十門。）

〔107〕《禪門寶訓》（又稱《禪林寶訓》，〔宋〕淨善重集編，凡四卷，內容收錄南嶽下十一世黃龍慧南至十六世佛照拙庵等宋代諸禪師之遺語教訓，約三百篇。）

〔108〕《元亨釋書》（〔日〕虎關師煉編，凡三十卷，日本鎌倉時代漢文體佛教史，內容收錄年代自 552 年由百濟傳入鎌倉後期七百餘年的佛教史。該書是日本第一部系統性的僧傳，亦是日本紀傳體的濫觴。）

〔109〕《黃檗山誌》（〔明／清〕性幽編，隱元隆琦重修，凡八卷，內容係搜尋黃檗山萬福寺之起源沿革，及境內一切事跡者，且記希運至隱元之法系等。）

〔110〕《溈山警策》（俱名《溈山大圓禪師警策》，〔唐〕溈山靈祐撰，凡一卷，內容係溈山靈祐鑒於當時修行者逐漸懈怠，威儀不守，遂作書警策彼等歸於正道。是書以散文、韻語組成。注釋書有宋代守遂撰《溈山警策注》一卷、明代道霈撰《溈山警策指南》一卷、明代弘贊撰《溈山警策句釋記》二卷、明代大香撰《溈山警策句釋記注》一卷。）

〔111〕《宏智廣錄》（俱名《宏智正覺禪師廣錄》，又稱《天童正覺禪師廣錄》，〔宋〕宏智正覺語，宗法、宗榮、法澄等編，凡九卷，內容係宋代默照禪之弘揚者宏智正覺一生語錄之集大成者。注釋書有面山瑞方撰《宏智禪師廣錄聞解》一卷等。）

〔112〕《幻住清規》（俱名《幻住庵清規》，〔元〕中峰明本撰，凡一卷，內容係中峰明本就叢林日用須知制定，自成天目一家之規矩。全編分日資、月進、年規、世範、營辦、家風、名分、踐履、攝養、津送等十門。）

〔113〕《荊叢毒蘂》（〔日〕白隱慧鶴撰，提洲禪恕編，凡九卷（拾遺一卷），漢文語錄，集錄白隱慧鶴禪師生前語錄。）

〔114〕《大藏一覽》（俱名《大藏一覽集》，〔明〕陳實編，凡十卷，內容集錄《大藏經》及藏外論釋等之要義及重要文句。）

〔115〕《毒語心經》（〔日〕白隱慧鶴撰，凡一卷，內容係白隱慧鶴禪師以「毒語」對《般若心經》所作之注釋。）

〔116〕《一華五葉》（俱名《一華五葉集》，〔元〕中峰明本撰，凡三卷，內容
　　　係中峰明本所撰《山房夜話》《擬寒山詩》《〈楞嚴〉徵心辯見或問》
　　　《〈信心銘〉闢義解》及《幻住家訓》等五部廣為流傳著作之合篇。）

〔117〕《六祖檀經》（俱名《六祖大師法寶壇經》，〔唐〕慧能語，法海編，凡
　　　一卷，內容係記載慧能生平事跡和言教。）

〔118〕《大智偈頌》（俱名《祇陀開山大智禪師偈頌》，〔日〕大智祖繼撰，凡
　　　一卷，內容集錄日僧大智赴元學習中國佛法之禪詩、偈頌等，卷前有
　　　禪師傳記既木版畫像。）

〔119〕《五燈會元》（〔宋〕普濟編，凡二十卷，內容係普濟將《景德傳燈錄》
　　　等五種重要燈錄匯集刪簡而成之佛教禪宗史書，有宋寶祐元年（1253）
　　　和元至正二十四年（1364）兩個刻本。）

〔120〕《徑山記網》（或指《徑山集》，〔明〕宗淨撰，凡三卷，上卷記寺之建
　　　置，中卷記禪宗，下卷載藝文。又或指《徑山志》，〔明〕宋奎光撰，凡
　　　十四卷，分十八門，集明代天啟以前徑山佛教史跡之大成。）

〔121〕《禪林疏語》（俱名《禪林疏語考證》，〔明〕元賢撰。凡四卷，內容係
　　　叢林疏文集錄，分彝典門、修因門、弭災門、祈恩門、薦悼門等五門，
　　　共收疏文一百二十篇。注釋書有超然道果撰《禪林疏語考證》）

〔122〕《禪苑清規》（又稱《崇寧清規》，〔宋〕宗賾慈覺編，凡十卷，內容係
　　　宗賾慈覺所編集而成之禪宗叢林清規著作，上繼《百丈清規》，為現存
　　　叢林清規類書中最古之作。）

〔123〕《中峰廣錄》（俱名《天目中峰和尚廣錄》，〔元〕中峰明本撰，北庭慈
　　　寂等編，凡三十卷，內容係中峰明本之語要，收錄示眾、小參、山房
　　　夜話、信心銘譬義解、楞嚴徵心辯見或問等。注疏有《中峰廣錄抄》
　　　十冊及《中峰廣錄不二抄》三十卷等。）

〔124〕《五燈巖統》（〔明〕費隱通容編，凡二十五卷，內容係費隱通容解明禪
　　　門五家法燈相承譜系之作。該書前二十卷內容大致與《五燈會元》相
　　　同，後五卷收錄《五燈會元》之後諸耆宿列傳，多述及機鋒、公案及
　　　接引學人之風格，對各禪僧生平介紹較少。）

〔125〕《禪宗正脈》（〔明〕如巹撰，凡十卷，內容係如巹鑒於《五燈會元》浩
　　　繁難讀，故將之縮減抄錄、去繁就簡而成。）

〔126〕《禪源諸詮》（俱名《禪那理行諸詮集》，〔唐〕宗密編，凡一百卷，內

容係宗密對禪宗諸家學說之總論，所集諸宗禪言近百家。）

〔127〕《天聖廣燈錄》（〔宋〕李遵勖撰，凡三十卷，內容係增廣《景德傳燈錄》而成，收錄釋尊、西天二十七祖、東土六祖、南嶽下九世、青原下十二世，約三百七十餘人之略傳及機緣。）

〔128〕《曹洞二師錄》（〔唐〕洞山良價、曹山本寂語，〔日〕慧印校，內容收錄瑞州洞山良價禪師及撫州曹山本寂禪師二師之語錄。）

〔129〕《興禪護國論》（〔日〕明庵榮西撰，凡三卷，內容係明庵榮西所撰論述禪宗要目之作，日本最古禪書，分令法久住門、鎮護國家門、世人決疑門、古德誠證門、宗派血脈門、典据增信門、大綱勸參門、建立支目門、大國說話門、回向發願門等十門。）

〔130〕《傳法正宗記》（〔宋〕契嵩撰，凡九卷，內容係繼《景德傳燈錄》之後，敘述自印度以來諸祖師之傳記，及我國禪宗師徒面授付法相承之順序，為南宗禪盛行後之禪宗史籍。）

外典引用

〔131〕《通鑑》（俱名《資治通鑑》，〔宋〕司馬光編，凡二百九十四卷，內容係司馬光主編之多卷本編年體史書。是書以時間為綱，事件為目。）

〔132〕《左傳》（俱名《左氏春秋》，〔春秋〕左丘明撰，凡三十五卷，係《春秋》注釋書「春秋三傳」之一，中國古代一部敘事完備之編年體史書，亦是先秦散文著作代表。）

〔133〕《唐書》（《唐書》泛指記錄唐代歷史的紀傳體正史，有《新唐書》和《舊唐書》兩種，皆屬「二十四史」。《舊唐書》，〔五代·後晉〕劉昫、張昭遠等編，卷數說法不一，今本二百卷，記事起自唐高祖武德元年（618）至唐哀帝李柷天祐四年（908），記載了有唐一代二百九十年之歷史；《新唐書》，〔宋〕歐陽修、宋祁等編，凡二百二十五卷，在編寫體例上新增《兵志》《選舉志》，作為中國正史體裁史書的一大開創，為以後《宋史》等所沿襲。）

〔134〕《史記》（最初稱《太史公書》《太史公記》，〔漢〕司馬遷撰，凡一百三十篇，被列為「二十四史」之首，係中國歷史上第一部紀傳體通史，記事起自上古傳說中的黃帝時代至漢武帝太初四年（前101）間共三千多年歷史。）

〔135〕《文選》（又稱《昭明文選》，〔南朝・梁〕蕭統編，分三十八類，共七百餘首，內容係蕭統所選編先秦至梁之各體文章，為我國現存最早的詩文總集。）

〔136〕《晉書》（〔唐〕房玄齡等編，凡一百三十二卷，係「二十四史」之一，記事起自東漢末年司馬懿早年至東晉恭帝元熙二年（420）劉裕廢晉帝自立以宋代晉。）

〔137〕《公羊》（俱名《春秋公羊傳》，〔戰國〕公羊高撰，儒家經典，記事起自魯隱公元年（前 722）至魯哀公十四年（前 481），係《春秋》注釋書「春秋三傳」之一，釋史簡略，著重闡釋《春秋》之「微言大義」，其注書有東漢何休撰《春秋公羊解詁》、唐朝徐彥撰《公羊傳疏》、清朝陳立撰《公羊義疏》等。）

〔138〕《穀梁》（俱名《春秋穀梁傳》，〔戰國〕穀梁赤撰，與《左傳》《公羊傳》同為解說《春秋》三傳之一，記事起止時間與《公羊傳》同，體裁亦相似，注書有晉范寧撰《春秋穀梁傳集解》、唐楊士勛撰《春秋穀梁傳疏》、清鍾文烝撰《穀梁補注》等。）

〔139〕《韻府》（俱名《韻府群玉》，〔元〕陰幼遇（時夫）編，凡二十卷，分韻一百零六部，我國現存最早之韻書，亦是一部以韻分類之類書，內容包括音切、散事、事韻、活套、卦名、書篇、詩篇等項。）

〔140〕《後漢書列傳》（《後漢書》，〔南朝・宋〕范曄編，章懷太子李賢注，凡九十卷，分「紀」十卷、「列傳」八十卷，東漢歷史的紀傳體史書，記事起自東漢漢光武帝建武元年（25），下至漢獻帝建安二十五年（220），共計一百九十五年。）

〔141〕《前漢貨殖傳》（即《漢書・貨殖列傳》。《漢書》，〔漢〕班固編，〔唐〕顏師古注，凡一百二十卷，體例上承襲司馬遷《史記》，改「書」為「志」，並「世家」入「列傳」，全書有「紀」十二篇、「表」八篇、「志」十篇、「傳」七十篇，共一百篇。《漢書》係「二十四史之一」，中國古代第一部紀傳體斷代史，記事起自漢高祖元年（前 206），下至新朝王莽地皇四年（23），共計二百三十年。「貨殖」，即經商營利。另有司馬遷《史記・貨殖列傳》（《史記》卷一百二十九、列傳第六十九）。）

〔142〕《史漢高紀》（即《史記・高祖本紀》，〔漢〕司馬遷編，出自《史記》卷八，內容係對漢高祖劉邦從布衣到皇帝傳奇一生之記述。）

〔143〕《書言故事》(俱名《書言故事大全》,〔宋〕胡繼宗編,凡十(或十二)卷,類書,內容係輯錄古書中所記古人軼事,分人君類、儒學類、神仙類等十二支,並附出典及解釋。)

〔144〕《類書纂要》(〔清〕周魯編,凡三十六卷,內府藏本三十三卷,類書,《四庫全書提要》評此書曰:「編於類書之內稗販而成,訛舛相仍,皆不著其出典,流俗沿用,頗誤後來。」)

〔145〕《尺牘雙魚》(〔明〕陳繼儒編,凡八卷,類書,內容收集了各類民間尺牘範本。)

〔146〕《高祖本記》(同 142《史漢高紀》條。)

〔147〕《文獻通考》(〔宋／元〕馬端臨編,凡三百四十八卷,內容係馬端臨編撰之典章制度史書,全書包括田賦、錢幣、戶口等二十四門,記載上古到南宋寧宗時歷代典章制度沿革。)

〔148〕《事文類聚》(〔宋〕祝穆編,凡一百七十卷,略仿《藝文類聚》,每類皆始以群書要語,次古今事實,次古今文集。該書搜羅宏富,內容上突出儒家思想。)

《碧巖集方語解》

內典引用

《正宗贊》	《無門關》	《虛堂錄》	《圓悟錄》
《傳燈錄》	《輟耕錄》	《從容錄》	《大慧書》
《報恩篇》	《臨濟錄》	《楞嚴經》	《龍溪抄》
《羅湖野錄》	《圓悟心要》	《雲門廣錄》	《中峰廣錄》
《祖庭事苑》	《五燈會元》	《大慧普說》	《叢林盛事》
《教乘法數》	《枯崖漫錄》	《大慧武庫》	《鐵壁雲片》
《宗門玄鑒》	《禪家龜鑒》	《風穴眾吼集》	《臨濟錄撮要》
《碧巖錄擊節》			

外典引用

《老子》	《莊子》	《孟子》	《魏書》
《禮記》	《文選》	《前漢書》	《後漢書》
《度人經》	《抱樸子》	《悟真篇》	《山谷集》

《揚雄賦》	《方語集》	《籌海圖編》	《居家必用》
《開卷一笑》	《類書纂要》	《歷算全書》	《四書大全》
《朱子語類》	《事文類聚》	《書經集注》	《俗呼小錄》
《算學啟蒙》	《太平御覽》	《唐才子傳》	《唐詩紀事》
《弇州續稿》	《文心雕龍》	《西湖佳話》	《醒世恆言》
《漁樵問答》	《齊名要術》	《瑯邪代醉篇》	《寄園寄所寄》

內典引用

〔1〕《報恩篇》（俱名《天桂老人報恩篇》，〔日〕天桂傳尊撰，凡三卷三冊，內容係天桂傳尊以臨濟禪思想對「曹山五位」之解釋，包括《參同契毒鼓》《寶鏡三昧金錍》《洞上五位辯的》三篇。）

〔2〕《楞嚴經》（俱名《大佛頂如來密因修證了義諸菩薩萬行首楞嚴經》，〔唐〕般刺密諦譯，凡十卷，佛教主要經典之一，亦是一部闡釋開示修禪、耳根圓通、五蘊魔鏡等禪法要義的佛教修行大全，內容上包含了顯密性相各方面的道理，宗派上橫跨禪淨密律。本經注釋極多，較重要者有子璇《義疏注經》二十卷，懷遠《義疏釋要抄》六卷，智旭《玄義》二卷等。）

〔3〕《鐵壁雲片》（俱名《鐵壁雲片評碧巖》，〔日〕鳳潭撰，凡三卷，內容係鳳潭對《碧巖錄》及中國禪宗所作的批判性考察。）

〔4〕《宗門玄鑒》（俱名《宗門玄鑒圖》，〔明〕縣一方覺編，凡一卷，萬曆三十五年（1607）刊。內容係對禪宗五家之宗風與綱要之匯編，分門、論、頌、圖等數十項，含普賢、文殊、觀音、以理因何、順實依伍等十二門，以及三玄、四大式、八棒、五句、八大勢等五輪和諸種之五位圖頌等。）

〔5〕《禪家龜鑒》（〔朝〕休靜撰，凡一卷一冊，內容係朝鮮僧人清虛休靜對佛家要語加以選編，並附評語或偈頌而成的佛教概論。卷首有明嘉靖四十三年（1564）自序，卷末則有萬曆七年（1579）弟子所寫之跋。另《禪家龜鑒》與《儒家龜鑒》《道家龜鑒》合稱「三家龜鑒」。）

〔6〕《教乘法數》（〔明〕圓淨編，凡四十卷，內容係圓淨基於天台觀點，匯集佛教經典乃至諸子百家中有關法數而成。初由「一心」，次第列記增至「八萬四千法門」之法數，其間亦解釋外典之名數。該書的一大特點為，以分析、比較、歸納代替說明。）

〔7〕《風穴眾吼集》（〔宋〕風穴延沼撰，凡一卷，內容係風穴延沼禪師，今已不傳。）

〔8〕《臨濟錄撮要》（俱名《臨濟錄撮要抄》，〔日〕鐵崖道空撰，凡五卷，內容係日僧鐵崖道空對《臨濟錄》所作注釋書。）

外典引用

〔9〕《老子》（又名《道德經》《道德真經》，〔春秋〕老子撰，凡四卷，分《德經》《道經》上下兩篇，係老子所著論述修身、治國、用兵、養生之道等內容之哲學作品，是道家哲學思想的重要來源，對傳統哲學、科學、政治、宗教等亦產生了深刻影響。）

〔10〕《禮記》（又名《小戴禮記》，傳〔漢〕戴聖編，凡二十卷四十九篇，儒家經典著作，係中國古代典章制度選集，內容以先秦禮制為主，體現了先秦儒家的哲學思想、教育思想、政治思想和美學思想。）

〔11〕《孟子》（〔戰國〕孟子語，萬章、公孫丑等編，現存七篇十四卷，儒家經典著作，內容係記載孟子及其弟子的政治、教育、哲學、倫理等思想觀點和政治活動。被南宋朱熹列為「四書」之一。）

〔12〕《魏書》（〔北齊〕魏收撰，凡一百二十四卷，二十四史之一，紀傳體斷代史書。內容記載了公元 4 世紀末至 6 世紀中葉北魏王朝的歷史。）

〔13〕《文選》（俱名《昭明文選》，〔南梁〕蕭統等編，凡三十卷，中國現存最早的一部詩文總集，編選了先秦至梁共一百三十家作者的各體文章，分三十八類，共七百餘首。編成後歷史影響深遠，南北朝以後的歷代士人皆以《文選》為詩賦學習範本。）

〔14〕《莊子》（又名《南華經》，〔戰國〕莊子等編，凡二卷，道家學派經典著作，內容係對莊子及其後學所著道家學說之匯總，涉及哲學、人生、政治、社會、藝術、宇宙生成論等諸多方面。該書與《老子》《周易》合稱「三玄」。）

〔15〕《兩京記》（俱名《東西京記》，〔唐〕韋述撰，凡五卷，地理書籍、地方志。內容係西京長安和東京洛陽宮城建築、所領諸坊、市集、寺觀以及相關軼事傳聞之記載。已亡佚，今存第三卷殘文。）

〔16〕《度人經》（俱名《太上洞玄靈寶無量度人上品妙經》，作者不詳，凡六十一卷，道教神學著作，被明代《正統道藏》列為開篇經書。號稱

群經之首、萬法之寶、一切法界之源頭。是道教太上洞玄靈寶派的核心經典。）

〔17〕《悟真篇》（〔宋〕張伯端撰，凡三卷，是書倡導「三教歸一」，在道教傳統的命功基礎上，引入儒家「窮理盡性」和佛教「達本明性」的心性修養方法，有力推動了中國道教發展。《悟真篇》與漢魏伯陽的《周易參同契》並稱「丹經王」。）

〔18〕《抱樸子》（〔晉〕葛洪編，凡八卷，道教典籍，內容係內外篇，內篇二十篇論述神仙吐納符籙勉治之術，外篇五十篇論述時政得失、人事臧否、詞旨辨博等。全書總結了魏晉以來神仙家的理論，確立了道教神仙理論體系，並繼承了魏伯陽的煉丹理論，集魏晉煉丹術之大成。）

〔19〕《方語集》（俱名《禪門方語解》，〔日〕撰者不詳，凡一卷，內容係對禪宗方語注釋。）

〔20〕《籌海圖編》（〔明〕鄭若曾、邵芳等編，凡十三卷，內容係 1556 年胡宗憲總督浙江軍務，為防禦倭寇，聘請鄭若曾等人所收集的海防資料圖籍彙編，成書於 1562 年，其中含有「輿地全圖」「沿海郡縣圖」「日本島夷入寇之圖」等圖，亦記載了明代抵禦倭寇之事。）

〔21〕《居家必用》（俱名《居家必用事類全集》，撰者不詳，凡十卷，內容係中國古代生活小百科全書，載歷代名賢格訓及居家日用事宜，《四庫全書提要》認為作者係元人。）

〔22〕《開卷一笑》（〔明〕李贄編，凡十四卷，分上下集。內容係對趣聞故事和相關詩文之彙編，包含山人詞、賭徒賦、懼內經、風月機關、孔方生傳、別頭巾文、青蛙吟、呵呵令、扯淡歌、偷狗賦、太平宰相等等共計四百六十六條。）

〔23〕《歷算全書》（俱名《梅氏歷算全書》，〔清〕梅文鼎撰，凡六十卷，匯集梅氏所著二十九種，言歷者居前，言算者列後，內容大體分歷學理論、歷學推步和算學三部分。該書是在梅氏去世後由楊作枚整理，並由魏荔彤的兼濟堂於 1723 年刊刻出版。出版後，通過中國商船的對日貿易傳入日本，對日本江戶時代的數學發展產生了重要影響。）

〔24〕《四書大全》（〔明〕胡廣等編，凡四十卷，內容係胡廣等人奉敕而編撰的、科舉考試《四書》方面的標準書。包括《大學章句大全》一卷，《大學或問》一卷，《論語集注大全》二十卷，《孟子集注大全》十四卷，《中

庸章句大全》二卷,《中庸或問》二卷。)

〔25〕《齊名要術》(〔北魏〕賈思勰撰,凡十卷九十二篇,內容係賈思勰所撰
的一部綜合性農學著作,亦是中國現存最早的一部完整農書,系統地總
結了六世紀以前黃河中下游地區農、林、牧、漁、副等部門的生產技術
知識。)

〔26〕《書經集注》(〔宋〕蔡沈撰,凡六卷,內容係對《尚書》的注釋書,由
於該書是朱熹去世前一年委託蔡沈所作,故書中不少地方融入了朱熹的
學說成果,在一定程度上體現了朱熹在研究《尚書》方面的心得體會,
代表了宋代《尚書》學研究的最高學術成就。元明以來多用此書為科舉
取士之標準經注。)

〔27〕《俗呼小錄》(〔明〕李翊撰,凡一卷,一說李翊為李詡之訛,《俗呼小錄》
疑即《戒庵老人漫筆》卷五「今古方言大略」部分。)

〔28〕《算學啟蒙》(〔元〕朱世傑撰,凡三卷,共二十門,二百五十九問,元
大德三年(1299)刻於揚州,內容囊括乘除法運算、面積、體積、垛積、
盈不足、差分、方程、開方、天元術等當時數學的各方面,體系較為完
整。)

〔29〕《太平御覽》(〔宋〕李昉、李穆、徐鉉等編,凡一千卷,北宋四大類
書之一,內容採以群書類集之,並以天、地、人、事、物為序分成五
十五部,包羅萬象,引書達兩千多種,保存了大量宋代以前的文獻資
料。)

〔30〕《唐才子傳》(〔元〕辛文房撰,凡十卷,內容係對唐與五代詩人簡要評
傳的彙編,尤以晚唐詩人事跡為詳,記載按詩人登第先後為序,既有詩
人生平資料之記敘,又有對詩人藝術得失之品評。)

〔31〕《唐詩紀事》(〔宋〕計有功撰,凡八十一卷,內容係對有唐一代詩人名
篇、本事、世系爵里之輯錄,共收錄一千一百五十位詩人。既是唐代詩
歌總集,亦是唐宋詩評之彙編。)

〔32〕《文心雕龍》(〔南朝〕劉勰,凡十卷五十篇,內容係劉勰創作的文學理
論著作,包括總論、文體論、創作論、批評論四個部分。該書是中國文
學理論批評史上第一部有嚴密體系的文學理論專著。)

〔33〕《西湖佳話》(俱名《西湖佳話古今遺蹟》,〔清〕無名氏撰,題「古吳墨
浪子搜輯」凡十六卷,內容係與西湖相關人物事跡的白話短篇小說集。)

〔34〕《醒世恆言》（〔明〕馮夢龍撰，凡四十卷，內容係馮夢龍纂輯的白話短篇
　　小說集，全書共四十則故事，題材來源自民間傳說、史傳和唐宋小說。）

〔35〕《弇州續稿》（俱名《弇州山人四部續稿》，〔明〕王世貞撰，凡二百零七
　　卷，內容係王世貞致仕後晚年著作之集錄。書名雖為「四部」，然僅有
　　賦部一卷，詩部二十四卷，文部一百八十二卷，而無說部。存錄作品，
　　除十卷史傳外，多為應酬之作，文體有墓誌銘、神道碑、墓碑、行狀、
　　祭文、象贊、偈、頌等。）

〔36〕《漁樵問答》（又名《漁樵問對》，〔宋〕邵雍撰，凡一卷，理學著作，內
　　容係對天地萬物、陰陽化育和生命道德之奧妙和哲理之論述。是書通過
　　樵子問、漁父答的方式來消解古今興亡等厚重話題。）

〔37〕《朱子語類》（俱名《朱子語類大全》，〔宋〕朱熹語，黎靖德編，凡一百
　　四十卷，理學著作，內容係朱熹與其弟子問答的語錄彙編。）

〔38〕《寄園寄所寄》（〔清〕趙吉士撰，凡十二卷，內容係趙吉士將自少至妝
　　所記古今異聞分類編排之筆記。全書共有條目 1800 餘條，其中 1730 餘
　　條是從古今書籍採摘搜集而來。絕大部分記錄的是明末事跡，涉及國家
　　治亂、道德倫理、天時輿地、山川名物、人物軼事、神鬼怪異等，十分
　　博雜。）

〔39〕《瑯邪代醉篇》（〔明〕張鼎思撰，凡四十卷，內容係明代文言筆記小說
　　集。是書是撰者自給事中職謫官滁州驛丞後，雜抄賦頌、圖經、傳記、
　　小史、百家言，臚次而成。書名取自宋歐陽修安徽滁州謫官經歷，時遊
　　瑯邪山醉翁亭而有名篇《醉翁題記》，因「慕其風、想其人」而題。全書
　　內容多傳奇風俗、名物考跡、諺語童謠、孝女節婦、釋道仙術、述異志
　　怪等，《四庫全書提要》評此書「其書體例龐雜，無所折衷考訂，特借
　　以消閒遣日而已。」）

音序檢字表

筆序檢字表

十二畫